巴金的似水流年

周立民 著

中国书籍史传馆〔流年碎影〕

中国书籍出版社
China Book Press

图书在版编目（CIP）数据

巴金的似水流年 / 周立民著 . — 北京：中国书籍出版社，2014.7
ISBN 978-7-5068-4303-4

Ⅰ.①巴… Ⅱ.①周… Ⅲ.①巴金（1904～2005）—传记 Ⅳ.① K825.6

中国版本图书馆 CIP 数据核字（2014）第 178558 号

巴金的似水流年

周立民　著

图书策划	武　斌　崔付建	
责任编辑	刘　宏　成晓春	
责任印制	孙马飞　马　芝	
出版发行	中国书籍出版社	
地　　址	北京市丰台区三路居路 97 号（邮编：100073）	
电　　话	（010）52257143（总编室）（010）52257140（发行部）	
电子邮箱	chinabp@vip.sina.com	
经　　销	全国新华书店	
印　　刷	北京中华儿女印刷厂	
开　　本	710 毫米 × 960 毫米　1/16	
字　　数	240 千字	
印　　张	18	
版　　次	2015 年 1 月第 1 版　　2019 年 4 月第 2 次印刷	
书　　号	ISBN 978-7-5068-4303-4	
定　　价	56.00 元	

版权所有　　翻印必究

目 录
CONTENTS

引言：激流涌入大海

上编　编年巴金

寒夜苦梦
——1937—1949 年的巴金 / 002

朝鲜的梦
——巴金在 1952 / 048

热情的赞歌与沉痛的悲歌
——巴金在 1958 / 083

前　夜
——巴金在 1977、1978 / 124

下编　闲话巴金

读《灭亡》札记 / 156

读《激流》札记 / 168

读《憩园》手稿札记 / 202

读《寒夜》手稿札记 / 208

读巴金日记札记 / 224

读巴金书信札记 / 230

读巴金译文札记 / 236

巴金与二十世纪青年读者 / 251

后记（一）/ 262

后记（二）/ 267

引言：激流涌入大海

一

二〇〇五年十月十七日晚上七点零六分，当那颗坚强的心最终停止跳动的时候，病房内外一片静穆。大家强忍着泪水，不敢出声，因为人们知道，巴金老人需要安静。在一百零一年的风风雨雨中，他耳边的喧嚣太多了，现在再也不能去打扰他了。他要远行，要去与他久别的妻子萧珊相会，要与他久别的朋友老舍、沈从文、曹禺、冰心相会……

历史总是充满着许多误会，即如他总在说做一个作家并非自己的初衷一样，或许巴金并不想承受时间所附加给他的这么多东西，然而在漫长的人生旅途中偏偏又让他遭遇到那么多。从少年气盛到老年的心平气和，这似乎是自然规律，许多老人历经风雨早已人情练达，但巴金做不到这些，他内心依然有着狂涛巨浪。他晚年频频使用"煎熬"这个词来表明自己的心境，我们可以想象得到他的灵魂所经受的磨难，也能够感受到灵魂自我搏斗的激烈程度。所以，在今天我们与其称他为"大师"、"泰斗"，还不如说他是一个孤独痛苦的老人。

从来也没有一个老人像他这样，在晚年内心还那么不平静，还那样揪着往事拽着痛苦不放。或许正因为这样，反而使得这位体弱多病的老人，在垂暮之年迸发出一种难以想象的力量，他要表白，他要倾诉，他也要高呼。《随想录》、《再思录》，使得更多人在阅读他的文字的同时，更深深地记住了这个人——这个比我们更孤独更痛苦也更纯洁的人。

现在，他解脱了，病魔再也无法纠缠他了，世事再也不能烦扰他了。他可以在另一个世界中与亲近的朋友舒心地谈话了，他可以甩开臂膀将自己没有完成的心愿完成了，比如翻译赫尔岑的五大卷的回忆录《往事与随想》，比如写他的反映"文革"时期知识分子生活的长篇小说《一双美丽的眼睛》，比如和他的几个好友清清闲闲地在西湖边上喝茶……

二

六十四年前，巴金先生曾写过一篇《死去》，文章描述了他梦见自己死去后批评家们在墓前的"吱吱喳喳"，说来道去无非是"浅薄，落后，不通，错误"。

二十六年前，他说过："我不需要悼词，我都不愿意听别人对着我的骨灰盒讲好话。""请让我安静。"

十四年前，他曾说："我最后还是要用行动来证明我所写的和我所说的到底是真是假，说明我自己究竟是一个怎样的人。一句话，我要用行为来补写我用笔没有写出来的一切。"

老人像一位预言家，目光如炬，仿佛可以洞穿一切，但他又似一个孩童，心无渣滓，赤诚天真。他渴望理解，一辈子都在寻求机会与读者沟通，可是在逼仄、斤斤计较、患得患失的当代社会中争名逐利的我们，能够理解他们这一代人的理想与追求、宽宏与博大吗？我们自作聪明、自以为是地对他们说三道四，反衬出的是我们的高明还是愚蠢呢？后辈人当然可以凭借着时间的优越感来轻薄先行者和他所追求的一切，但你所不屑的内容可能是几代人用生命换来的血的教训，感受不到这种生命的重量，你可能就不会有一颗感恩的心来贴近前辈。靠说几句与众不同的怪话来显示自己的个性，靠弑父的心理冲动来显示自己的高明和叛逆，这样的人可能有可爱的一面，但未免更像是行为艺术家，真正的艺术家和思想者在面对前辈人功过得失的时候，更需要的是谦恭。谦恭不是跪下来接受前辈赐予的一切,而是一颗理解历史和前人的心,是在历史的迷雾中不动声色地追随先行者闪光的足迹,是反躬自问在行为中自觉地吸取前人的教训,而不是自以为是、诈诈唬唬地指斥前人。

在巴金先生远行的时刻,当人们讨论一个时代结束的时候,我更多地在想巴金与二十世纪的中国文学的关系。如果不那么忘恩负义的话,我们就应当有勇气承认:我们今天享受到的阳光雨露其实并非是理所当然的天赐,而正是巴金和无数的前辈们通过艰苦的努力所争取来的,我们是在他们所撑起的一片天空下才有了发挥个性、创造自我的机会。比如,我们今天所用的文学表达方式就是"五四"时期的先辈们筚路蓝缕的开创和巴金这一代人的奋力厮杀才换来的结果。巴金自称是"五四运动的儿子",他是在二十世纪中国现代化的进程中接受现代思想意识而成长起来的一代作家。作为中国新文学第二代作家,他上承鲁迅等人所建立的"五四"精神传统,下启三十年代文学的灿烂图景,以自己的创作实绩、对文坛的建设功绩和巨大的社会影响力,和沈从文、老舍、萧红、曹禺等同时代的作家一起,提升了二十世纪中国文学的品格,从而也使新文学在短短的几十年内确立了自己的精神传统、审美范式,进而使得有着数千年历史的中国古典文学实现了现代化的转变。

巴金是听着巴黎圣母院的钟声,在近代自由和民主的发源地之一法国开始自己的文学生涯的,一九二九年以小说《灭亡》登上文坛,从此其创作如同激流奔腾不息。在短短的二十年时间中,巴金以不可遏制的激情写下了四百多万字的小说、散文,为新文学贡献了《家》、《憩园》、《寒夜》等不朽之作,成为中国新文学最杰出的作家之一。在一九四九年以后,虽然巴金大量的时间被花费在各种社会活动中,但他仍然没有放下那支表达思想和情感的笔。尽管他也写下了许多人云亦云的空话、假话,并为之付出了惨重代价,但他思想的火花没有熄灭。一九六二年,他在上海第二次文代会上发言,强调"作家的勇气和责任心",这在当时不能不说是惊世骇俗之言。而新时期,当文学界迎来又一次思想解放的时候，年逾古稀的巴金没有背叛"五四之子"的精神承诺，他开始了艰难的晚年反省之路，一部呼吁"讲真话"的《随想录》使他赢得了人们的尊重，当然这不是他的目的，他的目的是净化自己的灵魂，还清自己的心灵之债，并且通过自己的社会经历对历史有个交代。到这个时期，巴金的创作已经突破了语言的界限，而是通过对个人心灵的不断叩问力图达到言行一致，使文学、伦理、精神品格达到统一。我们不能说巴金完全做到了这一点，但想到在历史的风雨中遍体鳞伤的一位老人在向这样一个目标艰难地行进，我们会感觉到这行进的过程本身就充满着让后辈赧颜的力量。这个时候再来体会巴金所说的写作与生活一致、文学无技巧等朴实无华的语言，我们会意识到巴金的文学世界决不能用世俗者所理解的语言、文字等雕虫小技来衡量，而是要去感受他的文学世界中所特有的道德激情、生命能量和语言气势，这里有文学的"大道"。巴金一直在说自己不是一位作家，没有受过写作训练，因此他并不理会艺术上那些清规戒律，他的作品也不是为了传诸后世而作。三十年代，他曾一次次声言自己要搁笔不写，在苦闷彷徨时常常说：我不怕……我有信仰——这些话，常为人所诟病。今天看来，你可以说是巴金谦虚，或者说他别有壮业，但我觉得更可以从中看出他的一种自负。他有意识地将自己与那些成天在追求作品精致完美的"作家"区分开来，因为在他的心目中，艺术的力量不是靠技巧建立起来的，艺术应当有超越"技巧"这个层次而为人类的精神和心灵服务的功能。他强调自己有信仰，也是将自己与那些没有信仰的作家区分开来，因为他更在意精神的力量在作品构成中的重要性。作为一个巨大的精神存在，我们只有从这里出发，才有可能理解巴金的作品，才有可能走进他的文学世界。

　　巴金的文学世界有的为世人所熟知，如《家》等反对封建专制的作品。但这只是冰山露出水面的一角，更多的藏在水下的世界却被众多的研究者所忽略，而巴金的创作视野和作品中所反映出来的问题却如长江大河般宽广。比如说他是中国新文学中少有的几位具有人类意识的作家，他的创作所表达的情感并没有局限在民族、种族和国界之内，而是认为整个人类的情感是相通的，从而也应当更加相亲相爱紧密团结。他早期的众多短篇小说，其主人公并不是中国人，而是法国人、波兰人、俄国人，故事的背景也多发生在异域，而其中所表达的对人类整体幸福的追求，对不公正社会和制度的谴责，对阻碍人性发展因素的控诉，均超越了人为的界限，直接面对众多受压迫的灵魂和全世界的弱小者。又比如，他创作于三十年代前期的中篇小说《砂丁》、《雪》中对于矿井工人悲惨生活的描述，至今读来仍然令人震撼，而产业工人恶劣的工作环境、不自由的命运和矿井中所存在的种种问题在今天仍然有着强烈的警示意义。再比如说，在他的《灭亡》、《爱情的三部曲》等多部作品中，直接描写了恐怖主义者的慷慨赴死的行为和复杂的心理状态，在今天全世界都在谈论恐怖主义这个话题的时候，这些作品从人性、社会等深层次上为我们提供了另外一个参照，这个参照提醒我们不能以简单化的思维来看待恐怖主义和它的实施者……在巴金的作品中充满着这些未被重视和未被解读的内容，因此武断地认为巴金的文学世界一目了然地简单，或者已经被充分认识，这不仅是对巴金的极大不公正，而且是对"五四"新文学极为丰富的文学传统的简化。

除了文学创作之外，巴金还通过编辑活动等对二十世纪中国文学产生了实质性影响，他曾经和朋友编辑过《文学季刊》、《文学月刊》、《文丛》等多种文学期刊，推出了包括《雷雨》在内的一批文学杰作；由靳以和他创刊并长期担任主编的《收获》杂志被誉为"当代文学的简写本"，至今还是国内最重要的文学杂志。巴金还将人生精力最为旺盛的十四年时光用在了主持文化生活出版社上，他以这个出版社为载体为中国二十世纪三十年代中期和四十年代的文学事业做出了卓越的贡献。这个出版社延续了"五四"的血脉，也开辟了中国文学的未来，李健吾、曹禺、何其芳、沙汀、萧红、萧乾、穆旦、汪曾祺、陈敬容等作家的处女作或者重要作品都是通过巴金之手介绍到文坛上去的。打开文化生活出版社的书目，你会发现，如果没有这些作品和作家的存在，中国新文学在这个时代将会缺掉半壁江山。从来做事不喜声张、为人忠厚重友情却从未以领袖自居的巴金，实际上处在这个时期文坛的中心位置。而在"文革"之后的新时期文学中，德高望重的巴金高举思想解放的大旗，积极支持青年作家的探索，再次站在文坛的中心位置，使中国文学在浩劫之后有机会得以重生。

如今，这位饱经风霜的百岁老人离我们而去，毫不夸张地说，中国文学的一个时代彻底终结了，而"五四"新文学的精神传统也在新世纪的初叶随着巴金的远去成为绝响。试想有几位作家经历过"五四"以后二十世纪中国文学的几乎所有的重要阶段，并且几乎一直处在文坛的中心位置上？巴金就是这样一位贯穿二十世纪的作家，就是这样一位具有标志性和象征意义的人物。中国文学在这样一双赤诚、睿智的目光关注下走到了新世纪，今后又将走向何方呢？巴老的远行在很长一段时间内都会让我们无法消解这种茫然感。

三

那天，当人们护送着巴老的灵柩到太平间的时候，我突然被"丢"在了病房和突然静下来的走廊里。我慌张地寻找着众人，但却找不到。一瞬间，我有一种时空交错的感觉。太漫长了，以我目前的心智和生命经验似乎还不能完全理解一个人的一百零一年。一九〇四年巴老出生的时候是清光绪三十年，那时的社会，甚至那时候人们的装束，今天的人们都只能在电视剧里才能看到了，这一个世纪的沧桑在一个人的记忆中不断交错会是怎样斑驳的画面？巴老的一双眼睛会怎样看待这种变化，会怎样看待我们今天的生活？

走出华东医院，街上车水马龙，在高架桥上看浦江两岸，灯火万点。仰望星空，我不知道老人慈祥的眼睛是否在看着我们。他大概不会想象得到他的书走进了多少人的生活，包括和他相隔了几辈人的我。在我的生活中，巴金和他的书已经无形中成为分割不开的一部分，在我成长的每个阶段都留下了关于他们的深刻印记，所以提到这个名字我始终有一种难以抑制的感恩之情。十七年前，当我第一次接触到《随想录》中的文字时，我还仅仅是个初中生，还不很清楚巴金不断鞭挞的"文革"是怎么回事儿，首先吸引我的是一位老人的真诚和亲切，仿佛我们是可以推心置腹交谈的朋友，他向我谈过去的经历、自己的朋友和内心的感受，而我也可以向他倾吐成长的困惑、心理的疑问。他会给我很多建议：面对自己的内心，战胜自己的软弱；讲真话，独立思考；真诚地对待朋友和他人；勇敢地面对困难；活着要有意义……诚然，这些话没有当代某些"思想家"的高谈阔论那么高深、玄妙、系统，但它们却在一个人的成长中产生了精神和人格的塑造作用，这样来考量它们的价值，恐怕就不是那些虚浮的"深刻者"所可比类的。从那以后，《随想录》就成了我身边常读常新的不离之书，它也是我打开巴金的世界的一把钥匙。我还记得十五年前的一个傍晚，我被一辆车丢在了路边，夜幕降临，我不知道能否找到车载到达目的地，在这片茫然中，是随身携带的《随想录》帮我度过了那无助的时刻。

在先生去世的三个月前，夜深人静，我一个人在上海东郊的一所房子里捧读那套淡蓝色封面的书——《巴金译文全集》，当时，我不由得想起了那些淡蓝色的日子和许多往事。这套书是从大连带到上海的，它一直是我珍爱的读物，这不仅仅是因为巴金风格独特的译文，还因为它所包含的丰富内容，各语种的文学作品、社会论著尽在其中。从赫尔岑、屠格涅夫、克鲁泡特金到迦尔洵，从斯托姆、廖·亢夫、王尔德到尤利·巴基、秋田雨雀，这里面有好多作家已经不大为人提起了，有好多作品已经不"时髦"了，但它们都饱含着生命的激情，闪耀着理想的光辉，都是控诉黑暗、呼唤光明的人类"真声"。或许今天的人更喜欢情调、心情、雅致，而不喜欢这种呐喊和呼唤了，人们不想再去承担什么，除了消耗生命、娱乐自己之外。可是巴金和他的先辈们却不是这样看的，他们把个人的生命发展与群体的发展联系在一起，把个人的安乐同万人的安乐联系在一起，直到他以九十多岁的高龄在编辑这套《译文全集》的时候，巴金还在强调年轻时候曾经打动过他的这些信念。或许今天更应当低调一点，但我却欣赏这种高调，哪怕它最终通向了一个乌托邦。但生命中正是有了这一点崇高的向往，才会从那散发着猪栏味的世俗中挣脱出来，才会在烦闷、无聊的日子里有了滋味、有了信心。在浩渺的宇宙中，我们每个人都实在太渺小了，但这种崇高感会让芸芸众生中渺小的我们有了一种活着不同凡响的感觉——这不是无所谓的东西，每个人活着总需要一个理由，需要这种感觉，哪怕它终究无法替代琐碎的生活本身。买这套书大约是在一九九八年的春末吧。那时我刚进一个机关工作不久，需要到培训中心进行一周的封闭训练，期间不准外出，不准见人。终于，终于啊，一周的禁闭结束了，人们疯狂地冲出那个小院，顿作鸟兽散。我是去了火车站前的胜利百货，当时它好像刚开业不久，一家家店铺曲里拐弯地排在那里，每次进去都像走迷宫。听说这里新开了一家书店，左打听右打听总算找到了。进得店堂，我就发现了这套期待已久的《巴金译文全集》，淡蓝色的封面，十本整齐地排列在一起，书脊上是巴金先生烫金的手书。本来还想托外地的朋友代买这套书，没想到它突然就出现在我的眼前，仿佛从天上掉下的礼物。三百二十元，那时对我不算便宜，而且记忆中，我工资挣得非常少，但不知那天口袋里怎么会带足了钱，难道就是为了这套书准备的？本来，那天还预备了很多节目，但由于买了这样的一套书，那些节目也就都草草收场了。

时间过得真快，转眼间七年多了，这七年我的生活发生了巨大的变化，想不到折腾来折腾去，我居然来到了巴金先生生活过的这座城市。时常也会从武康路走过，也曾有在他的有些昏暗的客厅中小坐的时候，有时候感觉到这间房子非常空阔，恍惚中还觉得在某一刻，他突然会从楼上笑呵呵地走下来；恍惚中，突然也会觉得能够听到萧珊爽快的笑声——但蓦地，我意识到这都是文字渗入到一个人内心中所建立起的幻影……我们的车子穿行在迷茫的都市中,往昔的场景在我的眼前纷乱交错,我的心更乱,那一刻,我再也忍不下眼中的泪水了。我突然感到夜的寒冷,感到内心的孤单。我知道,"巴金"这个名字在中国知识界早已成为一种象征,在他的身上,体现着接受过"五四"精神洗礼的一代知识分子漫长的精神跋涉历程,体现着为光明和自由呼号的无数热血青年的不懈追求,体现着迷失自我后难以抚平的心灵伤痛和痛定思痛后复苏的良知,体现着为维护表达自我的权利、捍卫做人的尊严的良苦用心。但在我,他更是一位可亲的长辈。我从来没有给他送过花,从来也没有想去打扰他,但这一次,却一定要和热爱他的千千万万读者一起送他远行,不为别的,单单为了他是在我人生成长中曾经带给我最大的精神恩惠的人,为了告别中国文学的一个时代——这不是我一个人的心声,这是他的几代读者的心声。大家的心声汇聚在一起,是那句满含深情的话:巴老,一路走好。

四

十一月二十五日,巴老又一个生日到来的时候,他的骨灰将和萧珊的掺和在一起撒向大海。说实话,最初听到这个消息的时候,我曾一惊,但迅疾又理解了,巴金先生是以这种方式最终摆脱了世俗之累。他本是一道波涛汹涌的激流,理应涌入波澜壮阔的大海,再也没有羁绊和烦恼,从此以后随浪翻转,随风舞动,以晶莹的水珠昭示他的透明的心,以翻滚的浪花表达他的激情,以浩渺的水面呈现他的博大,还有比这种无拘无束的自由更好的归宿吗?至于名声、地位、权力等等世俗上所看重的一切,本来就与他无关,如今,在海的波涛和猛啸之中更是灰飞烟灭。

一位老师打来电话,说他们正坐车奔往吴淞口。八十二年前,一位四川的青年怀着梦想穿过峻急的蜀水正是通过吴淞口来到了上海;七十三年前,他望着这片海面曾写下《海的梦》,如今他要回归大海……遗憾的是躺在病床上,我无法实现自己的愿望——去为他送

行。那个上午,我只有在心中默念着他的话,以此为这位创造了生命激流的世纪老人送行:

我常将生比之于水流。这股水流从生命的源头流下来,永远在动荡,在创造它的道路,通过乱山碎石中间,以达到那唯一的生命之海。没有东西可以阻止它。在它的途中它还射出种种水花,这就是我们生活里的爱和恨、欢乐和痛苦,这些都跟着那水流不停地向大海流去。我们每个人从小到老、到死,都朝着一个方向走,这是生之目标,不管我们会不会走到,或者我们会在中途走入了迷径,看错了方向。

生之目标就是丰富的、满溢的生命。(《生》)

还有一段话是他的友人陈范予写下的,他也非常喜欢:

我激荡在这绵绵不息、滂沱四方的生命洪流中,我就应该追逐这洪流,而且追过它,自己去造更广、更深的洪流。

我如果是一盏灯,这灯的用处便是照彻那多量的黑暗。我如果是海潮,便要鼓起波涛去洗涤海边一切陈腐的积物。

巴金先生用生命实践了这两段话的主旨,虽然一生历尽坎坷,但他不悔的追求、高扬的生命激情、面对困难的坚定从未轻易改变。如今,他已融入大海,他所留下的精神遗产已化作波涛继续冲击着"一切陈腐的积物",并时时给我注入不尽的力量。想到这些,我突然又感到,老人不曾远去,他还在我们的身边,他就在读者们的心中。

周立民
2005年10月18—20日初稿
2006年7月13日增补

上编　编年巴金

寒夜苦梦
——1937—1949 年的巴金

一、抗战与改革

对于民族和国家的危机，巴金和他同时代的知识分子不论信仰如何，他们的切身感受是不可能不影响他们的人生选择的。他们出生时便处在深重的民族危机和国家危亡之中，巴金说他一直记得 5 月 7 日和 9 日这两个国耻日[①]，1931 年的"九一八"更让巴金震惊，他甚至提笔写下了好久不曾写过的诗：

给武士们当枪靶子的生活也过得很够了！
我们的血管里还流着人的血，

---

① 巴金：《绝不会忘记》，《巴金全集》第 16 卷第 128 页。

巴金与日本友人一家，1935年1月摄于日本横滨，这次旅居日本的短暂时光，给他留下很多不好的印象。

我们的胸膛里还跳着人的心：
我们要站起来，像一个人。①

巴金不能容忍的是人的尊严和自由受到侵犯，他在《我们》一文中借一对失去父母的少年之口发出了绝望的控诉："哥哥，我们和他们不是一样的人吗？在这个世界上不全是一样的人吗？……为什么别人的孩子就有光，有热，有花，有爱，我却应当做枪靶子呢？为什么我们的亲人要被他们杀死，我们的房屋要被他们烧光呢？"② 不足半年，文字所描述的一切就来到了巴金的眼前。1932年1月28日，日本海军陆战队进攻上海，当时巴金还在南京看望朋友。炮火造成闸北大火，商务印书馆被炸。2月5日下午，巴金从南京乘船回沪，当船驶进吴淞口，要靠近浦东码头时，他看见：

北面的天空被黑烟遮住了。这黑烟不住地向南扩张，一层盖上一层，快要遮蔽了整个的天空。炮声隆隆地怒吼，中间夹杂着机关枪密放

---

① 巴金：《我说，这是最后一次的眼泪了》，《巴金全集》第12卷第583页。
② 巴金：《我们》，《巴金全集》第12卷第558页。

的声音。许多人发出了惊恐的叫喊。一个女人的尖锐的声音说:"天呀,怎么得了?"①

日军的轰炸,把巴金所住的宝光里14号那条街变成了一片火海,巴金的住处也遭到炮弹袭击,他曾为之付出心血的鸿兴坊的世界语学会也成了一片焦土②,准备在《小说月报》上刊载的小说《新生》的原稿也随商务印书馆的被炸变成灰烬。战火稍熄,巴金回到旧居取东西的经历也刻骨铭心:"在一堵残缺的墙壁下,瓦砾中躺着好几具焦黑的尸体。身子那样小,而且蜷曲着,完全没有人的样子。然而活着的时候,他们分明是人,跟我一样的、并且生活在我周围的人呀!"③

巴金觉得当自由遭受侵犯、生命被屠戮时,不去发动人民来反抗是放弃了革命者的责任,是姑息养奸纵容了法西斯,这个观念正是巴金这一代无政府主义者在现实形势面前的反应。1927年在《无政府主义与实际问题》一文中,巴金表示:"说无政府主义者反对战争吧,但无政府主义者所反对的只是军阀政客为争利夺权而起的战争,假若被压迫者反抗压迫者的战争,我们是主张的。为自卫而战,为自由而战,马拉铁斯达且认为这'战争是必要而神圣的'。甚而至于殖民地脱离'母国'的战争,弱小民族反抗强国的战争,虽然其目的与我们的理想不同,但我们也并不反对。"④ 所以对于抗击法西斯的奴役,他的态度很明确:"人民在一个决定的时期的懦弱,虽然常常招来惨祸,甚至延长了残暴的统治,可是这惨祸也不能将人民对于自由的渴望和争自由的力量完全粉碎。人民是要永久存在下去的,而且在任何时代都要为争自己的独立

---

① 巴金:《从南京回上海》,《巴金全集》第12卷第541页。
② 巴金:《一个回忆》,《巴金全集》第12卷第109页。
③ 巴金:《一个回忆》,《巴金全集》第12卷第107-108页。
④ 巴金:《给一个敬爱的友人》,《巴金全集》第18卷第113页。

而斗争。我们的全历史就是一部人民争自由的历史。"① 这是巴金对于抗战的基本态度，它超越了国家和民族的具体界限，从人民争取自由、反抗奴役的角度来思考问题，可以说仍然是一个无政府主义的战争观。对于巴金来说，他不做这场战争的旁观者和反对者，而是参与者，甚至像当年他们设计国民革命的蓝图一样，通过民众运动把战争引到无政府主义革命上来。有人说抗战改变了中国现代思想的进程，使整个社会意识从个人主义到集体主义，使启蒙压倒了救亡，这可能是社会发展的大趋向，但仔细分析巴金的思想轨迹可以看到：首先，他早就确信个人应当在众人中找到自己的工作和实现自己的理想，其次，他认为抗战只是一道"门"，跨过它还要往前走，还要掀起社会革命才行，也就是说，他仍旧牢牢地坚持着"五四"的启蒙立场：

我从没有怀疑过"抗×"的路。我早就相信这是我们目前的出路。我所看见的大众的路里就包含着争取民族自由的斗争。……但是大众的路也并非简单的"抗×"二字所能包括。单提出"抗×"而不去想以后怎样，还是不能解决问题。我们且把"抗×"比作一道门，我们要寻到自由和生存，我们要走向光明，第一就得跨进这道门。但跨进门以后我们还得走路。关于那个时候的步骤，目前也该有所准备了。因为我们谁都不是狭义的爱国主义者，而且近年来欧洲大陆已经给了我们不少有益的例子。②

那么"欧洲大陆"的"有益例子"是什么呢？巴金指的是西班牙的反法西斯斗争，这是令所有无政府主义者感到振奋的消息。在抗战初期，巴金译出了一套《西班牙问题小丛书》，它们分别是《西班牙的斗争》（若克尔著）、《战士杜鲁底》（高德曼等著）、《一个国际志愿兵的日记》

---

① 巴金：《给一个敬爱的友人》，《巴金全集》第13卷第265—274页。

② 巴金：《路》，《巴金全集》第13卷第102—103页。

巴金长篇小说《火》是一部宣传的书，为抗日宣传是当时作家义不容辞的社会责任。

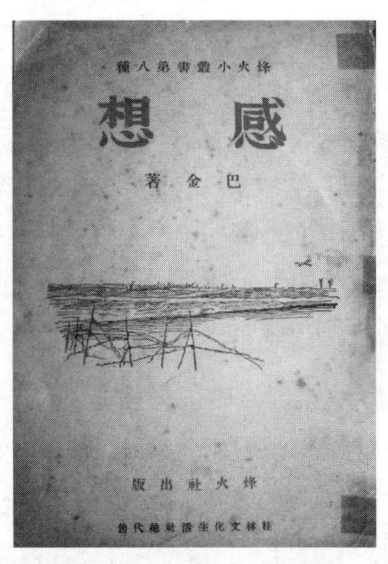

《感想》记录了抗战初期一个中国知识分子的决心和意志，此为烽火社1939年7月初版本书影。

（阿柏尔·米宁著）、《西班牙》（A. 苏席著）、《西班牙的日记》（加罗尔·罗塞利著）、《巴塞罗那的五月事变》（A. 苏席作）。这套书反映了西班牙乃至欧洲的安那其主义者在西班牙反法西斯战争中的所作所为。在抗战进行的同时酝酿一场革命，由抗战造就一个新的民族和新的中国，这是无政府主义者一再强调的社会革命的思路。巴金说："我们都知道西班牙的战争不是普通的内战，而是一个革命。我以为中国这次的抗战也含有革命的意义。"① 他以西班牙革命为例子说："我们过去的政治的机构是不行的。我们在这方面需要着大的改革……"因此，他认为应该提出的口号是"抗战与改革"，"这两者是应该同时进行的"。②

战争不是口号，而是"身经百炸"的生死考验，是颠沛流离的苦难生活。抗战期间，巴金辗转广州、桂林、昆明、重庆、贵阳等地，虽然生活困难，条件简陋，可在炮火下面仍然没有放弃一个文化人的职

---

① 巴金：《国家主义者》，《巴金全集》第13卷第240页。

② 巴金：《公式主义者》，《巴金全集》第13卷第250页。

责：写文章，编刊物，出版图书，在那个环境中以韧性的精神艰难地将文化的火种传播开来。在那颠沛流离的生活中，支持巴金的是"祖国永不会灭亡"的坚强信念，还有巴金说的"温暖的友情"①。阅读巴金这段时间的作品，不难发现，在几部作品中，他都不约而同地提到"一个朋友"。如《火》第一部后记中，他说："另外一个朋友给我供给了伤兵医院的材料。……那个朋友的叙述倒给我那一章小说添了不少的真实性，我应该感谢她。"② 在《火》第二部后记中，他接着感谢："为这事情我应当感谢两个朋友：一是 L.P.，她给过我很多的鼓励……"③ 在《秋》的序言中，他也说："我不敢比拟伟大的心灵，不过我也有过友情的鼓舞，而且在我的郁闷和痛苦中，正是友情洗去了这本小说的阴郁的颜色。是那些朋友的面影使我隐约地听见快乐的笑声。我应该特别提出四个人：远在成都的 WL，在石屏的 CT，在昆明的 LP，和我的哥哥。没有他们，我的《秋》不会有这样的结尾……"④ 这个屡屡出现在巴金作品中的 LP 是谁现在已经不是什么秘密了，他就是巴金当时的未婚妻萧珊。在那段艰苦岁月中萧珊的出现给巴金带来了生活的亮色和温暖的精神支持。后来，当有朋友批评巴金的《旅途通讯》写得不好时，巴金却对这两册小书有着特殊的感情，在那些文字中他隐藏着自己的内心秘密：

她陪着我经历了各种艰苦生活。在抗日战争紧张的时期，我们一起在日军进城以前十多个小时逃离广州，我们从广东到广西，从昆明到桂林，从金华到温州，我们分散了，又重见，相见后又别离。在我那两册《旅途通讯》中就有一部分这种生活的记录。……我决定不让《文集》

---

① 巴金：《〈秋〉序》，《巴金全集》第 3 卷第 4 页。
② 巴金：《〈火〉第一部后记》，《巴金全集》第 7 卷第 174 页。
③ 巴金：《〈火〉第二部后记》，《巴金全集》第 7 卷第 373 页。
④ 巴金：《〈秋〉序》，《巴金全集》第 3 卷第 5 页。

巴金致萧珊的信（残简），这是目前所见巴金给萧珊最早的一封信。

巴金、萧珊、沈从文、张兆和等人在昆明西山，当时萧珊在西南联大读书，沈从文在那里教书。

重版。但是为我自己,我要经常翻看那两小册《通讯》。在那些年代每当我落在困苦的境地里、朋友们各奔前程的时候,她总是亲切地在我的耳边说:"不要难过,我不会离开你,我在你的身边。"的确,只有在她最后一次进手术室之前她才说过这样一句:"我们要分别了。"①

他们两个人相识在抗战前:

她是我的一个读者。一九三六年我在上海第一次同她见面,一九三八年和一九四一年我们两次在桂林像朋友似的住在一起。一九四四年我们在贵阳结婚。我认识她的时候,她还不到二十,对她的成长我应当负很大的责任。她读了我的小说,给我写信,后来见到了我,对我发生了感情。她在中学念书。看见我之前,因为参加学生运动被学校开除,回到家乡住了一个短时期,又出来进另一所学校。倘使不是为了我,她三七、三八年可能去了延安。她同我谈了八年的恋爱,后来到贵阳旅行结婚,只印发了一个通知,没有摆过一桌酒席。从贵阳我们先后到重庆,住在民国路文化生活出版社门市部楼梯下七八个平方米的小屋里。她托人买了四只玻璃杯开始组织我们的小家庭。②

萧珊的身影出现在巴金的生活中,也很快出现在他的作品里,长篇小说《火》中有一位性格活泼的少女,她叫冯文淑。

冯文淑也就是萧珊。第一部里的冯文淑是八·一三战争爆发后的萧珊。参加青年救亡团和到伤兵医院当护士都是萧珊的事情,她当时写过一篇《在伤兵医院中》,用慧珠的笔名发表在茅盾同志编辑的《烽火》周刊上,我根据她的文章写了小说的第二章。这是她的亲身经历,她那时不过

---

① 巴金:《怀念萧珊》,《巴金全集》第16卷第26-27页。

② 巴金:《怀念萧珊》,《巴金全集》第16卷第26页。

1936年8月萧珊给巴金的照片,背面写道:"给我敬爱的先生留个纪念。"当时萧珊是一位思想进步的高中生,巴金说:"她读了我的小说,给我写信,后来见到了我,对我发生了感情。"

是一个高中学生,参加了一些抗战救国的活动。倘使不是因为我留在上海,她可能像冯文淑那样在中国军队撤出以后参加战地服务团去了前方。

萧珊伴着巴金在战火中流转,从广州到桂林,到1939年年初,在经历了桂林大轰炸之后,"……我和萧珊又坐火车到金华转温州,搭轮船回上海。在温州我们参观了江心寺,对文天祥的事迹印象很深,我有很多感慨。"① 战火中的片刻宁静时光,巴金是和萧珊在一起度过的。1939年暑假过后,萧珊到昆明入西南联大外文系就读,巴金躲在成为"孤岛"的上海写作《秋》,完成后,1940年7月他到昆明去看萧珊。

---

① 巴金:《关于＜火＞》,《巴金全集》第20卷第642页。

他住在开明书店昆明分店经理卢芷芬安排的"静寂的园子"中,在将近三个月的时间里,静心写完了《火》的第一部。巴金这样回忆当时的生活:

住下来的头两个月我的生活相当安适,除了萧珊,很少有人来找我。萧珊在西南联合大学念书,暑假期间,她每天来,我们一起出去"游山玩水",还约一两位朋友同行。武成路上有一间出名的牛肉铺,我们是那里的常客。傍晚或者更迟一些,我送萧珊回到宿舍。早晚我就在屋子里写《火》。我写得快,原先发表过六章,我在上海写了一章带出来,在昆明补写了十一章,不到两个月就把小说写成了。虽然不是成功之作,但也可以说是一个意外的收获。对这本书的完成,卢先生给我帮了不少的忙,他不但替我找来在《文丛》上发表过的那几章,小说脱稿以后他还抄录一份寄往上海。我住在武成路的时候,他早晚常来看望。后来敌机到昆明骚扰、以至于狂炸,他们夫妇还约我(有时还有萧珊)一起到郊外躲警报。我们住处离城门近,经过一阵拥挤出了城就不那么紧张了。我记得有一次我们在郊外躲了两个钟头,在草地上吃了他们带出去的午餐。①

1941年7月,第二次到昆明,巴金完成了《龙·虎·狗》中的大多数散文,这是巴金散文中的精品,也是体现他生命探索、人生感悟的杰作。在他写作时,身边不时有萧

抗战时期巴金关注西班牙的事情也是有意而为。此为《西班牙的血》书影(1938年4月平明出版社初版本)。

---

① 巴金:《关于<龙·虎·狗>》,《巴金全集》第20卷第629-630页。

颇见萧珊性格的一张照片，1939年8月29日摄于昆明金殿树上。

珊和她的同学们的欢笑声：

  我第二次到昆明在第二年（一九四一）七月，也是为了看望萧珊。她已经搬出联大宿舍，和几个同学在先生坡租了房子，记得是楼上的三间屋子，还有平台。我一九四三年在桂林写《火》第三部时，常常想起这个住处，就把它写进小说，作为那个老基督徒田惠世的住家。"这是一排三间的楼房，中间是客厅，两旁是住房，楼房外有一道走廊，两间住房的窗外各有一个长方形的平台，由廊上左右的小门出入。"楼下住着抽鸦片烟的房东。萧珊她们三个女同学住里面的一间，三个男同学住外面的一间。我来的时候，萧珊的一个女同学和两个男同学刚去路南县石林参观，她留下来等我，打算邀我同去。谁知我一到昆明，就发烧、头昏、无力，不得不躺下来一连睡了几天。

那些日子里我的生活很平静，每天至少出去两次到附近小铺吃两碗"米线"，那种可口的味道我今天还十分怀念。当然我们也常常去小馆吃饭，或者到繁华的金碧路一带看电影。后来萧珊的同学们游罢石林归来，我们的生活就热闹起来了。虽然雨给我们的生活带来一些不便（我们不是自己烧饭，每天得去外面喂饱肚子；雨下大了，巷子里就淹水；水退了，路又滑，走路不小心会摔倒在泥水地上，因此早晚我不外出），可是在先生坡那座房子的楼上我感到非常安适，特别是在早晨，我面对窗外的平台，让我的思想在过去和未来中海阔天空地往来飞腾。当时并没有人号召我解放思想，但我的思想已经习惯了东奔西跑、横冲直撞。它时而进入回忆，重温旧梦，时而向幻想叩门，闯了进去。①

经过八年相恋，在那个战火纷飞的岁月里，巴金终于组建了自己的家庭，"我们没有举行任何仪式，也不曾办过一桌酒席，只是在离开桂林前委托我的兄弟印发一份'旅行结婚'的通知。"1944年5月8日，他和萧珊两个人在贵阳郊外的"花溪小憩"举行了特别的"婚礼"：

我们结婚那天的晚上，在镇上小饭馆里要了一份清炖鸡和两样小菜，我们两个在暗淡的灯光下从容地吃完晚饭，散着步回到宾馆。宾馆里，我们在一盏清油灯的微光下谈着过去的事情和未来的日子。我们当时的打算是萧珊去四川旅行，我回桂林继续写作，并安排我们婚后的生活。我们谈着，谈着，感到宁静的幸福。四周没有一声人语，但是溪水流得很急，整夜都是水声，声音大而且单调，那个时候我对生活并没有什么要求。我只是感觉到自己有不少的精力和感情，需要把它们消耗。我准备写几部长篇或中篇小说。

我们在花溪住了两三天，又在贵阳住了两三天。然后我拿着亲戚的

---

① 巴金：《关于<龙·虎·狗>》，《巴金全集》第20卷第632-633页。

巴金与萧珊结婚的花溪小憩今景。相恋八年，身经战火，没有仪式，没有祝贺的亲朋，两个人平静地走到了一起。

介绍信买到邮车的票子。我送萧珊上了邮车，看着车子开出车场，上了公路，一个人慢慢走回旅馆。①

一个流浪的人终于有了一个安定的家，不知道巴金是否还记得1937年的春天，他写给萧珊的信：

你关心我，劝告我，你说要我好好保养身体，你说要把家布置得安舒一点……其实这些话我都知道。但我不能做。我的环境是很复杂的，性格也是很矛盾的。……对于我，一个凌乱的房间，一大堆外国文破书，也许更可以使我满意；再不然，一次远地的旅行，或者和许多朋友在一起做事，也是好的。或者关在房里整天整夜地写文章，或者在外面奔走，或者整天地玩个痛快，这些我都受得住，我不惯的就是一个有秩序的安定的家。这家在别人是需要的，我也常常拿这事情劝别人，但我自

---

① 巴金：《关于＜第四病室＞》，《巴金全集》第20卷第588-589页。

己却想做个例外的人。我宁愿一个人孤独地去经历人世的风波,去尝一切生活的苦味,我不要安慰和同情,我却想把安慰和同情给别的人。我已经这样地过了几年,这种生活不一定是愉快的,但我过得还好。①

当时巴金已经开始了《憩园》的写作,五月下旬,他进贵阳中央医院做了矫正鼻中隔的手术,次年,他又将这次住院的经历写成了《第四病室》。婚后,巴金迎来了又一个小说创作的高峰。

二、理想与庸常

抗战是中国文学的一个重要转折点,战争改变了作家和读者的日常生活状态,使得文学出现了新的动力和发展方向,那种书斋式的平静生活早就被战火打乱了,作家们都被推到了最混乱最沉痛的现实中了,梦想粉碎了,生活凌乱了,甚至连生命都没有了保障。此时作家所感受到的现实,土地和人,乃至对于个体生命的沉思,与在北京的"太太客厅"、上海的亭子间中高谈和写作时迥然不同。特别是告别了最初那种宣传和抗议式的文字,中国新文学以更切近现实和人生的形式来刻画着时代的变动。

卢沟桥事变后,战火迅速燃遍全中国。8月13日,日军进攻上海,巴金等人立即担负起文化人的使命,他与茅盾、靳以、黎烈文、黄源、冯雪峰等于当日下午就协商,并决定《文学》、《中流》、《译文》、《作家》等四家刊物同人自办宣传抗战的新刊《呐喊》。8月25日,这份小小的周刊出版了,主编人为茅盾,发行人是巴金,两期后改名《烽火》,在上海一直出到10月21日被租界当局阻挠停刊。次年,巴金到广州后

---

① 巴金1937年春致萧珊信,《佚简新编》第197页,大象出版社2003年11月版。

位于重庆民国路上的文化生活出版社，巴金夫妇的家就安在这里，这里也是作家朋友们常常聚首的地方，艰难的生活环境并没有减少两个人同心同德的幸福以及亲朋们欢快的笑声。（此为20世纪80年代图景）

于 1938 年 5 月 1 日又继续出版，直到当年 10 月 11 日广州沦陷前停刊。上海成为"孤岛"之后，一时离不开的巴金只好拣起抗战前就开始写的《春》，直到写完它才离开。孤岛的生活让人有一种愤怒淤积于胸不得抒发的愤懑，巴金说："在这里空气太沉闷了。有人把这里称作'孤岛'，但我说，它更像一个狭的囚笼，有时我觉得连气也缓不过来，在这里真可以说是有一只魔手扼住我的咽喉。"① 1938 年的春天，他终于离开孤岛，与靳以经香港奔赴广州，并在那里设立了文化生活出版社广州分社，在日军的炮火轰炸、战乱物资匮乏以及人心惶惶中艰难地开展着文化工作。从此，他也开始了抗战八年间颠沛流离的生活。1938 年 6 月 23 日，他离开广州回到上海，修改了《爱情的三部曲》，7 月 16 日又离开上海，22 日返回广州，同行的有高中毕业的萧珊，还有他们的朋友靳以、陶肃琼。9 月初，巴金还到汉口一次，月底返回广州。10 月 20 日在广州沦陷的前夕，他与萧珊、弟弟李采臣、林憾庐等人离开广州，26 日达梧州，月末到柳州，11 月中旬抵达桂林。1939 年 2 月下旬，巴金偕萧珊从桂林绕道金华、温州回到上海。当年 7 月萧珊赴昆明西南联大读书，巴金仍旧留在上海修订和出版克鲁泡特金的旧译，翻译赫尔岑的回忆录《一个家庭的戏剧》，写作长篇小说《秋》。直到《秋》出版，他才于七月初经香港到海防，搭滇越铁路车于月底抵达昆明。在昆明的一段安静的日子里，他完成了长篇小说《火》的第一部（后记作于 1940 年 9 月 22 日）。10 月下旬，他由昆明飞赴重庆，11 月中旬又到江安曹禺处小住六日后返回重庆。1941 年 1 月初，他回成都住了五十天，这是他离家十八年后第一次回乡。这期间，他一直在重庆经营着文化生活出版社。5 月 23 日《火》第二部完稿。1941 年 7 月第二次去昆明看望萧珊，在金鸡巷四号三楼住，并完成了《龙·虎·狗》中的大部分篇章，8 月 5 日作序，编成此集。9 月 8 日偕萧珊离开昆明到桂林，萧珊

---

① 巴金：《感想（一）》，《巴金全集》第 13 卷第 228 页。

于月末返回昆明,巴金一直到1942年3月中旬才从桂林经过河池到贵阳,当月末再回到重庆。当年4月底,他再次返回成都,7月回到重庆,10月14日又离开重庆去桂林。1943年9月《火》第三部完稿。1944年5月初,偕萧珊离开桂林到贵阳。5月下旬,他在贵阳中央医院做矫正鼻中隔手术,6月上旬出院。7月《憩园》完稿。7月上旬他到达重庆,与萧珊在民国路文化生活出版社内有了自己的小家庭,一直到1945年抗战胜利。这就是巴金在抗战中奔波之大体。

在这些日子里,他目睹了手无寸铁的百姓被轰炸致死的惨剧,看到了一座城市变成废墟的景象,也经受了生命随时会被炮火夺去的惊恐,还有逃难路上的艰辛。这些都化成了文字写进了他的《旅途通讯》、《旅途杂记》[①]等书中。"这些全是平凡的信函。但是每一封信都是在死的黑影的威胁下写成的。这些天来,早晨我见到阳光就疑惑晚上我会睡到什么地方。也许把眼睛一闭,我便会进入'永恒'。"[②] 在他经历的一场场轰炸面前,他强烈地感受到人的生命在这种随时可以到来的钢铁怪物面前显得无比渺小,人们的正常生活和心理被随时而至的防空警报完全打乱。巴金曾这样描述他1938年8月8日在广州所经历的大轰炸:

一个朋友在窗前惊讶地叫道:"飞机!"我们并不注意,因为先前没有听到警报(其实是发过紧急警报的)。我们仍旧在谈话,但是高射炮响了。街上有人在跑。门口一个年轻人指着天空低声叫着"飞机"!我和那位新朋友走在门口去看。三架飞机在对面屋顶上飞,飞得很高,看起来比我们屋子里挂的玩具飞机还小。飞机向着我们这面飞来,三架之后又是三架。于是轧轧声大响,高射炮也连珠似的放起来。高射炮似乎没有效力,轧轧声越来越近了。我想大概要落弹了罢。并不要我们等

[①]《旅途通讯》,初版为上下册,分别于1939年3月、4月文化生活出版社初版。《旅途杂记》,1946年4月由万叶书店出版。

[②] 巴金:《<旅途通讯>前记》,《巴金全集》第13卷第113页。

1941年巴金与妹妹、大哥的子女摄于成都。

待。一阵恐怖的"飒飒"声就压倒了摩托的响声。这声音自上而下，由远而近，像一簇簇树叶从天空落下来。我仿佛看见一颗炸弹在空中旋转而下，我知道它会在不远处爆炸，甚至会落在我们的头上。我在这里度过不少轰炸的日子。可是这种声音我只听见过一次。今年六月六日三颗炸弹在我们住的巷口附近爆炸时，我在事前听见了那奇怪的声音。

飒飒声一起，一些陌生的人（还有邻舍那位太太带了小孩）疯狂地涌进我们的屋子里来。他们带着轻微的惊呼，一齐往地上蹲伏。炸弹爆炸了，声音不大，似乎落在很远的地方。我觉得奇怪，但是第二次"飒飒"声又起了，仍旧只听见小的爆炸声，大家略为安心，可是飞机还在上空盘旋。在第三次的"飒飒"声响起之后，一个巨大的爆炸声震撼了这间屋子。我在这里用"震撼"二字自然不恰当，因为房间不过微微摇动一下，我还觉得一股风吹到我的腿上，别的就没有什么了。然而在那巨声刚起的时候,我和别的人都以为这颗炸弹一定在我们的头上爆炸。我们的办事处是在楼下,头上还有三层洋房,倘使是一颗小炸弹,我们在下面还有活命的希望。我坐在藤椅上没有动一下,头埋着,眼光固定在一堆校样上面。我微微张开口,我想要是这里被炸,我还能活的话,为了不使耳膜震破,我应当将口张开。我们定了神,静悄悄地看看四处,眼前还是一个和平的世界。轧轧声消失了,房里没有一点改变,桌上多了一层灰。蹲下的人站起来,慢慢地走出房去,紧张的空气松弛了。我看朋友们的脸。那些脸上好像蒙了一张白纸。可惜我看不见自己的脸色。①

在另外一篇文章中,巴金描述"在轰炸中过的日子",他说:"随着信念的指示做事情,事无论大小,在我都会感到喜悦。在这里我特别想多做事,只是因为我害怕第二天这种喜悦就完全消失。这种害怕并不是'担忧'……惨死并不是意外的不幸,我们看见断头断肢的尸首太多了。前几天还和我谈过几句话的某人在一个清早竟然倒插在地上,头埋入地中完结了他的生命。有一次警报来时我看见十几个壮丁立在树下,十分钟以后在那里只剩下几堆血肉。……"在那些日子里:"飞机在头顶上盘旋,下降,投弹,上升,或者用机关枪扫射。房屋震动了,土地震动了。有人在门口叫,有人蹲在地上。我们书店的楼下办事处也成了临时避难室。……我在咖啡店里看不见什么,玻璃窗给木板遮了大半,外面是防空壕,机关枪弹一排一排地在附近飞过,许多人连忙伏在地上。我不能够忍受这种紧张的空气,便翻开手里的书,为的是不要想任何的事情,却以一颗安静的心来接受死。这时我的确没有想什么。我不愿意死,但是如果枪弹飞进来,炸弹在前面爆炸,我也只好死去。"这批可敬的文化人在生命尚且不保的情况下,居然还在办刊物,《烽火》和《文丛》两个刊物的编辑之责都落在了巴金身上,"稿子编好留在印刷局,

---

① 巴金:《在广州》,《巴金全集》第13卷第117—119页。

1938年摄于桂林，在这里巴金目睹了日本轰炸引起的大火，感受到了生命的脆弱，却也坚定了埋头苦干的决心。

有的校样送来就得赶快校好送回印局，有的久未排好就应当打电话或者派人去催索校样。刊物印出送到便是八九千册，我们应该把它们的大半数寄到各地去。于是大家忙着做打包的工作，连一个朋友的九岁孩子也要来帮一点小忙。此外我们还答应汉口一个书店的要求，把大批的书寄到那边，希望在武汉大会战之前从那里再散布到内地去。这类事情都得在夜间空闲的时候做。大家挥着汗忙碌工作，一直到十一点钟，才从办事处出来。我们多做好一件事情觉得心情畅快，于是兴高采烈地往咖啡店或茶室去坐一个钟点，然后回家睡觉，等待第二天的炸弹来粉碎我们的肉体。""但是刊物终于由旬刊，变成了无定期刊。印刷局不肯继续排印，以加价要挟，连已经打好纸型的一期也印了十多天才出版。至于五月中旬交割一家印局的小书，则因为那个印局的关门一直到八月一日才找回原稿。"①

1938年底在桂林过着的也是差不多的日子,当时他住在漓江的东岸,是林憾庐的寄寓,木板的小房间,有镂花的糊纸窗户,生满青苔的天井,还有后面那个可以做马厩的院子。打开后门走出去,是一片菜园,能看见一片绿色,七星岩屏障似的立在前面,这也是他们躲警报的地方。初到桂林时,这个城市还没有遭受到太大的破坏,傍晚巴金常常在那几条整齐的马路上散步,可是几次大的轰炸后,大火甚至将桂林市区的一半房屋烧成了废墟,几条整齐马路的两旁大都只剩下断壁颓垣。"十二月二十九日的大火从下午一直燃烧到深夜。连城门都落下来木柴似的在燃烧。城墙边不可计数的布匹烧透了,红亮亮地映在我的眼里像一束一束的草纸。那里也许是什么布厂的货栈罢。"他也曾看到过这样的情景:"在某一处我看见几辆烧毁了的汽车:红色的车皮大部分变成了黑黄色,而且凹下去,失掉了本来的形态。这些可怜的残废者在受够了侮辱以后,也不会发出一声诉冤的哀号。忽然在一辆汽车的旁边,我远远地看见一个人躺在地上。我走近了那个地方,才看清楚那不是人,也不是影子。那是衣服,是皮,是血肉,还有头发粘在地上和衣服上。我听见人讲起那个可怜人的故事。他是一个修理汽车的工人,警报来了,他没有走开,仍旧做他的工作。炸弹落下来,房屋焚毁,他也给烧死在地上。后来救护队搬开他的尸体,但是衣服和血肉粘在地上,一层皮和尸体分离,揭不走了。"②

逃难的一路上所经受的颠簸之苦也是平常住惯了大都市的人所难以想象的。从广州逃出来,先是要雇小船将他们转运到货船上,船都涨价了,雇个小船都要费一番口舌。终于弄好了,行船的一路上,走走停停,为的是躲避敌机的轰炸。要等的船也可能来不了,焦急地等待,深夜十二点半被叫醒,慌忙收拾行李,还没有弄好,说是拖渡船已经走

---

① 巴金:《在轰炸中过的日子》,《巴金全集》第13卷第126-129页。

② 巴金:《桂林的受难》,《巴金全集》第13卷第214-215页。

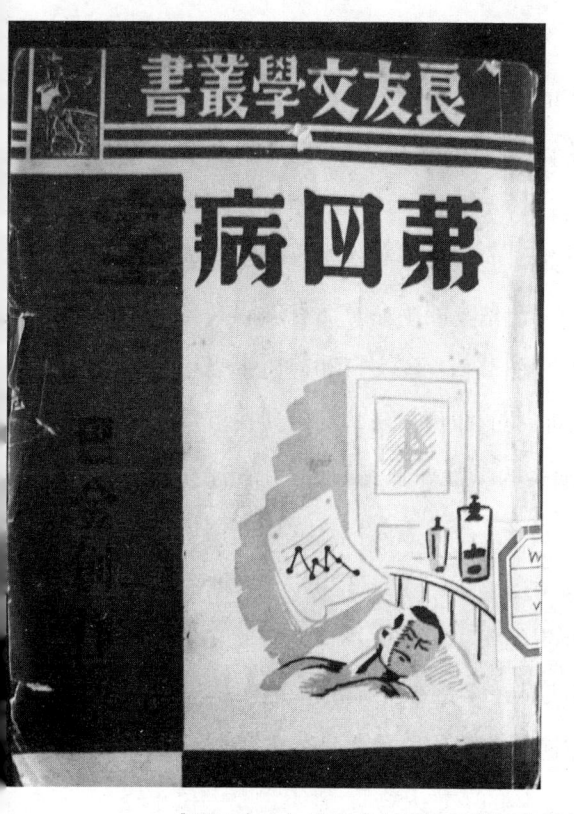

《第四病室》是巴金根据抗战期间住院的感受而写的，小小的病室是当时社会的缩影，但同时巴金也没有忘记呼唤理想和人性的光芒。

了，折腾得疲乏不堪又睡下了。到凌晨四点，又被叫醒，在黑暗与寒冷中上了小艇上……这样的情况很常见。巴金在《旅途通讯》中不避烦琐地报告着路上的每一个细节，这些文字写出了离乱年代中普通人的窘迫和无力。在逃荒、转移中，在炮火的追赶下，人是多么渺小啊，生命是多么脆弱啊，但恰恰是这样，哪怕一点点相互扶助却有着莫大的温暖；恰恰是这样，他们才深切地理解了自由和生命的真正价值。

从巴金抗战后期的创作中能够看出他思想的某种调整，其中很重要的一个主题就是对"生命的开花"的渴求，对理想的寻找。这个理想不再是在血与火中谋求实现了，而是在平凡的人生中、日常生活里怎样让它发出光辉，这也是他对"五四"时期"英雄理想"反思的结果。巴金笔下的人物也如同他的创造者一样从热血青年步入了灰色的中年，接连几部小说都在探索"丰富的、充实的生命"问题,并把它具体为理想在现实生活中的位置。《憩园》中那个夸夸其谈的姚国光,其实根本没有什么理想,只不过以高调来装饰自己的人生罢了。他的妻子万昭华也是一个安于家庭生活的人,巴金同情她,但显然不欣赏她,他写到她的善良,也写到了她的寂寞,这也将是一个枯萎的生命。而有理想又会怎么样呢?《寒夜》呈现出来的是另外一种形态:汪文宣和曾树生当年是抱着教育救国理想的大学生,可是小职员的职位,灰暗的生活,沉重的压力,将他们的理想变成了为家庭琐事的争吵和肺病的声声痛苦的咳嗽,生活榨尽人的血性,也使理想苍白起来了。巴金是以极大的同情笔调来写他们的,他一再声言他控诉的是制度,而不是其中的人。《寒夜》中他只好让理想在现实面前低下了高贵的头,可他并不认为除此之外,别无选择,他还是向往一种理想的状态,于是在黑暗的"第四病室"生造出了一位好心的充满朝气的女医生,"希望变得善良些、纯洁些、对人有用些"。"她并不是'高、大、全'的英雄人物",她不过是一位年轻的医生,① 在自己的岗位上散发着光和热,给周围的人送来幸福和温暖,这可能就是另外一种"生命的开花"吧?更有意味的是《憩园》中,那个写"小人小事",而且自己不断怀疑写作价值的作家,却没有想到在女读者万昭华那里获得了意外的鼓励。万昭华说:"你们就像是在寒天送炭、在痛苦中送安慰的人。"作家的创作打开读者的眼界,种植了希望,用自己的理想去消除别人的寂寞和痛苦,"这其实是在扩大我自己……"这不是"生命的开花"的别一种转述吗?万昭华以此来肯定这位作家的价值,这也是巴金的自我说服,是借人而来说服自己,不是,"说服"不够,而是认同,他认同了一个写作者的价值,并且认为在写作中也可以实践理想,也能够做到"生命的开花"。这与三十年代初对写作的激烈的否定,可以说是一百八十度的大转弯。在对"小人小事"

---

① 巴金:《关于<第四病室>》,《巴金全集》第20卷第595页。

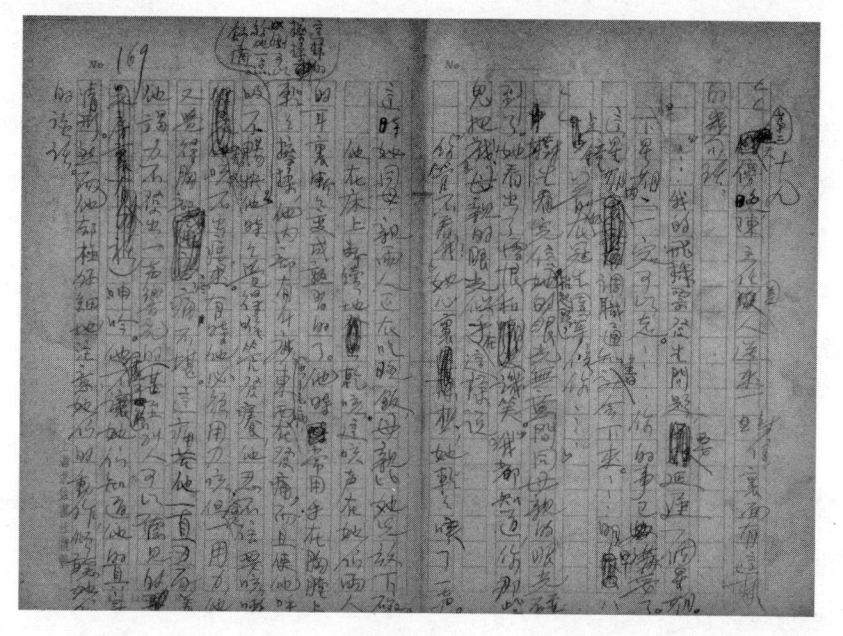

《寒夜》手稿。巴金说:"我写汪文宣,写《寒夜》,是替知识分子讲话,替知识分子叫屈诉苦。"

的关注中,巴金说:"我始终认为正是这样的普通人构成我们中华民族的基本力量。任何困难都压不倒中华民族,任何灾难都搞不垮中华民族,主要的力量在于我们的人民,并不在于少数戴大红花的人。四十年代开始我就在探索我们民族力量的源泉,我写了一系列的'小人小事',我也有了一点理解。"① 这是在残酷的战争和严峻的现实面前,作家对生活和人生更深入的思考。

抗战中接触到的社会现实也使巴金把"五四"的精神价值放到了现实中重新估量,估量的结果依然是不轻言放弃,却也要看到坚持它并使之产生作用的艰难。抗战期间,巴金曾回过成都两次,第一次是1941年1月初到2月中旬,住了五十多天;第二次是1942年4月底到7月。两次回乡,特别是头一次,巴金感慨颇多,毕竟十九年了:

十九年,似乎一切全变了,又似乎都没有改变。死了许多人,毁了

---

① 巴金:《关于<还魂草>》,《巴金全集》第20卷第659页。

许多家,许多可爱的生命葬入黄土,接着又有许多新的人继续扮演不必要的悲剧。浪费,浪费,还是那许多不必要的浪费——生命、精力、感情、财富,甚至欢笑和眼泪。我去的时候是这样,回来时看见的还是一样的情形。关在这个小圈子里,我禁不住几次问我自己:难道这十八年全是白费?难道在这许多年中间所改变的就只是装束和名词?……

这个疑问使巴金一方面继续着对家族制度的抨击,另外一方面也对"五四"的实际效用产生怀疑。巴金强烈感觉到"五四"所提倡的精神原则没有彻底推行开来,反封建也不彻底,老家人的生活方式更坚定了他的这些看法:

财富并不"长宜子孙",倘使不给他们一个生活技能,不向他们指示一条生活道路!"家"这个小圈子只能摧毁年轻心灵的发育成长,倘使不同时让他们睁起眼睛去看广大世界;财富只能毁灭崇高的理想和善良的气质,要是它只消耗在个人的利益上面。"长宜子孙",我恨不能削去这四个字!许多可爱的年轻生命被摧残了,许多有为的年轻心灵被囚禁了,许多人在这个小圈子里面憔悴地熬着日子。这就是"家!""甜蜜的家!"①

这些想法在他的小说《憩园》中通过杨梦痴的故事完整地体现出来了,回乡遭遇的五叔之死直接给了他触动:五叔用光了祖父的遗产,也用光了自己妻子的嫁妆,沦为惯偷,曾被子女赶出家门,后来被捉进狱中,在狱中他烟瘾发作,不久即死去。《憩园》可以看作是《激流三部曲》的续篇,它写了在大家庭崩溃之后,那些依靠着祖产生活的纨绔子弟的生活状况。同时,作者又不露声色地写出了"憩园"的新主人——

---

① 巴金:《爱尔克的灯光》,《巴金全集》第13卷第345-349页。

一个新时代的新富贵者的人生困境，实际上作品导向了对理想失落的思考、金钱对人性腐蚀的思考以及对家族制度的反思。作品在节制的文字叙述中传达出的强烈忧郁的抒情气息，使《憩园》别具魅力，这也标志着巴金小说创作风格的成熟。有的研究者盛赞巴金的小说《憩园》的语言风格："论谨严可与鲁迅争衡，论优美则可与沈从文竞耀，论生动不让老舍，论缱绻不下郁达夫，但是论艺术的节制和纯粹，情节与角色，趣旨和技巧的均衡和谐，以及整个作品的晶莹浑圆，从各个角度看都恰到好处，则远超过诸人，可以说，卓然独立，出类拔萃。"[1]《憩园》为旧家庭唱了一曲挽歌，杨梦痴的故事证明了旧式家庭所提供的是人的毁灭之途，同时，巴金也对新家庭提出了警告，这也是巴金所慨叹的社会并没有实质转变的地方。万昭华的寂寞和叹息，是一个善良的女性生命枯萎的前兆，家不再是幸福的屏障，而成为囚禁人的地方，哪怕这样的"幸福之家"也不由自主地走回老路上。这是为什么？看来仅仅考虑反抗家族制度还是远远不够的，巴金对"五四"的许多观念开始重新检讨。

《寒夜》也是重新思考的结果之一，它被认为是巴金最有艺术魅力的作品："在《寒夜》里我们几乎看到了陀思妥益夫斯基的人物，那种病态的，反常的，残忍的，个别的讲却又是善良的灵魂，我说'几乎'，是意味着两者之间还有许多不同的东西在。陀思妥益夫斯基的人物叫你绝望，《寒夜》的人物在被压迫、奚落、摧残的时候，内心充满了愤怒和不平！甚至见诸行动，例如曾树生（文宣的妻）毅然离开这个家庭就是。作者通过他的小说告诉了我们：在寒夜——黑暗，寂寞，冷静——里挣扎反抗的人们，退却妥协的就会自己毁灭，勇敢坚定的可以生活到明天去。"[2] 小说讲述了战争背景下一个家庭的辛酸故事，这个家庭中的每个人都在生活的压榨下失去了自己昔日的欢乐和梦想，也失去了面

---

[1] 司马长风：《中国新文学史》下卷第75页，香港昭明出版社1978年12月版。
[2] 康永年：《寒夜》，1948年5月20日出版《文艺工作》第1号。

中年巴金的漫画像。

对着纷繁现实的勇气，焦躁的心态使得他们相互间失去了必要的耐心和宽容，而代之以抱怨和不理解。在《寒夜》中，有温暖，更多的则是辛酸，这个家庭最后以汪文宣的死亡、婆婆带着孙子不知去向、曾树生不知自己的将来该如何把握而解体。同样是"家"的解体，在《激流三部曲》中有一种如释重负的感觉，它宣告了旧的灭亡和新的诞生。但是在十多年之后，《寒夜》中却有着非常耐人寻味的转变，① 汪文宣和曾树生是在"五四"新文化影响和鼓舞下走到一起的"新青年"，他们完全打破了封建婚姻的俗套，甚至连个仪式都没有举行，是共同的理想和精神追求将他们结合到一起的。可这种结合却并没有得到人们期望的幸福和美满的家庭，这其中当然有很多社会原因，比如战时环境改变了人们

---

① 法国神甫明兴礼从他特有的宗教观出发，认为："'家'在巴金的作品里，不尽是相同的：在《激流》中是一个被威胁的'家'，在《憩园》里是一个分裂的'家'，在《寒夜》里是一个动摇的'家'，最后在《火》里，我们找到一个团圆的'家'。"见明兴礼《巴金的生活和著作》第65页。

的心态和理想,但他们当初的理想设计中除了那种英雄式的崇高感之外,是否还有要接受庸常生活磨蚀的心理准备?理想在现实的压榨下如何坚持和调整?巴金的这些疑问显然是经历了人世沧桑后对"五四"时期的一些价值观念的无形反思。

巴金的这些转变常常被看作是他远离了无政府主义的表现,诚然,从生活语境而言,他早已远离了二十年代的语境,但一种信仰对人的影响可能是多方面的。我们谈到无政府主义时常常指它的政治革命和社会运动方面,而无政府主义更重要的目标是社会革命。社会革命应当唤起的是每个人的觉醒和个人行为与信仰的一致,特别是在日常生活、行为中信念与行动的统一。从这个意义上讲,转向道德伦理和内心的修炼同样是与信仰相关,同样是具有革命性的行为。美国学者阿里夫·德里克在谈到无政府主义时就一再强调这一点:"在所有提倡社会革命的人中,无政府主义者的独特之处在于他们毫不妥协(也是独一无二)地主张:'真正'的革命只能是社会革命,非社会革命不能称为革命,同时,出于政治动机而危及社会的革命也不能称为革命。"① 吴稚晖也说过:"革命者,不过教育普及以后,人人抛弃其旧习惯,而改易一新生活,乃为必生之效果。故自其效果言之,欲指革命前所实施预备革命之教育,即谓为提倡革命,亦无不可。"② 师复认为:"人人生而有良心,倾向于互助、爱和劳动,但权力机构磨钝了人们的这种内在的倾向,财产制度使人自私,结果使人为逐私利而忘公利,这是社会一切罪恶的根源。只有推翻现存的制度才能恢复人的天然道德,才能摆脱野蛮的传统进入人道王国,从而使理想和道德合而为一,消除自我和社会之间的一切差别,个体将在与他人自发的联盟中找到自由。"③ 这么来看,巴金的"转变"仍然没有偏离原来的轨道。

---

① 阿里夫·德里克:《中国革命中的无政府主义》第32页。
② 燃(吴稚晖):《无政府主义以教育为革命说》,1908年9月19日《新世纪》第65期。
③ 《无政府浅说》,《师复文存》第1-12页。

三、希望与等待

小说《寒夜》中写到抗战胜利消息传来的情景，街头锣鼓喧天，人们正在庆祝胜利，用花炮烧龙灯，主人公汪文宣却在绝望和痛苦中死去。"胜利了，就不应该再有人死了！"这似乎只是一个美好的愿望，像小说悲剧性的结尾一样，抗战的胜利带给巴金的似乎并不是太多的喜悦，他感到的并不是胜利的喜悦，而是随之而来的混乱：

八年抗战，胜利结束。在重庆起初是万众欢腾，然后是一片混乱。国民党政府似乎毫无准备，人民也没有准备。从外省来的人多数都想奔回家乡，却找不到交通工具，在各处寻找门路。土纸书没有人要了，文化生活出版社显得更冷清，家璧的图书公司当然也是这样。……我续写《寒夜》是在萧珊第二次去成都的时候，那些日子书印不出来、书没有人要，出版社里无事可做，有时我也为交通工具奔走，空下来便关在小房间里写文章，或者翻译王尔德的童话。①

1945年11月1日，巴金终于回到了他久违的上海，可是迎接他的却是三哥的重病。12月8日："早晨我刚起床就得到医院里来的电话。'三哥完了，'一个朋友这样告诉我。我没有流泪，站在电话机前我不知道应该做什么好。""我赶到医院。病房的门大开着，你静静地睡在床上，白色被单盖着你的身子，我揭开面纱，看你的脸，一夜的工夫，你变得这么瘦，这么黄，这么衰老！"② 当年一起从旧家庭中冲出来的兄弟就这样诀别了。

---

① 巴金：《关于＜寒夜＞》，《巴金全集》第20卷第692-693页。
② 巴金：《纪念我的哥哥》，《巴金全集》第13卷第525页。

1947年巴金与吴克刚一家在台湾，这次台湾之行给巴金留下了美好的印象。

在这种混乱和黯然的情绪中，1946年最后一天，巴金完成了《寒夜》的写作，从此他的创作进入了沉默期，此后的两三年中，除了一点序跋、几篇散文和杂感之外，巴金几乎没有写下什么。这是一个时代的转换时刻，有很多知识分子不断地表达自己对时局的想法和规划，而巴金却沉默着。有人曾经描写过回到上海以后的巴金：

> 巴金平常很少参加这种闲谈，他总是一个人在楼上工作。到了吃饭或来了客人时才叫他下来。到今天我还保留着一个清晰的印象，披着一件夹大衣，手里拿着一本小书，咿咿哦哦地读着，踏着有韵律的步子从楼上慢慢地踱下来，从他那浮着微笑的面颜，微醺似的神色中，可以看

出他从阅读中获得的愉悦。但在当时的我看来，这情景是有点可笑的，因此就记住了。我的一个总的印象是，巴金在我们身边，可是又不在我们身边，我们就像一群孩子那样围着他喧闹……

巴金写完了《寒夜》以后，一直在译书。工作勤苦，休息的时候很少。有时候向他提议，"去喝杯咖啡吧"，他说"好嘛"。这样就和萧珊带着小林一起到老大昌去坐一会。我记得大概还有一两次一起到"兰心"（现在的"上海艺术剧场"）去听工部局乐队的演奏。这是尧林先生多年的习惯爱好，过去我常陪他听这个乐队的演出，每次他都是选了八九排靠边的位子来坐的。①

巴金在霞飞坊的邻居鲁迅的儿子周海婴多年后曾回忆巴金当时的生活：

抗战胜利后，巴金夫妇回到霞飞坊，仍住在五十九号三楼。那时他俩已有女儿李小林。我记得她每天从后门出来，喜欢在弄堂里拉着一把小竹椅，又当车又当马，愉快地奔跑着。不多日子，椅脚磨歪几乎坐不得了。她母亲在旁监护着，不时惊呼，要她当心摔跤。……萧珊总是很有耐心，一边看着小林吃饭，一边在旁唱儿歌。……

巴金和我父亲的写作习惯相仿。晚上九、十点开始动笔，直写到清晨。吃住很简单。踏进他房间，里面并没有各种厚重书籍和大小字典满着堆放着。仅仅是临窗一张桌子，边上几把椅子和床，余下的空间，是一排排书架和书柜。室内光照不强，黑洞洞地令人有神秘感。有时听到客人的谈话声和爽朗的笑声，随着谈话声抑扬传来，门口飘逸出一种香气，那是陈西禾、黄佐临来访时专门烧煮的一种饮料，黑而且苦，我不明白大人为什么会喜欢喝它。②

① 黄裳：《关于巴金的事情》，《读书》1985年第10期。
② 周海婴：《鲁迅与我七十年》第134—135页，南海出版公司2001年9月版。

躲进斗室，埋头翻译，窗外日渐逼近的战火好像与他无关似的。但别忘了巴金说过翻译是他"拣来的别人的武器"①，在抗战后期，巴金奋力译出了屠格涅夫的《父与子》《处女地》《散文诗》，还有斯托姆的《迟开的蔷薇》、王尔德的《快乐王子集》等作品。国共内战时期，巴金的许多译文也未必没有个人内心的隐微表达。1948年，巴金开始在报刊上陆续发表他翻译的薇娜·妃格念尔的回忆录《狱中二十年》。翻译这本回忆录是巴金多年的心愿，想不到却是在中国最惊惶的一年中完成它。妃格念尔出身贵族，却自动放弃富裕生活，到民间从事革命工作，在参与刺杀沙皇的活动中被捕。在少年时期，巴金就敬佩这位女革命家的献身精神，然而奋斗了这么多年，他依旧只能在书斋中舞文弄墨孤独地彷徨。翻译这样一部书，除了证明无政府主义的圣火在巴金心中仍然没有熄灭之外，也流露出巴金当时的苦闷情绪。中国当时如同俄罗斯暗无天日的寒夜一样，不知何时能见到黎明的曙光。虽然自己乌托邦式的理想在一日日远去，但是回忆录中所体现的坚强和无畏的精神还在吸引着巴金，他说："我每读一遍，总感到勇气百倍，同时又感到十分的惭愧。"② "惭愧"什么呢？是自己缺乏为信仰献身的行动吗？那么自己的路又在哪里呢？无政府主义革命家的书依旧给他的生命带来启示，他翻译了洛克尔的《六人》，作者用世界文学名著中的六位主人公为例子，"在《六人》中洛克尔使这六个人复活了，他一点也没有改变它们的性格和生活习惯，可是他却利用它们来说明他的改造世界的理想"③。巴金在过去也译过洛克尔的文章，如《近代劳工运动中的议会活动观》《克鲁泡特金学说概要》《西班牙的斗争》等，但这篇不是政论，而是探讨"人生的目的和意义究竟是什么？"在一个历史转折关头，巴金不能不思考自己的人生坐标究竟在哪里。他还翻

---

① 巴金：《＜巴金译文选集＞序》，《巴金全集》第17卷第299页。

② 巴金：《＜狱中二十年＞后记》，《巴金译文全集》第9卷第424页。

③ 巴金《＜六人＞后记》，《巴金译文全集》第6卷第565页。

年轻的母亲萧珊与一周岁的女儿小林。

译过克鲁泡特金的《社会变革与经济改造》。这篇文章讨论革命之后的问题，克氏认为如果不能保证充足的物质财富和使人民生活富足，革命是不能最终成功的。考虑到这篇文章1947年发表的背景，可见他还是有感而译的。另外，笔者还在泉州自由社出版的《自由丛刊》第7册（1949年2月25日出版）上看到署名"黑浪"的《巴枯宁二三事（巴枯宁传的第一个片断）》，这应当是巴金的旧文新印了，但他表示看到旧稿"又起了重写巴枯宁传的雄心"，可见他仍然热情地关注昔日感兴趣的人和事。这一时期，他始终与国外无政府主义者保持着密切联系，依旧关注着以往关注的内容。在1948年12月28日致Rudolf rocker的信中巴金还计划战后形势好了翻译他的中文全集。① 1949年2月6日致Agnes Inglis的信中，巴金仍旧关心"尼娜·司柏司和芝加哥受难者和他们最后时刻生活的材料"。② "非常感谢你寄来的司柏斯的自传，如果可能我希望你能寄给我更多关于干草市场事件的材料，特别是关于殉难者妻子和女友的。我想知道在审判和死刑执行后，她们是如何生活和表现的。"③ "我身体健康，并且沉浸在你寄给我的你收藏的关于阿·司柏司和他的妻子尼娜的这些材料的乐趣中。我不曾放弃写一本关于尼娜·司柏司的书的计划，不过现在看来，要拖后了。"④ 他也发现很多计划没法实施了："克氏全集一时无法续出，无好译稿，也无印费。"⑤ 他还谈到了信仰和中国的无政府主义运动问题："你问我的小说《星》中的年轻人后来变得怎么样了。他们中有些人已经死去，有些人后来则失去了信仰。但是他们中的五分之三仍然生活和工作在那儿。尽管他们的影响力没有超过本地，但他们甚至比以前更健壮更成熟了。我已经写了关于他们生活的另一篇小说，名字叫《雷》（闪电），昨天和

---

① 巴金1948年12月28日致Rudolf rocker信，《佚简新编》第32—33页。
② 巴金1949年2月6日致Agnes Inglis信，原信为英文，《佚简新编》第15页。
③ 巴金1949年12月31日致Agnes Inglis信，原信为英文，《佚简新编》第21页。
④ 巴金1950年9月18日致Agnes Inglis信，原信为英文，《佚简新编》第24页。
⑤ 巴金1949年12月29日致钟时信，《佚简新编》第80页。

其他书一起邮给你了。"① 他在谈到无政府主义运动的形势时不免有些黯然：

很遗憾，我不能给你有关中国无政府运动的信息。因为，说实话，在中国并不存在这样的运动。我在这里单枪匹马地工作，将像作家似的独自在做宣传。我在编辑《插图本中文版克鲁泡特金全集》，其中头四卷已经出版。我是这部著作的发行人。另外还有一个同志，他翻译过《访谈录》，并为我翻译了《现代科学》，但他过去曾参加过国民党。卢剑波也是独身一人在成都，不过他还有个兄弟在这里，虽然他们的志向不同，但他的弟弟是一个同情者，而且懂法语。卢剑波不知疲倦地工作，但不幸的是他在成都国民党日报的副刊上发表了自己的日记《思考》（日报的主编是他的私人朋友），为此，人们不愿读他的作品。在福建，也仅仅是在那里有一个极端自由主义运动。运动规模并不大，却是一个真正的运动。我们的同志在那里创办了一所学校，还开了一家小小的出版社，他们出版了十来本小册子，其中有卢翻译的马拉铁斯达无政府主义的文章，第一辑中还有我翻译的柏克曼的文章。②

但是，巴金仍"单枪匹马"地坚持着自己的启蒙立场：

我非常欢迎你将要出版的关于"自由哲学"的小册子。我相信它的出版一定会取得巨大成功，世界已经在受难中，并且仍有那么多受难者仍在极权主义和资本主义的奴役下呻吟。从世界大战中逃生的人民需要太多的光明解放思想来启蒙他们、帮助他们以摆脱奴役成为一个自由人。③

---

① 巴金 1949 年 2 月 14 日致 Agnes Inglis 信，原信为英文，《佚简新编》第 16 页。
② 巴金 1949 年 3 月 18 日致 CRIA（克里亚）信，原信为法文，《世纪的良心》。
③ 巴金 1949 年 1 月 23 日致 Boris Yelensky 信，原信为英文，《佚简新编》第 43 页。

1948年底巴金摄于淮海坊公寓。

1948年巴金一家在虹桥公墓。

妃格念尔的回忆录曾深深吸引了巴金，他说："实在这部书像火一样点燃了我的献身的热望，鼓舞了我的崇高的感情。我每读一遍，总感到勇气百倍。"此为巴金译《狱中二十年》书影（文化生活出版社1949年2月初版）。

在这封信里，巴金对战后中国人的生活有着非常清醒的判断："仍有那么多受难者仍在极权主义和资本主义的奴役下呻吟。"的确，胜利后的短暂兴奋之后，国民们"享受"到的是越来越迷惘的现实。根据《中华民国史》所列述的事实，我们看到的是社会动荡、民不聊生的局面。抗战时中国经济遭受重创，战后元气尚未恢复，内战又开始，使得经济上雪上加霜，而糟糕的经济形势对人民生活的严重影响，又使社会动荡，腐败滋生，加上政治上的不民主，使得人们对于国民党政府失去信心。"恶性通货膨胀导致一般民众生活水准急剧下降。法币购买力指数，从战争结束时的0.289，下降到1947年3月的0.0089，即下降了30倍以上。……据统计，一个昆明大学教授，战前月工资为350元，到1945年下半年超过11万元，为战前的300倍以上，但同期生活费指数上涨6039倍，因此实际收入只及战前的1/20。"① 随着内战扩大，国民党统治区的经济已经处在崩溃的边缘："1948年6月间，物价上涨的速度突然加快。6月25日上海物价狂跳，商店每隔二三小时更改一次标价，虬江路及金陵路上几家商店贴着红纸布告：'货价飞涨，暂停营业。'正好上海市议会在此期间开了10天的会议，7月1日议长潘公展在休会时说：'开了十天会，上海物价波动极大。十天比过去三个月涨得更令人惊心。如米价，过去三个月涨了四倍，而这十天就涨了三分之一，照这样下去大家都不能生存了。'"② 三个月以后，粮食和日用品的抢购风潮开始了："在十月的第一个星期里，大批大批的人群疯狂地冲进商店，不管是食品还是奢侈品，见了东西就抢购。起初，商店是缩短营业时间，迟开门、早关门，接着便把所有的存货都收藏起来不卖。穷人买不到米，面包房买不到面粉，豆腐房买不到大豆……商店关门或是被警察强迫开门数小时，货架上却是空空如也。上海这种停业情

---

① 汪朝光：《中华民国史》第三编第五卷第329页，中华书局2000年9月版。

② 朱宗震、陶文钊：《中华民国史》第三编第五卷第368页，中华书局2000年9月版。

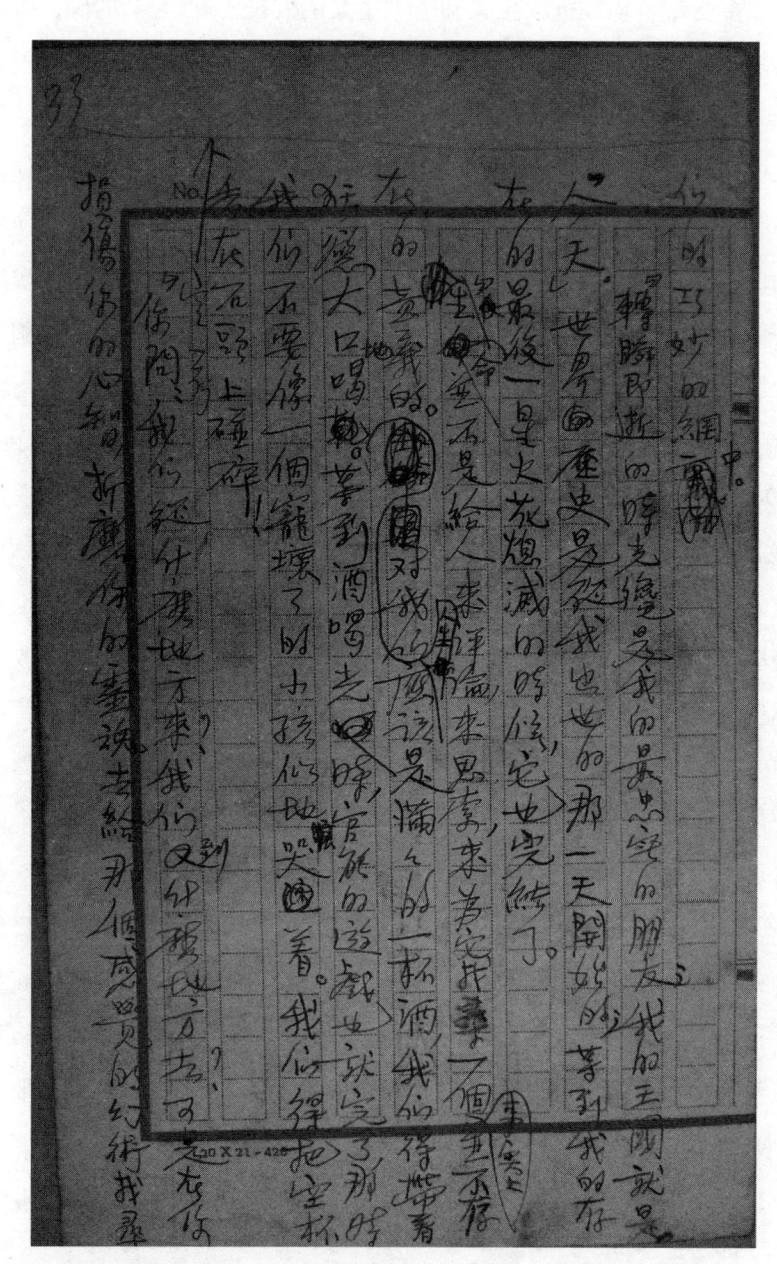

在时代的转换中，巴金埋头翻译，此为他所译洛克尔的《六人》译稿之一页。

Ⅶ 自由叢刊 25an, Feb. 1949

巴枯甯二三事

（巴枯甯傳的第一個片斷）

黑浪 著

这是我在一九二八年春天寫的「巴枯甯的生涯」的第一個片段。當時我頗有追隨奧國奈特勞博士研究巴枯甯的雄心，我曾經跟奈特勞博士通過幾次信，可惜研究和寫作都被另一些事情和另一些「雄心」打斷了。這本殘稿一直放在我的破箱子裏面，從來沒有給人看過。近兩三年來讀了好幾部關於巴枯甯研究的新著作，又起了重寫巴枯甯傳的雄心。因此這本被遺忘了的殘稿也讓我想起，而且找出來交給朋友拿去發表了。第二個片段要是能寫出來，也將收印在這叢刊中。

密海爾・巴枯甯在一八一四年五月八日生於俄國特威爾省的卜利烟木金諸村，那地方離莫斯科約有一百五十英里。他生在一個貴族的家庭，共有兄弟姊妹十一個人，他是長兄。根據密海爾・巴枯甯本人在他的斷片的自傳「我的生涯故事」中的描寫，我們知道他的父親是一個受過高等教育的人，一個具有大量的同情心的真正慈善家。他的父親曾參加過當時的革命黨體「北部聯盟」，但並不十分熱心。所以十二月黨底失敗後居然逃脫了多數同黨底『悲壯光榮的運命』。他的父親是一個極其富有的地主，共有一千個農奴。他的父親教授他學習各國語言，歷史，寫學等。他父親是個自由思想家，所以他也免掉了宗教教育的束縛。這個青年生來就是有一種革命精神，憎恨一切不義之事，因此他在早年便對於農奴制度生了憎惡之心，看出這是極其不義的了。

巴古甯十五歲入聖彼得堡的炮兵學校，一八三二年卒業被派到明斯克炮隊做一個軍官。那時俄國政府壓迫波蘭人民的情形然起了巴枯甯心裹的反抗之火。他開始訂定了專制政治的死刑，而厭棄了軍人生活了。據說他在軍隊中的生活是異常無聊，正是一八三〇年波蘭革命被壓服之後，

1

况的消息很快传到其他大城市。"① 在这种情形里，巴金一家的生活也受到了严重的威胁：

> 其实我的生活也并不好，不过我一家三口人，支出少一些。我一向靠稿费生活，当时蒋介石政权的法币不断贬值，每天在打折扣，市场上可买的东西很少，钞票存起来，不论存在银行或者存在家里，不到几天就变得一文不值。起初我和萧珊眼睁睁看着钞票化成乌有，后来也学会到林森路去买卖"大头"，把钞票换成银元，要购买东西时再把银元换成钞票。我上街总要注意烟纸店门口挂的银元（"大头"）牌价。在那些日子要活下去的确不是容易的事。均正夫妇关心我们一家的生活，国华嫂在家务上经常给萧珊出点主意帮点忙。不久解放大军渡过长江，南京解放，上海形势更紧张，稿费的来源断绝，我没有收入，又没有储蓄，不知道怎样度日。我和萧珊正在为这个发愁，均正夫妇来了，告诉我们，开明书店发给他们"应变费"，十天一次十块银元，他打算代我向书店交涉"借支版税"。我当然同意。第二天他就给我送来大洋十元……②

大约过惯了清苦的生活吧，巴金一家人倒也没有惊慌失措。巴金在仅有的生活费中居然还能省出买书的钱，拼命买人家抛售的西文书，而萧珊的性格中仍有种少年不识愁滋味的成分，黄裳曾记下这样的细节："我只记得有一次陪着萧珊拿着开明书店开出的期票去兑现，两人坐了三轮车从书店赶到银行，取出法币用小口袋装着坐在车上毫无办法的情景。当时'大头'（银元）好像还没有出现，如不将手头的法币立即变为物资，几天以后就会变成一堆废纸，那真像手里捏着一团火。可是'抢购'些什么呢？谁也不知道。就是在这样紧张尴尬的时候，萧珊依

---

① 张公权：《中国通货膨胀史》第235页，此转引自朱宗震、陶文钊：《中华民国史》第三编第五卷第413页。

② 巴金：《怀念均正兄》，《巴金全集》第16卷第519页。

巴金编著的谴责德国纳粹罪行的图文集《纳粹杀人工厂——奥斯威辛》（平明出版社，1951年3月初版）。

旧是高高兴兴的，仿佛是在进行一种新鲜有趣的冒险活动。"①

　　1948年底，战火就要逼近上海，许多人在考虑走和不走的问题，巴金也不得不面临着抉择。国民党方面在抢运文化人到台湾，据说张道藩都为巴金买好了船票。当时，巴金居住的淮海坊附近特务很多，生怕巴金脱离他们的视线。有一次一个怪里怪气的人敲门问萧珊：巴金到什么地方去了。恰好，巴金买了一大堆书走回来。萧珊怕特务带走巴金，急中生智，连忙对巴金说：你找李先生呀，他不在啊，他出去了。巴金心领神会赶紧扮成送书的书店店员，放下书就走了。要夺取全中国胜利的共产党政权，也在团结文化人。1948年秋，杨刚从香港到上海问巴金想不想去解放区，因为当时的全国文协理事大部分都离开了上海。巴金表示家里走不开，书店（文化生活出版社）也离不开。后来又说：我就留在上海迎接解放。1948年冬天，黄佐临从香港来到上海，夏衍托他带信，希望巴金到解放区看一看。恰巧萧珊到宁波探亲去了，巴金仍是回答：家里离不开，手头的事情也放不下。1949年二三月份，陈白尘再次捎来了夏衍的问候，还是希望巴金去解放区。巴金的回答是：自己不善于搞政治，不会讲话，也不喜欢见人，还是留在上海迎接解放吧。同时，他表示：绝不当"白华"；他愿意留在上海，以后也愿意接受改造，将来可以搞点出版和翻译工作。巴金还曾劝过他的朋友毕修勺留下来。尽管等待他的命运难以预料，但他相信噩梦终会结束。从巴金给国外友人的私人信件中可以看出：巴金一直努力固守以往的生活方式，力争保持一个书生的本分。面对着战争，他所做的只能如在抗战时期"孤岛"中的上海那样"希望和等待"："由于目前这个国家的形势，我现在不能寄你要的文章。自从去年11月份起，这个城市已经处在战争的恐怖之下，我们生活在军事管制中（尽管不是严格意义上说的这个术语），这儿的人民不知道将有什么在等待他们：战争，还是和平？形

---

①黄裳：《关于巴金的事情》，《黄裳文集·杂说卷》第462页，上海书店出版社1998年4月版。

黄源、周而复、魏文伯、舒同、巴金、许广平（从左至右）1949年摄于鲁迅墓前。

1950年12月巴金赴波兰参加保卫世界和平大会途中，摄于哈尔滨火车站。

势如此严峻以致我不能写任何东西，至少现在是如此。"①

1949年5月底，他平静地迎来了新的政权。对于"新气象"他有很多赞赏的话语。他也谨慎地谈到了个人生活，强调没有什么改变，依旧做着翻译和文化工作，对于这一点他似乎很知足。他也谈过自己的打算："我还好，像通常一样继续从事文学工作，想是没有什么麻烦。我的小说曾经卖得很好，但最近市场流通在很坏地紧缩。可是，我能够依靠翻译世界名著来维持生活。"② 他在1949年6月3日致啸尘、钟时信的中说："我的生活和工作都不会改变。《六人》快要译完了。仍将续译克氏的《俄法狱中记》。"③ 1949年10月29日致钟时的信中，他说："我目前生活较前稍苦，但仍能活下去。解放军入城后，一切比较国民党时代都好得多。国民党政府的腐败真是天下第一，他们五月中旬败退前还杀了不少的良民。我现在继续译妃格念尔的《自传》。什么时候能印出，还说不定，因现在书的销路较差，我的书的销路也少了。"④ 1949年12月3日致钟时的信中，他写道："我很好，仍旧在'做'我的编校翻译工作，生活稍苦，但是还可维持。我一家三口也许明年还要添一个小孩。我现在翻译屠格涅夫的小说。克氏《狱中记》尚未译完，因这书目前还无法出版。我寄了一本《六人》，想已收到。这本书深一点，倒是好书。妃格念尔《自传》第一部在翻译中，半年内可以译完。"⑤ 他1950年5月13日致钟时的信中说："可是一般人的购买力也很差，所以书的生意（除了政治学习书好）也很坏。像《克氏全集》的书现在不能出了，唯一原因是没有多少人买，印一本得花不少钱，却卖不出去。《俄法狱中记》我还是要慢慢地译完的。留到一般经济状况好时再出版吧。"⑥

---

① 巴金1949年1月23日致Boris Yelensky信，原信为英文，《佚简新编》第43页。
② 巴金1949年12月31日致Agnes Inglis信，原信为英文，《佚简新编》第21页。
③ 巴金1949年6月3日致啸尘、钟时信，《佚简新编》第78页。
④ 巴金1949年10月29日致钟时信，《佚简新编》第79页。
⑤ 巴金1949年12月3日致钟时信，《佚简新编》第79页。
⑥ 巴金1950年5月13日致钟时信，《佚简新编》第82页。

第一次文代会的邀请书。据说巴金和胡风是上海最迟收到大会邀请函的两位作家。

　　信件中的是巴金较为个人化的语言，跨入新时代，作为一个公众人物，他还有很多公众活动和公开表态。巴金是在小心翼翼地与新的时代磨合，特别是四十年代初在桂林不了了之的"巴金研究"、抗战胜利后在上海的"新伤感主义"等左翼阵营对他的批评不能不让他心有余悸，因此，他以谦卑的姿态参加不同的活动。1949年7月，他参加了中华全国文学艺术工作者代表大会，并写了一篇《我是来学习的》的发言，在文章中，他热情地赞扬了新的人民文艺。紧接着，在9月21日，巴金又出席了中国人民政治协商会议第一届全体会议，接着参加了10月1日的开国大典。1950年6月，巴金再次去北京，出席第一届全国政协第二次会议。7月中旬，又匆匆赶回上海，参加上海市首届文学艺术工作者代表大会，并发表短文《"会"把我们更紧密地团结在一起》。10月30日，巴金作为第二届世界保卫和平大会的中国代表团成员到华沙开会。1951年7月，巴金参加了北方老根据地访问团华东分团，到沂蒙山区和苏北访问……巴金在这些活动中学习如何适应这个新时代。

朝鲜的梦
——巴金在 1952

　　我想还是去朝鲜好，可以锻炼一下，对自我改造也有帮助。丁玲他们也赞成我去朝鲜。所以决定去了。
　　　　——1952 年 2 月 18 日入朝前于北京致萧珊信，《家书》第 22 页

　　我怎么能够忘记那些可纪念、可宝贵的日子！我怎么能不怀念那个时期的生活！我怎么能不反复地重温朝鲜的梦！
　　　　——1960 年 7 月在上海《朝鲜的梦》，《巴金全集》第 11 卷第 414 页

　　两次入朝对我的后半生有大的影响。
　　　　——1991 年 7 月 5 日，《巴金全集》第二十卷代跋（致树基），《巴金全集》第 20 卷第 707 页

一、我真的不愿意离开"家"

《老北京》这一类的书现在很多，大量的黑白照片和怀旧文字不难勾勒出北京城的面貌，可是过了半个多世纪，对于一个人心境的描述却不是这么容易，特别是对于巴金这一代知识分子。一个接一个的运动让他们学会了沉默，甚至惯于讲套话，在历史风云中，哪一个是他们真实的身影呢？这样的问题常常会困扰着我。比如说对五六十年代的北京，巴金还能找回三十年代在三座门大街与靳以等朋友在一起编织的美好梦想吗？这一期间留在巴金记忆中的是黑白照片还是一连串彩色日子？运动一浪高过一浪，他们是不是人人自危、噤若寒蝉呢？但这并不能证明他关于北京的记忆就是灰色的，特别是经历过"文革"之后，两鬓斑白，旧朋云散，巴金更珍惜这一段难得的平静时光了。在《怀念老舍同志》中，他写道："老舍同志在世的时候，我每次到北京开会，总要去看他，谈了一会，他照例说：'我们出去吃个小馆吧。'他们夫妇便带我到东安市场里一家他们熟悉的饭馆，边吃边谈，愉快地过一两个钟头。"北京，毕竟还有他一批老友，每一次他们的聚会还能寻见旧梦的影子，曹禺、萧乾、沈从文、顾均正、汝龙、老舍等等，大家的生活毕竟比战争时的颠沛流离从容多了，至少，再也不用惊慌地去躲警报了。每次到北京开会，巴金都沉浸在友情的欢乐中，不必让那些烦琐的事务缠心，谁说不是一种轻松的解脱呢？

可是1952年2月的北京之行，巴金的心中却有一层层的隐忧。多年以后，巴金是这样轻描淡写的："一九五二年一、二月我在上海接到家宝的信，他说丁玲要他动员我参加全国文联组织的赴朝创作组，我征求过萧珊的意见，她同意我去朝鲜，便给家宝回了信，过了春节我就去北京报到。这个组由丁玲领导并主持学习，她当时是中宣部文艺处长。

参加学习的人有二十几个，多数是赴朝的。我们出席了一些座谈会，听了一些报告，作了出发前的准备工作，还打了反应强烈的防疫针。"①写这段话时，困扰在巴金心中最重要的问题是"文革"，他不住追问的是自己怎么会一下子由人变成了牛，为什么会喝了迷魂汤似的丧失理智做出了那么多蠢事。一切都不是孤立的，在巴金笔尖下轻轻划过的赴朝访问跟他以后的人生道路也不是毫无关系的。

在上面这段话中，有两个问题至今还是模糊的，一个是丁玲为什么要托曹禺动员巴金去朝鲜？另外一个是巴金又是怎么同意的，"征求过萧珊的意见，她同意我去朝鲜，我便给家宝回了信"，真的就这么简单吗？

回答后一个问题似乎更容易些，首先是在巴金与萧珊的书信集《家书》中，我们看到的不是为国征战的光荣和豪迈，而是依依不舍、担心，或者说这背后还有那么多的不情愿和无奈：

我很想念你们，尤其想念你。每次分别心里总充满着怀念。无论到什么地总会记着你。（1952年2月12日巴金致萧珊信，《家书》第17页）

珍，的确，我多么想见，想跟你单独在一起谈四五个钟头。我知道没有人像你那样地关心我，也没有人像我这样地关心你。……我的确想家，我真不愿意离开"家"，离开你们。（1952年2月18日，《家书》第24页）

有几句话每次都忘了对你说。我劝你把脾气改一下，不要对人板面孔，也不要对人发脾气。你想想，我现在做的都是我不习惯而且不会做的事，那么你也会把这点小脾气改了。

信写到这里，收到你廿五日的来信，我流了眼泪。我还记得"七重

---

① 巴金：《巴金全集》第二十卷代跋（致树基），《巴金全集》第20卷第708页。

1949年7月巴金摄于北京,他是来出席首次文代会的,并做了《我是来学习的》的书面发言。

天"的故事。现在我真到战地去了。我会念着你,想着你们。(1952年2月28日,《家书》40页)

我有决心。而且想到你,想到孩子,想到大家,这会给我增加勇气,我的心里永远有你。在艰苦中,我会叫着你的名字。在任何环境下我要做一个值得你爱的人。(1952年3月6日致萧珊信,《家书》第46页)

与此同时萧珊也抓紧在国内通信方便的机会,频频给巴金写信,报告他走后家中的情况、儿女对爸爸的想念和自己对丈夫的依恋,萧珊的信从文字上总比巴金多,说的事情也很杂,可是中心意思却很简单:对亲人的思念和对安全的担心。可是巴金在对家的牵挂这一层之外,总让人感到有一种更复杂的思想存在。特别是把巴金这次入朝的家信与一年后再次入朝的家信,或者以后的出国、开会的家书对比起来,会明显地感觉到,这一次巴金表现得那么无助,像一个离家的孩子,他完全不知道前面是什么在等着他。

"我现在做的都是我不习惯而且不会做的事",这句话仿佛是一声叹息,给后来读到它的人以很多联想。从表面上看,这是一个生活方式和生活习惯改变的问题,原来是知识分子的松散、自由、个人化的生活,这回是军队统一的、有纪律的、集体的生活;原来是书斋中的安静,现在是部队中的凌乱和喧闹,接触的人也完全不同。但是如果就是修改一下作息时间,以前九点起床,现在改为七点,事情就简单多了。而现在要修改的是头脑中的思想,是与一个人出身、经历、学养和性格息息相关的东西。以当时的气氛,我觉得巴金不会不明白,点名让他去部队,让一个出身于"封建官僚地主家庭"的"小资产阶级知识分子"到前线去,那是去改造他的世界观,正如建国之初,大批知识分子被派往各农村参加土改一样。1951年10月23日,毛泽东在全国政协一届三次会议的开幕词中提出:"思想改造,首先是各种知识分子的思想改造,是我国在各方面彻底实现民主改革和逐步实现工业化的重要条件之一。"根据全会精神,1951年11月17日全国文联常委会召开扩大会议,决定在北京进行文艺整风,然后在全国开展。同年12月5日,《人民日报》以《文艺工作者为什么要改造思想》为题发表了胡乔木在11月24日北京文艺界学习动员大会上的报告,报告指出:要确立毛泽东文艺思想的绝对领导地位,改造文艺家的思想,"清除文艺工作中浓厚的小资产阶级倾向"。包括曹禺在内的许多知识分子纷纷写文章跟自己的过去告别,据有人统计,从1950年5月到1951年4月不足一年间,就有三十多位作家在《文艺报》上发表自我批评和检讨。"与过去告别"是当时知识分子的大势所趋,巴金不是在书斋中只读圣贤书不闻窗外事的学究,相反,许多重大活动在主席台上还有着他的位置,他应该知道丁玲找曹禺"动员"他去朝鲜背后意味着什么。

二、把应该去的去掉

尽管人生的路只能有一条,但是回眸远望的时候,人们还是愿意做出许多假设,比如,假设巴金不理会这些执意走自己的路会怎样?从当时的文艺界看大约有这么几条不同的路:一种是不为新政权所容,或者被斥为"反动"而遭受严厉打击,或者是被看作"落后"而被迫中断写作或者学术生命,在枯萎中走向灭亡。沈从文即属此类,他自己都明白手中的这支笔是不能再写下去了,只好改行。还有一种正相反,为政权所看好,委以重任,比如曹禺,他们无论如何也要表现得积极一些,他们是政策的呼应者也是忠实的执行者,是很风光的大忙人。巴金在给妻子的信中是这样描述曹禺的:"家宝什么时候下工厂,还说不定。他和我不同,他的领导多,这方面要他这样,那方面要他那样,另一方面又催他写'三反'戏。他也许会到苏联去。"① 而巴金好像正处在这两种

---

① 巴金1952年2月23日致萧珊信,《家书》第32页,浙江文艺出版社1994年10月版。

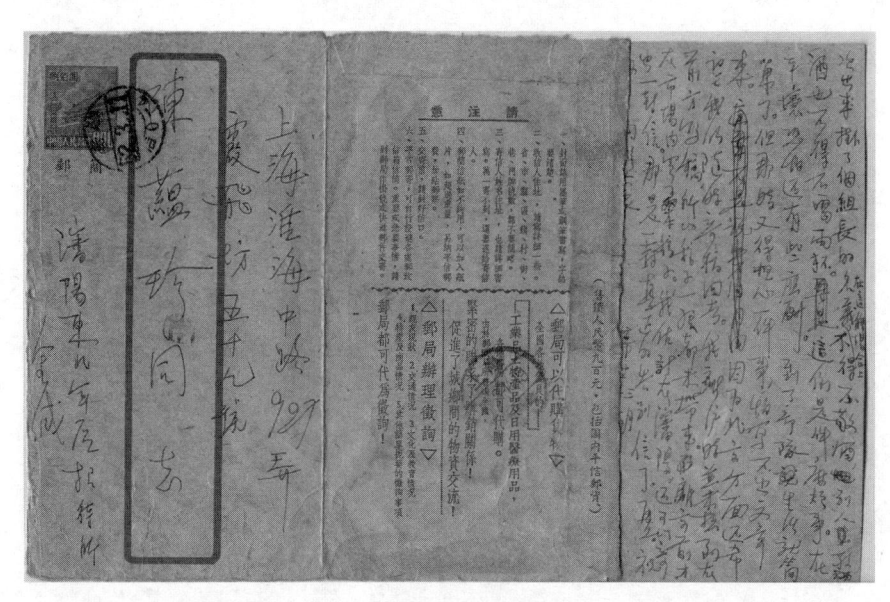

1952年3月赴朝途中,在沈阳写给妻子萧珊的信,文字中可见复杂的心情。

人中间,属于又打又拉的"统战对象"。新政权并不完全信任他,据说巴金和胡风是上海最晚接到首次文代会通知邀请的人。在这次会上,他仅仅当选全国委员,在中华全国文学工作者协会上他同样是一个委员;在上海文联中,他也只是副主席,再就是友协理事等,全都是一些开开会的虚衔而已。一段时间内,巴金仍是过着他看稿、写作的生活。他的旧作并不是像沈从文那样被通知毁版,相反倒在他与兄弟办的出版社中大量再版。与那些争着表态批判自己的人相比,他只是不痛不痒地做了有限的一点自我批评,比如"我的作品中思想性和艺术性都很薄弱","我的作品的缺点是很多的","时代是大步地前进了,而我个人却还在缓慢地走着。在这新的时代面前,我的过去作品显得多么的软弱,失色!"[1] 建国后很长一段时间,巴金基本上是谨慎地沉默着。到1951年,除了译作之外,他仅仅出版了《慰问信及其他》、《华沙城的节日》两本薄薄的集子,这十几篇文章大多是出访印象和一般表态的。别有意味的是他在新政权中第一次公开发出声音时,甚至把自己界定为一个局外者。在第一次文代会上,他说"我是来学习的",据有的研究者考证,

---

[1] 巴金:《开明版<巴金选集>自序》,《巴金全集》第17卷第20页。

这句话是有出处的，它出自与巴金有着精神联系的俄国安那其主义者柏克曼之口。1920年柏克曼从美国踏上俄国的土地后，见到战时共产主义体制下农村凋敝，非常委员会残虐，对俄国革命非常失望，他用这句话来表示对故国幻想之破产，他对欢迎的群众说："我们不是来教训的，是来学习的，是来帮助的。"①

但躲在小院中，守着自己的妻儿做着橘黄色的梦越来越不现实了，且不说思想改造运动巨大的气浪对知识界的冲击，就是巴金这样的自由职业者安身立命的条件也越来越少了。在解放前，巴金是靠自己的稿费来养家，以从事出版和写作来履行自己知识分子的使命，可是1949年以后，大一统的体制，知识分子的这些自由活动空间逐步被纳入到权力体系之中，大家都有了单位，不但发放工资，而且一切关系都依附在这里。如果失去这个依附，就是失去在社会中的正式身份，失去了社会的正常庇护。巴金的单位在哪里？是作协，但他又放弃领取工资。他与朋友办的文化生活出版社，终因为相互闹矛盾而退出，另与兄弟办平明出版社，可是1949年以后，对于私营出版社国家在一步步地限制，新闻出版的审查也十分严格，而且将来还要走公私合营的路子。1952年到北京，他就感到了这种气氛，几次写信给萧珊谈论生计。

他在2月12日的信中说：

顾先生瘦得很多，他谈起开明事，说最近因中国欠款未付，银行也借不到款，所以很穷，又谈起将来与青年出版社合并，版税要改资料办法。……最近因"三反"运动，合并事又延期了，看情形，下半年版税会大减。不过我们好好用总可以勉强够吧。顾先生谈起开明"三反"运动已提到一个"小老虎"，就是李元章（昆明分店经理），你还记得他吧。

---

① 坂井洋史：《读巴金》，《巴金的世界》东方出版社1996年1月版。

2月23日他于北京致萧珊信：

顾先生今天谈到改版税的问题……我说没有关系，我已经有心理准备了。开明因中图欠款一部分改作股款，所以最近很穷，这期版税一时恐难结出。（大约因"三反"关系，业务已经停顿，未算出来。）我想版税虽减，我们好好生活，当不会有问题，而且我这半年可以不用钱。①

萧珊也在盘算着家庭生活问题，讲到小林弹琴，买琴又提到日程上来，1952年5月15日她在给巴金的信中写道："孩子已经弹完一本琴谱了，很有进步，手的姿势也好，只是家里没有琴，读起来太麻烦，我真想替小妹购一架，'三反'、'五反'以来琴价大跌，250—300万直接可以买架不错的钢琴，如果我的意思并不为你反对的话，我想这么做。"②

经济问题是日常生活中的大问题，但是比起精神岗位的丧失还不算严重，作为一个知识分子，不论是经济还是精神表达的渠道都被掌握在政权手中，巴金该明白，"局外者"只是他一厢情愿的脆弱防线而已。

"躲进小楼成一统"的生活不会太长久，不伤皮肉地检讨几句，依然自在地印旧作、出新书，是不行的。果然，丁玲公开向他发难了。这位以《沙菲女士日记》而闻名二十年代末上海文坛的女作家，在建国之初有着中宣部文艺处处长、作协党组书记、副主席、中央文学研究所所长、《文艺报》主编等一长串头衔。在第一次文代会上的发言中，丁玲就告诫："文艺工作者"必须将"一切属于个人主义的肮脏东西，丢得更干净更彻底"，"务必使自己称得起毛主席的信徒，千真不假地作一个人民的文艺工作者。"（《从群众中来，到群众中去》）在《在前进的道路上——关于读文学书的问题》中她有意识地在清理巴金、冰心等当时年

---

① 巴金1952年2月12日、2月23日致萧珊信，《家书》第16、32—33页。
② 萧珊1952年5月15日致巴金信，《家书》第72页。

轻人十分喜欢的作家作品的影响,"巴金的作品,叫我们革命,起过好的影响,但他的革命既不要领导,又不要群众,是空想的,跟他过去的作品去走是永远不会使人更向前走。今天的巴金,他自己也就正在要纠正他的不实际的思想作风"。巴金的小说"虽然也在所谓'暴风雨前夕的时代'起了作用,现在对某一部分的读者也还有些作用,但对于较前进的读者就不能给人指出更前进的道路了。所有这些作品所给予我们的影响,我们应该好好地整理它,把应该去的去掉它!"(以上引用丁玲的文字,均见《跨到新的时代来》,人民文学出版社1951年版)。

这是代表新政权向巴金发出的一个信号吗?在当时的气氛中,巴金不可能不感受到压力,也不可能不思考自己将来怎么办。丁玲向他招手,这是他的好机会,考虑之后,巴金踏上了开往北京的列车,一切等待着丁玲的安排。1952年2月12日早晨6点50分,上海的火车到了北京,文联的人来接站,曹禺也来了。9点以后,他就去看了丁玲。然后是去看望老友顾均正,并在市场给孩子买了件小玩具,一切都像过去一样,忙乱却又兴奋地进行着。

书斋不再是可以逃避的地方了,巴金终于走了出来。

三、我得咬紧牙齿

全国文联组织的"朝鲜战地访问团",有十八名艺术家,团长是巴金,党小组的组长是葛洛,成员有黄谷柳、宋之的、菡子、逯非等人,到达北京后,他们先是集中学习。

北京相当冷,前天上午下雪,昨天下了一天,现在还在下。我住在一间公寓式的小屋里,生一个火炉,暖得很,昨晚盖两床铺盖,差一点睡不着。……①

---

① 巴金1952年2月14日致萧珊信,《家书》第18页。

这次来北京，巴金之所以会分外想念上海的家，并不是因为即将到前线让他感到可怕，他也曾在抗战中"身经百炸"，献身在他青年的理想中是神圣而光荣的事情。而这一次真正让他感到不安的是即将开始的新生活，面对着一个令他完全陌生而又极希望融进的新生活，他无所适从，他不知道这个全新的社会能够在多大程度上接受他，正如他自己所言："这次分别我心里最难过，因为分别时间最久，而且对前面的工作我全无把握。我无经验，无工作能力和方法，有的就是热情和决心。"他"想使自己成为一个更有用的人"。[1] 说这番话好像他已经信心丧尽，似乎已经做了多少年的"没有用"的人，这种想法当然跟当时的关于知识分子的宣传和界定有关，是工人和农民创造了新的世界，知识分子好像是附着在资本主义、帝国主义这张皮上的"毛"，过着优裕甚至是"剥削"人的生活……这种论调将知识和脑力劳动的价值贬低到了极点，也使许多知识分子丧失了衡量自己价值的坐标，进而对自己的工作和过去的一切产生了怀疑，有了罪恶感，于是就有一大批批判自己的文字产生。巴金在这时还没有走到这一步，但他至少是不敢再说写作能使自己"变得善良些、纯洁些，对别人有用些"这样的话了。在入朝之前，巴金最担心的问题是自己没有用处或者说不为人所用了。在2月20日给萧珊的信中，他说："昨天丁玲约去吃中饭，谈了一阵我去部队的问题，她给了一些意见，比较安心了。"[2] 他是去丁玲那里讨药方了，一旦讨得才有如释重负之感，在一个他完全不熟悉的生活领域，他想有所作为，却不知何为："这两天心很不定，行期逼近了，我的一切都未准备好。这一次好像是大张旗鼓地出国，出去后也许先在城里活动一下，甚至会有大场面，甚至要讲话，这些都是在上海动身前没有想到的。丁玲说这就是锻炼。我看起初一个时期不容易过。"[3]

---

[1] 巴金1952年2月18日致萧珊信，《家书》第24-25页。
[2] 巴金1952年2月20日致萧珊信，《家书》第26页。
[3] 巴金1952年2月28日致萧珊信，《家书》第40页。

从明天起我们离得更远了。但这不过是一个开始。在沈阳我照样会寄给你。然后，我又往前走，在平壤……到三月下旬那才是我的新生活的开始，也就是我们真正的分别的开始。……我会在工作中把自己锻炼得坚强、有用。我会吃苦，也会学习。起初一个月的生活大约不容易过，我得咬紧牙齿。但以后就不要紧。我有决心。①

巴金在晚年说，他当时想丢下自己熟悉的笔，写新生活。话好像很轻松，但这绝对不是丢下了"派克"，换上"英雄"笔那么简单，这有一个痛苦蜕变的过程，这书信中已经透露出不安、彷徨。问题是这种生活不是他个人积极选择的，而是别人为他安排的，留给他的空间只是让他学会适应。对于一个自由知识分子来说，取消思想等于取消人的灵魂，等于侵犯个人最神圣的领域。然而在轰轰烈烈的知识分子思想改造运动中，在那个时代消灭"小我"融入"大我"，个人是罪恶的，集体才是无限光荣的，在这个氛围中，谁也不敢随便这样说。新的政权按照它的运作规则，亟需建立一个强有力的权威，包括在人的头脑中。能够让有知识有头脑的知识分子接受这种权威话语确需花费一些时间。首先政权是利用他掌握的媒介，梳理声音，让异端的声音无法发出；接着是强大的一元化的声音氛围的制造，铺天盖地的主流话语被赋予了至高无上的权力之后，与之不同的声音就不具备合法性；此时再改造和分化这些声音，让持有不同声音者在内心中感到恐惧、罪恶，最终放弃自己的声音而融入到主流话语规范之中。

历史远去，或许并不曾注意知识分子在这一过程中所付出的代价，而如今面对着个体心灵的这些不安和所受的伤害，我们真应该驻足思考一些什么。

---

① 巴金1952年3月6日致萧珊信，《家书》第45页。

四、阿里朗,阿里朗

1952年3月15日下午6点前,巴金一行到达安东(今丹东),住在高干招待所,与巴金同住一房的是剧作家宋之的。晚饭后正闲谈,久违了的警报声响了起来,电灯马上灭了,屋里一片漆黑,战争的恐怖降临了。过了好久,警报解除了,敌机似乎没来,是一场虚惊。他们住在风光秀丽的枕江山上,招待所是日式的建筑。次日早晨起来,小鸟鸣啾,一派春光,巴金等人文人的兴致大发想去游山,可是马上有人说丢了细菌弹不能去,仿佛再一次提醒他们,战争离这里不远,到这里来也并不是游山玩水的。①

下午两点,过江。

江桥是炸毁后修复的,创伤尚在。……江水碧绿,水面荡漾着微波。除了桥上炸痕外,看不见战争痕迹。……沿途看见朝鲜男女甚多,服装整齐,脸上带笑。车行不到一小时,就看见美国暴行罪证,公路旁的房屋几乎是片瓦不存。五点前五分过宣川,见一山东少女("中华料理"店主的女儿),据说敌机昨天来炸宣川,死伤老百姓甚多。这时警报刚发,有四架我们的飞机正在天空巡逻。罗命令司机开车,想趁这时间走过前面大桥。桥已炸毁,车子绕路走便桥过去。……宣川封锁口通过后,大约有一点钟的平静时间,以后敌机就一直在这一带上空盘旋。②

日记中巴金颇为平静地记下这一切,而内心想到了什么呢?朝鲜对于他不是一个陌生的国度,早在二三十年代他就接触过朝鲜人,而且

---

① 巴金1952年3月16日致萧珊信,《家书》第55页。
② 巴金1952年3月16日日记,《巴金全集》第25卷第3-4页。

巴金《赴朝日记》一页，这些日记记录了他在朝鲜的日日夜夜。

给他留下美好的印象。还是在成都办《半月》杂志时,就有一个姓高的朝鲜人找他探讨世界语问题,让他感受到了朝鲜人"老实、认真、坦率而且自尊心强"。1925年巴金在北京,一位朝鲜朋友"滔滔不绝地对我讲了好些朝鲜爱国志士同日本侵略者斗争的故事。我第一次了解了朝鲜人民艰苦而英勇的斗争,对朝鲜的革命者我始终抱着敬意。我后来就把那些故事写在《发的故事》里面。"① 1926年在《一封公开的信》中,巴金就曾动情地写道:"记得在我的幼年时代,我便常常听见日本政府压迫高丽民众的故事,我知道他们怎样的用残酷的刑罚来对待手无寸铁的你们,然而同时我又知道你们怎样不屈不挠地反抗日本政府……我曾为你们痛哭过,我又曾为你们欢跃过,然而我对你们却不断地表示钦佩。"同时他表示:"本来全世界的民众是应该互相亲爱,联合一致的。民众本无国界之分,所以甲国民众受了乙帝国主义者的压迫,乙国民众也应该起来帮助他们,打倒其本国(乙国)的帝国主义者。"② 在《火》中,他还引用了朝鲜民歌《阿里朗》:"阿里朗,阿里朗,/越过阿里朗山岭去了。/门前的沃土给谁拿去了呢?/寄身在满洲地方又是为着什么缘故呢?/阿里朗,阿里朗……"③ 那悲伤的调子让他对流亡者充满了同情。如今,炮火再次蹂躏这片土地,难免触动巴金的心。而被称为"美帝国主义"的美国,本来在巴金心中就是一个罪恶和不义的字眼,这一点可能与当时的其他知识分子不同。在一批自由主义知识分子的心中,英美是一片自由民主乐土,甚至在战争开始以后,"恐美症"曾是许多知识分子内心中的一个症结,但美国却让巴金想到萨珂与樊塞蒂,二十多年前他们就是在这个国度被罪恶地谋杀的。一腔热血的巴金,在异国他乡的巴黎,参加了救援他们的活动,并在内心产生了强烈的震撼,《灭亡》的创作正是灌注了这样一份情感才得以完成。二十多年后,

---

① 巴金:《关于<火>》,《巴金全集》第20卷第650-651页。

② 巴金:《一封公开的信》,《巴金全集》第20卷第77-79页。

③ 巴金:《火》,《巴金全集》第7卷第106页。

1952年4月12日，巴金和黄谷柳在朝鲜开城战地。

当巴金再一次与这个国家打交道的时候，他能不想起这些吗？陈思和在《中国当代文学史教程》中曾说："1949年后，一批国统区来的作家在寻找自己的思想与新政权的切合点。"他具体分析了巴金《奥斯威辛杀人工厂》一文，认为巴金那种反法西斯、争自由的思想与政权的主流意识容易很快地融在一起。那么，选择到朝鲜作为巴金走向新政权的起点，是不是也是他对朝鲜和对美国的这种情感与政权需要知识分子做出的姿态合流了呢？

五、责无旁贷地歌功颂德

读巴金写朝鲜战场的文章，除了万丈热情外，看不到他自己的身影，这也是"换笔"之后的巴金比较重要的变化。过去巴金在文章中敞开心扉，显得那么坦诚、真挚，而现在作者总是吞吞吐吐，或者尽量不触及自己的内心世界，这给我们了解巴金在朝鲜的活动带来困难，幸好还有日记在，在日记缝隙中偶尔能露出真实思想的蛛丝马迹。在这里，我们不妨以第三者的眼睛看一看入朝初期的巴金。当年193师的宣传科长王奂在《巴金在朝鲜前线》一文中为我们留下了这样几个镜头：

巴金在晚会上致词：

接着是请祖国作家代表团团长巴金讲话。……他在讲话中，没有那些"请允许我"、"衷心致敬"、"致谢"之类的客套话。……只听他一开头便大声说道："我们祖国的作家，在这里受到如此热情的欢迎，我想这是很有道理的……"而后，他以激动的心情，真诚地表达了来自祖国的作家跟人民军队共有的一颗热爱祖国的心。……他代表祖国的作家说："面对最可爱的人——英雄的志愿军，祖国的作家有着责无旁贷的歌功颂德的义务，和与伟大的朝鲜人民共同战斗争取大获全胜的决心。"……稍后，欢迎会又以军文工团的演出和跳交谊舞的形式进行下去。

……当我环顾四周，却不见了巴金，他到哪里去了？……于是，我便走出了会场去寻找，就在楼梯口旁的一个空闲的小会客室里找见了他，原来他正独自坐在屋中央的木桌前，一只手托着下巴，默默地深思呢。

深入采访：

1952年5月6日，在开过军欢迎会不久，作家代表团团长巴金……来到了志愿军的一个英雄部队——我们193师……

我除了协同连队照顾好作家们的生活外，主要是按照商定的日程，每天陪同巴金深入到班排和居民中进行采访活动。午休时，便一同坐在炕铺上闲谈。有时还请来采访对象专门谈话，或者召开座谈会，再不就是与巴金、黄谷柳跟随战士们参加农活劳动。……归来，巴金便半躺在叠好的被子上仰脸朝天进入深思了。每逢这时，我们都有意到室外去，免得干扰他这一难得的宁静。

……巴金为了解到这一个个动人的故事，用了七八天的功夫。我真正佩服年届半百的巴金，竟像燃烧着的一团火，情绪无比振奋，他利用一切时间，深入农户和田头访问战士和农民。

惜时如金，巴金早读俄语：

……只见巴金正手捧着俄语读本，坐在屋后的廊台上，像学生念书般地诵读着。他是照例早我们一个小时起床，5点到7点开饭前进行学习的。……他对中国共产党及其伟大领袖毛主席，充满着无限的感情。在一次闲谈他《家》《春》《秋》激流三部曲的作品时，就有所表现。他说："这些暴露封建罪恶的作品已随着解放的胜利成为过去的东西了，目前文学创作的主题应当首先放在反对帝国主义方面。"①

从这些文字中不难看出，巴金身上还保留着浓厚的知识分子习性，比如在喧闹的舞会中，他躲开热闹的场面独自沉思，比如早晨起来读外语，这些在一切行动有组织、有纪律的集体中很可能被看作是"不合群"，但在巴金却十分珍惜这属于自己的短暂一刻。他还是一个勤奋的、积极的采访者，拿小本子不住地记录，深恐做不好这份工作。还有一点必须提到，就是他的采访几乎都由专人陪同，采访对象是事先指定和安排的，这种体验生活，其实是别人给圈定的生活。至于写文章就更耐人寻味了。入朝不久，巴金又拿起了笔，写的不再是找不到出路的小资产阶级知识分子了，他也不用太担心文章出问题，因为许多文章是集体讨论定下来的。他入朝之初写的头两篇文章全是这样，日记清楚地记下了这一切。1952年3月22日，彭德怀接见他们之后，在次日的日记中巴金写道："休息一小时，到两点钟继续开会讨论彭总的谈话，三点三刻结束，同志们要我写一篇彭总会见记。"（《巴金全集》第25卷第7页）25

---

① 王央：《巴金在朝鲜前线》，文化部党史史料征集工作委员会主办《新文化史料》，1996年第2期。

日日记："八时后开始写同志们要我写的《彭总会见记》。到十一点半写完初稿，十二时睡，相当疲倦。"（8 页）26 日："根据今天再听彭总讲话的心得重写《会见记》，十一点写完。"（9 页）27 日："晨七时起，把稿子交给葛洛。饭后大家读过提了些意见，在伊明房内把文章修改了，再给葛洛。"（9 页）

这种反复讨论和审查的创作过程巴金过去从来没有遇到过。在过去，写作完全是他个人的事情，常常是在热情驱动下一挥而就，根本用不着跟谁讨论，现在却不是这样了，写作是工作，也是任务，唯独远离了内心。日记中还记下了这样的细节："晚六时王部长来作关于描写英雄人物的创作问题的报告，八点四十分结束。"一群大作家，要人家来教怎么写作，这真是"新人新事"，对于这些，巴金还需要一定的时间来适应。

从 1952 年 3 月至 10 月，从 1953 年 8 月至 1954 年 1 月，巴金曾两次入朝，要了解他的生活细节，可以查看收在《全集》第 25 卷中的《入朝日记》，现在我们要问的是作为一个作家，他给我们留下了什么？

解放后，巴金一切活动都是在"作家"这一身份下进行的，可是写作反而成了他的副业，只是在送走了宾客、开完会、学习完文件之后，争分夺秒的事情。巴金是勤奋的，在 1949 年以后，他写了大量作品：散文集《友谊集》、《新声集》、《赞歌集》、《倾吐不尽的感情》、《贤良桥畔》、《炸不断的桥》、《爝火集》等，小说有《英雄的故事》（1953 年平明出版社初版，收小说四篇）、《明珠和玉姬》（1957 年 4 月中国少年儿童出版社初版，收小说两篇）、《李大海》（1961 年 12 月作家出版社初版，共收小说七篇）、《杨林同志》（发表于 1977 年 10 月出版的《上海文艺》）。在 1949 年以后巴金仅发表了十四篇短篇小说，在这些作品中，人们能够记住的又有多少呢？如果没有《随想录》，巴金的魅力恐怕全部来自他前二十年的创作。在这批小说中比较好一点的可能是《团圆》，随着电影《英雄儿女》的风靡而获得了相应的影响。这是一个很有意思的文本，它的成功是因为革命的主题下悲欢离合的故事打动了人们，这恰恰论证了陈思和所说的民间理论的隐形结构在作品中的力量,作者要宣传的主题并未引起人们的兴趣。在他的创作中存在着这样一个障碍:创作是作家心灵的表达,可是巴金内心的东西却不能自由表达,他要千方百计地把外在的政治观念充塞进作品中,这样的夹生饭对于作家来说真是用心良苦。巴金前二十年的创作写封建大家庭,写革命,写青年知识分子,写域外题材,而1949年以后的小说只有一个题材,那就是抗美援朝的志愿军的故事。在巴金,也唯有这个题材最革命、最保险、最符合要求了。由丰富多彩变成清一色,这不知在多大程度上证明了对知识分子改造的成功。即便题材单一也不要紧,福克纳笔下只是邮票大的地方,却让他写成了一个世界,如何去挖掘题材的丰富内涵才是最为关键的。比如《坚强战士》写的是一个受伤的战士在战场上克服了种种困难爬了十天爬回阵地的故事,如果挖掘得好,这本该是他擅长的心理描写,然而作品中表达出的支撑这个人出生入死坚强地爬回来的却只有这样一些观念:对祖国的热爱,对新社会的珍惜,特别是关键时刻对毛主席的爱,毛主席慈祥的笑容出现在他脑海中的时候就给了垂死的战士无穷的力量。我们不能排除这些政治观点对一个人坚强意志的影响,但是作为一个处在这样的环境中的人,他的求生意志,他与自然环境斗争的心理,以及与个人斗争的心理却被作者大大忽略了,结果这个战士只是生硬的钢铁,而不是有血有肉的人了。政治理念取代了作家对人性的关注和深层发掘,使作品的内涵简化成了政治海报,显得空泛无味。在这批小说中还有一点很值得注意:作品主要人物几乎都有原型,而且很多是原样照搬,这也从侧面说明了巴金对军队生活的隔膜,他的小说往往只是孤立地复述某些事件,而不会融化变形,作家是生活的报道者而不是亲历者、体验者。

六、"废品"《三同志》

谈论巴金的作品,大家似乎都忘记了还有一个《三同志》,这部十多万字的中篇小说是巴金1949年以后最长的一部作品。但在1961年脱稿之后，只有他的妻子萧珊看过，从此以后就在箱子里锁了整整三十年，直到1991年编印《巴金全集》时才第一次与读者见面。一部十万字的作品成为"废品"没有发表，在巴金创作生涯中是决无仅有的，在文学创作上巴金可以说一帆风顺，很少遭遇这样的事情，唯有《死去的太阳》被人退过稿，后来经修改也发表了。成名后是别人抢他的稿子，文债成堆，他从来不愁没处发表，而且他也不是字斟句酌的苦吟型作家，有时创作反而很不节制，作品源源不断发表，《三同志》迟迟不肯与读者见面是因为作者认为这是一部失败之作。这是实话。但我倒认为《三同志》是巴金反映志愿军生活的颇有代表性的作品，它的代表性就在于暴露和保留了巴金建国后丢开自己熟悉的笔"拼命写自己不熟习的东西"的种种缺点。

小说写了杨林、刘加亮、王理明三位年轻同志互相鼓励、帮助、学习，并肩战斗的故事。其中主角杨林是一个淳朴温厚的战士，作者写了他对于祖国无比热爱的感情、急于建功立业的心情以及最终献身疆场的英勇，表现了他的赤诚真纯的做人本色。故事很简单，而且人物基本上有原型，作品所描写的情景多出自巴金在朝的所见所闻。比如杨林牺牲的情景，巴金是借用了李吉武烈士的事例，"七十天前他带了一个小组参加保卫井城的一次战斗。小组的同志一死一伤，他一个人打退敌人的几次的冲锋。手榴弹打完了，他又顺着交通沟拿一箱手榴弹，打得只剩了两个，他被五六个敌人包围，他就拿着这两个手榴弹跑下去，跟敌人同归于尽，保住了阵地。后来卫生员看见他靠交通沟站着，喊他，他不应，走近一看，原来他已牺牲，但是尸首直立不倒。他真像古代传说中的英雄烈士，死了还站在阵地上怒视敌人，守卫阵地。"[①] 读过小说，我们知道杨林的结局就是对此的原版照录，而且连尸首站立不倒的细节都一模一样。战士们学文化写家信也事出有据，巴金1952年8月28日

---

① 巴金：《生活在英雄们中间》，《巴金全集》第14卷第166页。

日记曾载:"晚饭后再去连部,到五班的洞子看了一阵,和战士们谈了学文化的事。又听见一个四川战士给另一战士读他母亲来信内容:'我快乐极了、家里很好。'还说:'你给我寄一张相片回来。'战士听见念信,忽然揸了一下眼睛。"① 第17章指导员讲的牺牲的老指导员对他的影响的故事,在巴金的日记中也能找到踪迹:"在连部见到副连长李平……我问起他的过去。他说是热河省人(青龙县?),二十六岁,扛活出身,父亲被逼死,四七年参军,当通讯员,不识字,但从一个指导员学到不少东西,指导员常常念书给他听,指导员负伤(右臂)不愿作敌人的俘虏,开枪自杀,由他夺下枪救下去了。谈了一阵,我觉得他的品质很好。"② 至于作品中其他细节和生活场景,巴金也是直接取自在朝鲜的见闻,比如防空洞塌了的事在日记中也有几次记载。巴金有限的几次到前沿阵地经历战斗的场面也构成了《三同志》后面几章战争场面的素材来源。巴金在1952年9月19日日记中曾经写道:"先去一五二口径炮阵地,在那两个阵地待了一个钟头,五点前到七九九高地。……五点二十分开始打炮十分钟,过后就看见爆破铁丝网的火光两三次。看见绿色信号弹一发,这是敌人的信号弹。接着看见一发红色信号弹,我军开始冲锋,一分钟即突破前沿,发出两发红色信号弹,过九分钟即发出三发红色信号弹,表示占领了阵地。"③ 小说后几章也重复和扩写了这些战争的场面。

不是说一个作家不可以从他的经历中汲取素材,而是作家的艺术创造力更多的是体现在对生活的融化和变形上,苏联作家爱伦堡说过:"艺术家并不是盲目地把模特儿照画下来,他要把模特儿改观,把他创造成现实的形象。""作家在创造自己的人物时,他改变比例,调换景位。"④ 这

---

① 巴金1952年8月28日日记,《巴金全集》第25卷第76页。
② 巴金1952年9月3日日记,《巴金全集》第25卷第80-81页。
③ 巴金1952年9月19日日记,《巴金全集》第25卷第89页。
④ 爱伦堡:《谈作家工作》,《捍卫人的尊严》第37页,辽宁教育出版社1998年3月版。

丢开了那枝写惯了黑暗的笔,巴金开始歌颂光明,这是他1949年以后部分作品。它们充满着热情,却缺少艺术上的突破。

是经验之谈，巴金以往的创作中哪怕是以自己家庭为背景的《激流》三部曲，哪怕是他承认的作品中的"真实的人物"——以大哥为原型的觉新，还有以自己的朋友们为原型的《爱情的三部曲》都融进了作者个性色彩强烈的体验和创造。而对于描写志愿军战士的小说，他变得小心翼翼，只是在朝鲜战地写的大批印象记上多加点情节而已。只要将《英雄的故事》中的几篇小说与巴金散文《生活在英雄们中间》、《向朝鲜战地的朋友们告别》对比一下，就会看到巴金是多么"忠实于生活"，有的小说甚至被当作特写。巴金曾说过这样一件事："我一九五二年从朝鲜回来写了一篇叫作《坚强战士》的文章。我写的是'真人真事'，可是我把它当作小说发表了。后来《志愿军英雄传》编辑部的一位同志把这篇文章拿去找获得'坚强战士'称号的张渭良同志仔细研究了一番。张渭良同志提了一些意见。我根据他的意见把我那篇文章改得更符合事实。……小说变成了特写。"① 作家对他笔下的作品和人物是有至高无上的权力的，这种权力甚至表现得很霸道，如果他不能对生活素材提炼、融化，进而创造出新的形象来，至少暴露出他对笔下的生活和人物缺乏深入细致的了解，缺乏足够的情感沟通。

巴金说："两次入朝对我的后半生有大的影响。""我在部队有朋友有感情，有联系……""在志愿军部队中生活了一年多，对战士们有感情，而且交了好些朋友，和他们谈话记录，还有先后采访来的英雄故事，我也积累了十几册……"② 然而，考察他在朝鲜的生活，可以看出他并不是战场上的普通一员，他始终是那里的客人，是一个采访者，或者是以来自祖国的作家和首长的面目出现的。在别人安排下他看材料、听事迹介绍，他获取的信息基本上是被修饰过的。这是他在朝鲜典型的一天："晨七时起，早饭后剪发。听杨部长谈去平壤见金日成将军的礼节。十二时卓部长来，转来彭总信，诚恳谦虚，令人感动。一时开

---

① 巴金：《谈我的"散文"》，《巴金全集》第20卷第532页。
② 巴金：《巴金全集》第二十卷代跋（致树基），《巴金全集》第20卷第706-708页。

参观细菌罪行传达会，卓部长也参加。二时散会。听说今天下午可以去平壤，紧张了一阵。下山吃饭的时候才知道今晚不能走。晚六时王部长来作关于描写英雄人物的创作问题的报告，八点四十分结束。坐在床上写一《给志愿军》的短文。十时睡。王部长作报告时，敌机在头上盘旋，并放机枪。"也可能是这样的一天："晨八点三刻起，洗脸后上山看王莘和各同志。……饭后回到我住屋开一小会……一点十分午睡到两点。……三点半赴陈主任的宴会，喝了一杯半白地，略有醉意。……五点半去会场，王楠同志主持，陈主任致欢迎词，我讲了话，接着晚会开始，到九时四十五分完结。节目精彩，大都结合着实际斗争，而且充分利用了民族形式（有京韵大鼓、相声、评书、快板、拉洋片、新疆舞等），大家很满意。在表演的中间敌机在会场上空飞过几次。睡前写日记时还听见前线的炮声。"① 这样的生活使得他在创作中需要调动自己的生活积累时，全是开会、战士的生活琐事、写决心书表决心、写家信诉衷情这种东西，整个作品因此变得节奏极其缓慢，通篇缺乏浑然一体的气势。

　　巴金说萧珊认为《三同志》的失败是因为没有情节，其实我觉得是缺乏必然的矛盾冲突。整个作品人物与自己、与周围都十分和谐，个人追求上进，争当先进，唯恐落后，战友间互爱互助，对祖国、对敌人爱憎分明，没有贯穿全书的情节，也没有解不开的矛盾，刚开头就仿佛在等待着后面的结局似的。这与巴金在战地只看到了生活的表面，无法把握人物的心理从而创造出栩栩如生的形象，无法揭示生活中深层次的矛盾有关。但是，这是一个难以让人满意的答案，特别是看到巴金日记中以下的记载时，再和他的作品对照起来，明显地感觉到巴金没有忠实于自己的眼睛，也没有忠实于自己的内心，他看到的不全是阳光明媚，还有更多实际生活中的矛盾：比如志愿军战士真的都勇猛如虎，盼望打仗像盼节日那样吗？《三同志》中杨林似乎天天都在期待着上战场，立功，

---

① 巴金1952年3月30日、4月7日日记，《巴金全集》第25卷第10—11页、15页。

难道对死亡没有恐惧，难道思想中没有动摇？1952年9月2日日记，巴金是这样写的："早饭时听赵国忠说昨夜本连有个副班长自伤，用冲锋枪打伤了眼睛。……和副连长谈了几句班副自伤的事情，今天在八连山上看见四个战士用担架抬着他从下面走过，副连长说当时他在山上，回来见到那个班副，那人只说了一句'可耻'。六班副在病房骂卫生员，副连长劝他，他不以为然。副连长接着把他批评一番……"9月4日："和副政指谈到自伤班副的事，才知道那个人一共打了三枪，当时洞里还有一病号在，以为是打特务。副政指说发生自伤事件，证明政治工作有缺点。这是真话。"① 当然可以说这样的人是少数，可是在少数人的思想中倒有着作为一个个体的生命的真实和正常的一面。巴金与通讯员之间也是有矛盾的，在日记中也有多次记录。1952年8月22日的日记写道："上午因为等汽车，赵国忠显得烦躁，态度不好，我讲了他几句。我看他还是自高自大，不肯接受别人意见，改进工作态度。""今早五点钟后洞口砂土又塌下几大块，赵国忠在嚷着，我讲了他几句。……洞口的土不时地一块一块往下落，洞子里也浸进了水。赵国钟挖了个洞眼积水，时时听见他在抱怨。……傍晚副队长来要赵国忠去看房子，赵去看了回来，我不愿意搬过去。赵颇不高兴。"② 这就和他以作家的身份去采访的战争截然不同了，这才是生活。朝鲜的老百姓呢，作品中只有苦大仇深、仇恨敌人、热烈欢迎志愿军的阿妈妮，而真实的人和生活要复杂得多，巴金曾经看到过这样两件事："看见两个朝鲜女人殴打一个朝鲜姑娘，按在地下痛打。'志政'战士们颇不满意，向老百姓询问才知道是偷豆子。姑娘就住在打人者的隔壁。经我们战士一问，打人者也走了。""六点一刻正在念俄文，房东老太太和三十左右的女人突然在窗前哭起来（廊上供得有灵位）……他们哭了半个钟头，就走开吃早

---

① 巴金日记，《巴金全集》第25卷第79-81页。

② 巴金日记，《巴金全集》第25卷第71页、72-73页。

饭去了。"① 后一件事没有写明白，不知道因为什么悲伤，反正完全不是宣传的那样亲人要死了也不流眼泪的"刚强"。巴金曾在抗战的大后方待过，他描写那里的人的精神状态入木三分，可是对于朝鲜人的描写怎么只是表面的几笔呢？1952年7月4日的日记中还出现了这样的记载："齐参谋长先拿来十八岁美国少女 Marian C. 给美军陆一师七团三营 Donald Dappert 的信一封，后来又送来从敌尸身上搜出的信数封，新约《圣经》一册，侦探小说一册。信是七团三营火器连 Ronald Wilson 的母亲写给他的，还有一封是他的'loving wife'(Bteey)写的，上面有唇印（注 our kiss）并写得有'I love you from every bit of me'，还有他母亲祝他生日（23. june）的信。信上说：'I write to Betty and told her to come to us wed. I told her that you love her and that she would burn the bad letters.'看敌兵家信知道敌兵生活并不好，士气低落，母亲妻子都说天气冷没有阳光，Betty信上说：'我真愿意床上铺十张毡子免得冻死。'"② 作为一个人道主义者，巴金曾为不幸失去母亲的孩子而洒泪，而今面对这样的情景，他能无动于衷吗？用了那么多的篇幅来写朝鲜战场，总是写以死对着敌人的炮火，他难道不想反思一下战争的残酷，不想告诉人珍惜生命和美好的青春吗？如果将这些写到作品中，那将有多么丰富的内涵。我们当然没有权利责怪作者该写什么和没有写什么，但是上述材料起码证明了《三同志》所构筑的世界不仅不是生活的全部，而且是不真实的。对生活的熟悉不熟悉现在成了次要问题，巴金很聪明，并不是什么都按生活的原样来写，换言之，即便他了解到一些东西，也不能轻易说出来。

其实巴金在来朝之前，他们的观点、思想就已经被限制好了，就是宣传志愿军英勇、宣传美帝国主义不义的。改造自己的世界观，到这里来，只是按照框子来填充材料而已。建国后，每逢有重大的举措，一定要组织一批作家采访、报道，或者以文艺作品反映出来，老舍先生就

---

① 巴金1952年3月24日、9月3日日记，《巴金全集》第25卷第7-8页、80页。
② 巴金1952年7月4日日记，《巴金全集》第25卷第51-52页。

接受了任务宣传三反五反、宣传工商业改造，并写了相应的剧本。在当政者的眼里，文艺不再是1949年以前文人们自叹自赏的文字，而是党的一个宣传部门，是列宁所说的齿轮和螺丝钉，这样就要有一个统一的规划和安排，就不是作家们个体的事情，而是与主流意识形态息息相关的，牵一发而动万钧的系统工程。这样，每一个链条都要服从于系统。而这种体验生活几乎是巴金建国后接触社会的唯一方式，他不打算写过去熟悉的生活了。可是作为一个社会名流，他接触到的现实生活居然都是靠着参观和介绍了解到的，且不说对生活的熟悉程度，就是思想上的框子也是致命的硬伤。不能在作品中将自己的真实想法自如地表现出来，作家到底是一个什么角色？只能为中央的文件做一个注解，而且深恐出现了差错，那么他们难道不是政府借用的一个符号？或者说是传声筒。巴金在1958年5月《萌芽》第5期上发表的《谈我的"散文"》，在文章的后面部分有几段谈到自己创作《我们会见了彭德怀司令员》一文的创作过程和体会，但是庐山会议彭德怀出了问题，在1960年4月巴金出版他的《赞歌集》收入这篇文章的时候，就赶紧把这几大段完全删去了。创作《三同志》的时候，虽然文艺界有短暂的回春气象，然而，反"右"斗争中自己的朋友纷纷入网，1958年在"拔白旗"运动中又受了姚文元的闷棍，巴金越来越战战兢兢，如履薄冰。他不敢越雷池一步，作品中的人物都是根红苗正，《三同志》中对领袖的崇拜已经到了做梦都要去接受领袖接见的程度，领袖的一张照片都无时不在给战士以鼓舞和力量。真实而生动的生活被这样的观念给拆得七零八碎，变得平面化、简单化。由于这些观念是先验存在的，而不是作者通过对生活的长期观察和认识水到渠成得出来的，使整个作品缺乏一个可以统一起所有材料的魂魄，显得琐碎、零散。读过《三同志》的人无法忍受的是其中充满的了无生趣的无数日常生活细节，而总也找不到推动作品前进的矛盾冲突，作品和人物的性格发展缺乏内驱力。以往巴金的作品也是简单、明丽的故事，但是作品中爱与憎、黑暗与光明、激愤与犹豫的冲突非常激烈,从而引人入胜。可是在这部作品中没有这些,作为党交给自己的任务而完成的作品恐怕只能是这样。

七、宁要"正确",不要"真实"

不仅是巴金,当时一批作品都是这样,好像一个印刷厂成批印出的政治传单,比如杨朔,他应当比巴金更熟悉部队和战争生活,然而他那部曾产生很大影响的《三千里江山》(现收《杨朔文集》中卷,山东文艺出版社,1952年6月写完),小说语言比较粗糙,口语和书面语混杂,头绪较乱,笔墨分配均匀,没有重点。在一盘散沙中,作品的结尾像是故意制造了一次敌人拦截火车让同志牺牲似的,这种不是情节自然发展的必然结果,而是为了宣传某种观念的刻意安排太多了。

对领袖的崇拜也是书中的重头戏,在吴天宝生命垂危的时候作者是这样写的:

吴天宝小声说:"也不怎么样,就是乏。"便合上眼,一会又睁开说:"你伸伸手,快扶我起来,让我看看毛主席。"

刘福生解透他的意思,替他拿出他怀里藏的毛主席像,送到他眼前。吴天宝接过去。炉门射出一道红光,映着他的脸,也映着那张像。那张像五彩鲜明,发出光彩,吴天宝的脸又红又亮,也泛滥着生命的光彩。

他捧着像,笑着望了好大一会,小声说:"毛主席,再见了!我总算完成了祖国人民托付我的任务。"①

这与巴金作品中的描写简直同出一人,强大的时代浪潮会毫不留情地磨平作家的个性,让他们以规范的共同面目出现。不过,杨朔比巴金

---

① 杨朔:《三千里江山》,《杨朔文集》中卷第504页。

还往前走了一步，在这部作品中，他不失时机地写到了知识分子改造的问题。大队技术员郑超人胆小怕死、恐美症，像"老娘们"："念过教会大学，会说英文，说起来舌头直打嘟噜，软得像面条。到厕所去，胳膊底下也要挟着本书，又大又厚，还常常是外国文原版，吓死人了。每本书看完后，他都能提出自己的意见，他的意见常常比原书更惊人。一些中国书，他是不屑一读的。""郑超人可是个体面人，苍白的脸，头发梳得溜光，言谈举止，又文明，又高雅。他很满意自己，处处特别爱惜自己。吃的考究，穿的考究，吃完饭必定刷刷牙，时常对着镜子摸着自己的脸。这种习气是跟他的家教分不开的。"① 从个人生活习惯看思想，挖阶级根源，对"洋"的拒绝，对知识分子的丑化、图解等等。

在"几句表白"中作者说："我也苦恼，深深地苦恼，苦恼于我的笔太笨，表现不出我们人民的英雄性格。饶恕作者吧！是我损害了我们人民应有的光彩。"② 从这段文字中可以看出，他与巴金一样，作家们都在矮化自己，然后以仰视的眼光去打量、描写工农兵，作家这时像是旧时的宫廷画师，每画一笔都小心翼翼战战兢兢，深怕惹得皇上不高兴丢了脑袋。

作家到底该怎样体验生活，是我们从巴金身上应该反思的问题。徐中玉先生在《略谈个性、主体性、深入生活》一文中说：

在一切都要"以阶级斗争为纲"，文学要从属政治，为现实的阶级斗争服务，政治标准第一再度变成政治标准唯一。在文学和文学工作者都成为主导意识形态驯服工具的情况下，所提出的"深入生活"，实际目的是要选定的作者到选定的地点，按照政策、思潮的要求，根据宣传的任务，去炮制出些貌似文艺的东西来，为证明领导人物路线的无比正确、无比伟大效力的。要求的是一切符合上面的要求，甚至迎合性的赶

---

① 杨朔：《三千里江山》，《杨朔文集》中卷第388页。

② 同上，第350页。

超更好,而当这样的"正确"与下面的实际有很大距离或竟背道而驰时,那就宁要"正确",不要"真实"。①

作家超越时代思潮、独立特行的可能有多大呢？今天人们可以举出张中晓、顾准这些名字,但不要忘了,他们的声音都不是与时代同步发出的,他们基本上是在不为人关注的情况下表达自己的思想的,而且这思想多是自言自语式的,并没有传播到公众层面。像巴金这样的人恐怕不具备这样的条件,相反许多文章都是作为任务被指定来写的。在一个政治一元化的时代,政治主宰一切,作家可贵的思想和良知极其容易被获得政治上的肯定所置换。起初是被动地接受,后来是主动地迎合,越陷越深,巴金就是这样。如果说描写朝鲜战争这批作品,巴金是配合政治的话,到后来的《大寨行》则难逃迎合之嫌了。在文章中,作者积极迎合当时的政治宣传,写了大寨三代人爱憎分明的鲜明的阶级立场、坚定的共产主义信念。为了这个观念的灌注,巴金不惜牺牲生活的真实状态和自然的气息,而把一切都图解成两条路线的斗争,甚至不放过一个十四岁的孩子,不放过农村茶余饭后最平常和欢悦的时光。"……牛海贵今年才十四岁,这个孩子很可爱,阶级观点非常明确。'我的友人热情地称赞道。我已经听人讲过牛海贵的事情,今年春天解放军某部一个连队访问大寨……一位战士不明情况误入富农的家,牛海贵看见,马上进去对战士说:'解放军叔叔,连长叫你！'战士走出来,他便说:'叔叔,这是富农家,你进去干什么！'""我们又走过了大柳树旁边了。……在新社会,这里是人们称为'饭场'的小广场和会议处……大柳树不知道听了多少豪言、壮语,多少捷报、喜讯,多少笑声、歌声。……有人说这种'饭场会'像秤杆,是好是坏,都要在大家面前称一称:什么对,什么错要分得清清楚楚。"与此同时,还与那个时代密

---

① 徐中玉:《略谈个性、主体性、深入生活》,《当代作家评论》1999 年第 1 期。

切呼应，对知识和知识分子充满了蔑视。陈永贵不让儿子上初中，要回来务农，不被看作是短见，而是阶级感情的体现。谈到贾进才磨出老茧的手，巴金不忘随时批评自己一句："我越是敬爱他，也越是为自己感到惭愧。我拿什么同他相比呢？我的掌上连一个茧也没有！"①

还有些东西是言不由衷的，明明心里想的是一辆辆的参观车小小大寨能承受得了吗，可是笔下却写着"大家站在车上有说有笑，显然是看得十分满意"②。这是一个作家的真正的创作吗？

八、脱胎换骨了吗

还有一个问题不可避免地要提出，巴金说两次入朝对他的后半生影响很大，那么，两次入朝到底给巴金带来了什么？我认为这是他后半生第一个转折点。新的政权建立后，不论他态度怎样，他是很谨慎的，被动地接受了新政权加在他身上的一切，可是入朝却标志着他主动要放弃过去，以一个新的姿态来面对新政权的开始。新政权从此对他的态度也有了巨大变化，他被选为了中国作协的副主席，他的外事活动骤增，一时间成了忙于迎来送往的红人，周扬在一次会上，把他与路翎加以对比，大加赞扬他。巴金由一个独立知识分子逐渐走进了权力体系的核心，从此以后，他不再沉默，特别是相对于1950、1951年两年，表态的文章越来越多了，尽管在内心中，他也着急，也知道这并不是什么好文章，可还得乐此不疲写个不休。他们制作的语言乌托邦迷惑了自己，也迷惑了大批年轻人，终于有一天，这些年轻人举起了铜头皮带砸向了巴金们，而这时巴金们还不解地问：为什么？为什么？我想起了鲁迅那著名的人肉宴席的比喻，巴金们是吃肉的受害者，也是这宴席的布置者。或许到了晚年巴金自己也意识到了这一点，他在不断地拷问自己灵魂的

① 巴金：《大寨行》，《巴金全集》第15卷第484、493、503页。

② 巴金：《说真话》，《巴金全集》第16卷第230页。

1959年巴金与萧珊在新安江建设工地，1949年后这样的访问和体验生活，他们经历了无数次。

时候，自觉地承担了一份历史的责任，许多人以为这是在替别人赎罪和受难，我突然觉得，不是，认真的老人是在承担自己那一份历史责任。

这不，他开始讨伐起路翎了。1955年5月底，当所谓的"胡风反党集团"遭到全国人民"愤怒声讨"的时候，巴金也不忘"紧跟"，他写下了万余言的《谈别有用心的＜洼地上的'战役'＞》。其实在刚入朝的时候，他就注意到对路翎的批判了，他在1952年4月10日的日记里写道："在山下休息，看到三月二十五日《文艺报》。有批评路翎的文章。"① 两次入朝的经历成了他"脱胎换骨"教育别人的资本，文章中尽是"在真实的朝鲜战场生活里"如何如何，用纪律等来取代人性和人情。写了一辈子作品的大作家居然完全漠视艺术的真实和生活的真实的界限，用一些政治教条来证明路翎笔下哪些东西是虚假的，好像只有自己笔下的朝鲜生活才是正宗，才是原本。而现在巴金终于有了"革命的

---

① 巴金1952年4月10日日记，《巴金全集》第25卷第16页。

1964年巴金在大寨的田间地头，回上海后，他写下了长篇散文《大寨行》，该文充满着强烈的时代色彩。

1965年巴金在越南前线，据说这是周恩来总理安排的，也算是对巴金的一种保护，至少他可以暂时避开国内文坛日益紧张的氛围。

本钱"，他可以挥舞大棒了，在这篇烦琐、冗长却只有一个简单思想的文章的最后，巴金写道："小说的作者敌视和痛恨那些真实的东西。因此他就按照自己的思想立场来'改造'现实生活里的人们，把作者自己的思想装在小说中每一个人物的身上，让那些人说作者心里的话，遵照作者的指示而行动。"从小说创作来说，这可能较为拙劣，然而反过来就对了吗？难道作品中完全取消了作者，取消了作者的思想感情而来表达别人的意志就对了吗？让作者退位，占据头脑的只有别人为他"安排"的思想了，这真是一语道破天机，巴金这个时候写文章已经甘于接受别人为他安排的思想了。

  反"右"以后，巴金在这条路上走得更远了。1963、1964年气氛越来越紧张的时候，他又到了越南。去那里，照样写了一大堆文章，不幸的是这回迎接他的却是梦魇一样的"文革"的到来，是铺天盖地的大字报和群情激昂的声讨，巴金可能困惑，这是为什么，世界是怎么了？为什么那么诚恳地接受改造还割不掉尾巴？为什么？这个答案恐怕还要从他们每一个人自身的道路中寻找。

2000年2月7日正月初三晚于青堆

3月19日泡崖二稿

5月8日三稿

6月11日四稿

热情的赞歌与沉痛的悲歌
——巴金在 1958

一、一天,二十年的速度

1958 年,新中国已经进入它的第九个年头,巴金那支丢开旧生活、改写新社会的笔,又在为着这个"空前的春天"而高歌:在《"元旦试笔"》中,巴金写下了不少"吉庆话":"向前看,前面是一片灿烂的金光,美丽的前途向每个人招手。"① 在另一篇文章中,他还以独有的抒情笔调写道:

我们刚刚度过了一个不寻常的春天,参加了一场惊心动魄的斗争。每个人都有一些痛苦的记忆或胜利的喜悦。每个人都在一九五七年的斗

---

① 刊于 1958 年 1 月 1 日《文汇报》,《巴金全集》第 15 卷。

巴金等人在"反右"期间只能以不断提高的调门来检讨自己、批判别人以求过关，人人自危、明哲保身成为中国当代知识分子内心中的隐痛。

争中得到锻炼，受到教育。……在大鸣大放之后，当然就开始了热火朝天的大干。……八九千万的农民冒着寒风和冰雪，用简单的工具挖沟修渠……几百万知识分子成群结队地下放农村，向农民学习生产劳动……从北到南，从东到西，没有一处不充满生命力，没有一个人不怀着"大跃进"的雄心。①

"大跃进"的确让人激情荡漾，"一天等于二十年"的速度和小麦的亩产一样让人既惊叹又赞不绝口，"十五年赶上英国"、"准备进入共产主义"更是诗一般美好。"现在我们已经完全有把握可以说，我国粮食要增产多少，是能够由我国人民按照需要来决定了。只要我们需要，要生产多少，就可以生产多少粮食出来。"这并不是谁在说相声，这是

---

① 巴金：《空前的春天》，《巴金全集》第15卷第96页。

巴金在一个群众集会上发放宣传材料,频繁地参加群众集会也是巴金这代作家的新任务。

巴金1958年在上海市作家协会大厅为一个宣言签名，这类宣言一般都是有组织的，需要各行各业人士参与签名，以壮大声势。

1958年7月《人民日报》社论中的一段话。在这之后,大炼钢铁的气概与人民公社好的呼声此起彼伏,真是跃进之浪一浪高过一浪。

作为社会最敏感的神经,当时的文学作品更是现实主义和"革命浪漫主义"相结合的典范。"一天,／二十年的行程！／让地球／更快地／转动！／我们／今生事业——／是把这／可爱的地球／造成一颗／共产主义的／行星！"这是贺敬之的《东风万里——歌八大二次会议》[①]。剧作家杜宣也提笔《颂大跃进》:"快马再加鞭,一年胜廿年;诗人下工厂,教授学耘田;刚报河南捷,又称湖北先(注);何须十五载,赶上不列颠。原注:前日报道河南遂平县卫星社创造小麦亩产三五〇三斤七两五钱,今日报载湖北谷城县星尖社小麦亩产高达四三五三斤十二两五钱多。"[②] 所有这些,正如巴金所说:"已经比任何时代的童话更美丽、更丰富了。"[③] 可惜,它们要全都是现实那该有多好啊!

二、文艺也有试验田

与此如火如荼的"大好"形势极不相称的是,刚刚过去的1957年,中国知识分子经历了一场"惊心动魄的斗争",五十多万知识分子被打成右派,这其中还包括巴金的友人萧乾等。1958年春天的文坛依旧火药味十足,在第二期《文艺报》上,丁玲、王实味、萧军、艾青等1942年所写的《三八节有感》、《野百合花》等文又被拿出来接受"再批判",改组后的《人民文学》12月号也刊载了茅盾等人写的批判"写真实"的文章。毛泽东一改中共八大关于国内主要矛盾的正确提法,认为阶级斗争没有结束,无产阶级与资产阶级之间在意识形态方面的阶级斗争还是长期存在的。而文艺界无疑又是一个重灾区,与工农兵火热的

---

① 刊于1958年《文艺报》第11期。

② 刊于1958年6月18日《文汇报·笔会》。

③ 巴金:《空前的春天》,《巴金全集》第15卷第97页。

劲头相比，他们还是跟不上形势。《文艺报》第 11 期发表的社论《插红旗，放百花》认为："文学艺术的大大小小的各个阵地，谁战胜谁的问题并没有得到完全解决。"拔资产阶级白旗、树无产阶级红旗的运动迅速开展起来，许多专家学者遭到了严厉批判。"在逼人的形势下"，① 知识分子显得无比尴尬，不甘落后的郭沫若曾有诗云："文艺也有试验田，卫星何时飞上天？工农文章遍天下，作家何得再留恋。"② 所谓"工农文章遍天下"、"文艺也要放卫星"正是"全党办文艺"、"全民办文艺"、"文艺放卫星"等口号的具体体现。新民歌运动就是在这种形势下展开的，毛泽东甚至说："各级党委、支部都要收集一些民歌。……发给每一个人一张纸，请你把民歌写下来。"③ 于是，诗不再是那些资产阶级才子学人们在书斋中高谈阔论的东西了，如今它们来到了田间地头的芸芸众生中，与"天上没有玉皇，地下没有龙王，我就是玉皇！我就是龙王！"相比，何其芳的"满天的星斗长庚星最明，古来的诗人李白杜甫最知名，如今的诗歌谁作得最好？千千万万个劳动人民④"就显得太苍白、太缺乏气势了。人人都能写诗了，那么作家们的价值又何在？难道他们只能制造那些充满小资产阶级情调的东西？在飞速前进的时代面前，作家们仍然是背着沉重包袱无比尴尬的一群。

　　三十多年后，巴金仍记得，1958 年春天，为响应中央号召"除四害"打麻雀，他捧着个铜盆在草地上整整敲了一下午，做事认真的巴金，连打麻雀也不例外。⑤ "响应号召"在建国后是他的家常便饭，所以他可能根本没想到他更重要的工作应在书桌前，他的价值应该用笔而不是用铜盆来实现。1958 年在共和国历史上是一个特殊的年份，一位举世闻

---

① 这是王西彦在 1958 年 6 月 16 日《文汇报·笔会》上所发表的一篇文章题目。
② 郭沫若：《跨上火箭篇》，1958 年 9 月 2 日《人民日报》。
③ 转引自李锐著《大跃进亲历记》第 362-363 页；第 229、298 页，上海远东出版社 1996 年版。
④ 何其芳：《赠范海亮》，《何其芳诗稿》第 26 页，上海文艺出版社 1959 年版。
⑤ 巴金：《最后的话》，《巴金全集》第 26 卷。

名的大作家在院子里十分卖力地敲铜盆，这的确是别有意味的场景。对于巴金来说，这是具有标志意义的一年，它比1949年和1966年都更能浓缩巴金在建国后三十年所走过的道路，注目这一年，我们会更清楚巴金是怎样从一个精神独立的自由作家亦步亦趋变成了一个丧失独立思考，人云亦云的人。

三、与"旧我"告别

1958年3月至10月，十四卷本《巴金全集》的一至六册由人民文学出版社陆续推出，这几卷包括《灭亡》、《新生》、《死去的太阳》、《海的梦》、《春天里的秋天》、《砂工》、《雪》、《利娜》、《爱情的三部曲》、《激流三部曲》等巴金的重要作品。年底，收有短篇小说的文集第七至九卷也已编竣。①

与此同时，巴金的《向我的读者讲'私语'，告诉他们这些作品是怎样写成的》、《谈自己的创作》陆续发表，写于1958年上半年的《谈＜春＞》、《谈＜灭亡＞》、《谈＜秋＞》、《谈我的散文》、《谈我的短篇小说》五篇，占了这组文章的整整一半的篇目，它们是巴金"自己出了题目……想到哪里就写到哪里；有话便长，无话就短"，"拿起笔，就像扭开了龙头，水哗哗地流个不停"②。这是巴金久违了的感觉，是在内心创作欲望的驱动下给"自己出题目"进行创作，这种情况在五六十年代的巴金并不多见。除去那些应约所写的表态文章不算，就是他主动下去体验生活回来后所写的文章，也有一种任务观念在支配着，而这组文章则恢复了巴金原本的坦诚、自如，从这些来看，它们不但为我们提供了弥足珍贵的巴金研究资料，而且让我们从中体察出那一时期巴金的

---

① 巴金1958年12月27日致彼得罗夫信："我现在正在校改字句的短篇小说（《文集》七至九卷）。"《巴金全集》第24卷第173页。

② 巴金：《＜谈自己创作＞小序》，《巴金全集》第20卷第378、377页。

《巴金文集》出版了，作者在书房中留个影，这种欣慰和自然的心境在六十年代越来越少有了。没过多久，出版文集也成为了他的"罪名"之一。

创作心态。巴金说《文集》是"一九五七年人民文学出版社决定出……我早也想在六十岁的时候整理一遍，印一点送朋友"，① 可见巴金不是被动地接受邀请编文集，他是慎重而认真的。《谈自己的创作》与《文集》的出版相配合，无论是有意还是无意，巴金实际是对1949年以前自己二十年创作的一个系统总结。

与"旧我"告别，是进入新时代后摆在巴金等从国统区而来的知识分子面前的一个共同话题。建国之初，朱光潜、费孝通、冯友兰等高级知识分子都写过"自我批判"的文字，检讨自己的过去，表明接受改造的决心。巴金的三位最有才华的朋友：沈从文、曹禺、萧乾，也在以不同的方式重塑"新我"。沈从文自杀未遂后，被送进了革命大学参加政治学习，留下了《我的学习》等思想交代，自此之后，便丢下了他那支锦绣之笔，而在故宫的深墙大院中开始了他文物专家的人生旅程。与沈从文不同的是，曹禺显然备受信任，他参加了第一次文代会的筹备工作，参加了新政协的筹备工作，被任命为新成立的国家戏剧学院的副院长。即便是这样，他还是在《文艺报》1950年第五期上发表《我对今

---

① 巴金：《答谭兴国问》，《巴金全集》第 19 卷第 519–520 页。

后创作的初步认识》，以阶级的观点分析自己的创作和走过的道路，把《雷雨》、《日出》等作品说得一无是处。萧乾则"痛下决心要脱胎换骨，写了不知多少自我批判的文章，甚至也自修过俄语，研读过《联共（布）党史》……批《武训传》时，他和一整批留学西方的知识分子如费孝通、潘光旦、李俊龙等狠批了自己的改良主义……当时，受过西方教育的知识分子的心情普遍的是无条件地投降：甘愿舍弃自己已经学到手的，从头学习"。① 与此同时，删改旧作也成为一时之风，老舍删除了对祥子的"不正确"描写，曹禺让四凤活了下来，把鲁大海写成了"有团结有组织的罢工领导者"。

四、思想不断地在变化

巴金还顾不上修改旧作，他正忙着参加各种社会活动，他出席了首届文代会，参加了新政协，1950年又出席了在波兰召开的第二届世界保卫和平大会，并访问了莫斯科、列宁格勒等城市。1952年、1953年，他又两次跨过鸭绿江到朝鲜战地体验生活。1952年10月，在他第一次自朝鲜回国时，得知人民文学出版社要重印《家》，他"本想把这个小说重写"，可是"终于放弃了这个企图"，只是在文字上作了些必要的修改，"索性保留着它底本来的面目"。打算重写，说明他不是没有意识到自己的作品与新时代的差距，但他还是毫不掩饰地说："我重读这本小说，我还激动得厉害"，"我自己很喜欢它"。② 不难看出，巴金没有完全被时代风气所左右，对自己的旧作，他是持肯定态度的，也是充满信心的。

在当时情形下，把那本"宣扬虚无主义"的《灭亡》放在《文集》的卷首，我们不能不钦佩巴金的勇气。这固然有编排体例上的原因，但1982年版十卷本《选集》，《灭亡》根本未收入其中，而1986年出版的

---

① 文洁若：《我与萧乾》第23-24页，广西教育出版社1992年版。

② 巴金：《〈家〉新版后记》，《巴金全集》第1卷。

《巴金全集》的第一卷是《家》，第四卷才是《灭亡》。很显然，巴金不想掩饰什么，他以更大的勇气要让《文集》反映出自己创作的真实面貌。其实出文集，在当时本身就是一件冒险的事情，经过反"右"之后，多少人恨不得烧毁旧作，而巴金却毅然推出这些作品，如果不是无事自扰，那是需要极大的勇气和自信的。这一点，从老舍身上也可以找到旁证。赵家璧在《老舍和我》中谈到1959年冬天他与老舍的谈话："我就问他，人民文学出版社计划出版你的《老舍文集》，最近进行得如何了？……老舍就问到我巴金在沪遭蓬子宝贝儿子（姚文元）批判的事，我一五一十地讲了。老舍就叹气说：'老巴的旧作，还算是革命的，尚且遭到这帮人的批判；我的旧作，例如《猫城记》之类，如果编入文集，我还过得了安稳的日子吗？'"① 老舍的担心不是没有道理的，事实上，有的人对《巴金文集》的出版就很有看法。唐弢在一篇文章中就曾谈到："巴金同志出版文集，印行早期作品，上海的党领导认为当有一篇自我批评的序文，检查他早期思想的错误，与小说同时刊行，而竟阙如，因此姚文元已经写好一万余字的长文，准备'迎头痛击'。"②

"几十年来，我不断地修改自己的作品，因为我的思想不断地在变化，有时变化小，有时变化大。"③ 那么让我们看看1958年巴金是如何修改他的旧作，又体现了他怎样的思想态度。编文集时的修改除了语言文字上之外，对一些作品还增加了章节，对一些不合时宜的提法也作了修改，这当然不能不受环境的影响。比如《家》的修改，初版本中，高老太爷临终前，有一段描绘觉慧的文字："觉慧一时感情爆发，忍耐不住便把头俯在床上压着祖父底手哭起来。"修改中，巴金考虑到五十年代的读者不能容许一个真正的革命者对封建地主的温情，便把它删除了。初版本中，高老太爷临终前的话是："……路是很长的……

---

① 赵家璧：《老舍和我》，《新文学史料》1986年第3期。
② 唐弢：《怀石西民同志》，《唐弢文集》第10卷第487页，书目文献出版社1995年3月版。
③ 巴金：《关于＜火＞》，《巴金全集》第20卷第646页。

我还要走很远的路……那样好的地方……那样好听的音乐……我要先去了。"而修改本则改为："要……扬名显亲啊……我很累……我要走了……"① 显然修改本更加突出了高老太爷作为封建势力代表这一身份。需要指出的是，这种修改都是很谨慎的，巴金并非大笔一挥彻底改变了这本书的本来面目，他只不过作了些挖补工作，而且在一些重要修改上，还是以使作品艺术上更完美、更符合生活实际为标准的。这些修改也基本上代表巴金的真实想法，也正因为如此，在以后他才多次强调："不论作为作者，或者作为读者，我还是要说，我喜欢修改本，他才是我自己的作品。"②

下面是巴金谈到他关于《激流三部曲》的几处具体修改：

（一）一九五七年我编《文集》却让婉儿活了下去，接着又在《春》里补写了婉儿回到高家给太太拜寿的一章，我以为这样处理更接近真实，冯乐山讨了一个年轻的小老婆，并不单是为了虐待她，他高兴时还可能把婉儿当成宝贝……

我仍然觉得这样写婉儿比较好。她的性格更显著了，冯乐山的也更鲜明了。

（二）把克安简化和丑化，也是《三部曲》中的一个小毛病。丑化和简化不能写活一个人物……这次我有意给克安添上几笔……人原来是复杂的。丑化和简化在作者虽然容易，却并不能解决问题。

（三）陈姨太其实是一个旧社会的牺牲者……倘使把一切事全推在出身贫贱的陈姨太的身上，让她替官僚地主家庭的罪恶负责，这不但不公平，也不合事实。这样就等于鞭挞了人却宽恕了制度。

（四）这次改《秋》，我本来想把关于张碧秀的三章完全删去，然而

---

① 龚明德：《巴金＜家＞的修改》，《巴金研究论集》重庆出版社1988年版。
② 巴金：《关于＜海的梦＞》，《巴金全集》第20卷第609页。

我又想留下它们，好让人知道旧社会中竟然有那样不合理的怪事。①

巴金是清醒的，他并没有陷入简单、机械的思维中，他仍然希望按照生活实际写出真实的人物来，他仍然坚持着自己的艺术主张，并力图使作品日趋完美。无疑，独立思考在他的头脑中仍然占有重要位置。写于1958年5-6月的《谈我的短篇小说》中，谈到作家对生活的认识和把握时，他说："只有一直参加革命斗争、始终站稳无产阶级立场而且具有马克思主义思想观的人才可以说是懂得了窍门。"但是巴金并没有像当时一些人那样，认为先进的世界观就可以完全代替创作，巴金认为"但是连他也不能代替别人创作。创作是艰苦的劳动"。无疑，这是符合创作实际的，是对文艺创作规律的尊重。可见，在原则问题上，那时的巴金并未走上人云亦云的大道。

五、"创作自由"不是天赐

1949年以后，巴金在出版旧作和谈自己在创作中要时不时检讨几句自己的错误时，他总是坚定地说："我对于工作并未失去信心。""不管我的作品存着种种或大或小的缺点，但我始终没有说一句谎话。"巴金相信他的作品是真实的，他在宣告旧制度必将灭亡，光明必将到来，在向旧的传统观念、不合理的社会制度宣战中也一直没有妥协过。因此，在"谈自己的创作"中，他从大处着眼，强调自己的作品与当时社会主流意识的一致性，对于其中的具体差别，只是作些较为含糊的自我批评。如在《谈＜灭亡＞》中，他虽然连连检讨无政府主义错误的一面和它给自己思想带来的消极影响，但是，他还强调，无政府主义虽然派

---

① 以上各段文字分别引自：（一）《为旧作新版写序》，《随想录》北京三联1987年9月版合订本第692页。（二）《谈＜春＞》，《巴金全集》第20卷429页。（三）《谈＜秋＞》，《巴金全集》第20卷第460-461页。（四）同前，第458页。

别不同，但它们"最后的目的是一致的，那就是：各尽所能、各取所需的共产主义大同世界"。谈到自己与无政府主义的关系时，他总强调"我有我的'无政府主义'"，他强调无政府主义对自己人格的影响远远大于在政治思想上的影响："我所喜欢的和使我受到更大影响的与其说是思想，不如说是人。凡是为多数人的利益贡献出自己一切都容易得到我的敬爱。"他甚至强调自己思想中爱国主义的一面："但是我写作时常常违反这个'无政府主义'。我自己说过：'我是一个中国人。有时候我不免要站在中国人的立场上看事情，发议论。'"巴金在小心谨慎地选择能为当时社会所接受的语言来替自己辩护，他甚至有些避重就轻，淡化了无政府主义与马克思主义之间质的差别，而寻找它们二者的共同点，也在过去与现在之间为自己寻找可靠的立足点。一方面他希望求得人们"理解"，不希望大家用课本上的教条来简单对待这件事，另一方面，对这个问题，他内心中是有不同看法的，当然，他也没像当时有些人那样彻底否定自己，调转枪口，大批无政府主义的"反动性"。

当我们为巴金的可贵勇气而欢呼的时候，我们仅仅看到了问题的一面，另一面，巴金的独立思考是有限度的，也不是完全自主的，它对所处的环境有很强的依赖性，环境对它的作用极大，而它对环境的反作用却极小。当外界环境极为宽松时，巴金的思想也相对活跃，比如1956年，"双百"方针提出后，巴金也以杂文的形式就社会各方面问题发表了自己的看法。在经历了反"右"、拔白旗之后，1962年在上海二次文代会上，巴金能够畅抒心曲，这也与当时陈毅代表中央向知识分子脱帽致歉的大会气氛有直接关系。很长一段时间，巴金试图在良知与社会环境许可的范围内寻找一种恰当的形式，从而充分地表达自己。修改旧作和谈创作就是属于这种情况。在不违背历史事实，不违背良知的情况下，他可以做些浮于表面的检讨，为的是舍弃一个指头而保全一双手。毕竟修改旧作与写文章直接表露观点不同，谈论旧作也不是对当今社会直接批判，这些都不会引起过分的注意，也易于表达作者那个隐蔽的自我。但是一旦环境发生变化，与自己的良知发生冲突时，巴金又不敢为自己辩护，不敢坚持自己的观点，甚至违背良心，放弃独立思考，其对环境的依赖性的负面影响就显得尤为突出地显露出来。比如，我们后面还要谈到的"巴金作品讨论"，对于那些粗暴的批评，巴金并不能完全接受，在给彼得罗夫的信中他也表明了这样的观点。① 但他不敢公开站出来为自己的作品辩护，反倒战战兢兢，有种大祸临头的感觉。又如《家》的英译本，删除了吐痰、女人缠小脚之类的出版者认为不利于宣传、有损中国人形象的情节，巴金说："一开始我就不满意那样的删改法。但删改全由我自己动笔，当时我只是根据别人的意见，完全丢开了自己的思考。"②

"别人的意见"举足轻重，让巴金轻而易举地便"丢开了自己的思考"，一方面是它代表着一种权威，这种权威不容许你做出别的选择；另一方面，是巴金甘心接受这种权威，并且自觉维护它的合理性、神圣性，使之日益强大。之所以如此，还因为巴金不能离开这个权威对自己的承认，他的价值不是建立在对自我的充分自信上，而是建立在获得这个权威的认可上，他独立思考的自由也是人家赐给的，他始终是被动的。所以，宽松的时候，他可以把《秋》中关于张碧秀的三章完整保留下来，可是一旦发生变化，他立即遵命删除《家》中不利于宣传的情节。直到新时期巴金才看出这权威的虚妄："作家们用自觉的脑子考虑问题，根据自己的生活感受，写出自己想说的话，这就是争取'创作自由'。前辈的经验告诉我们，'创作自由'不是天赐的，是争取来的。严肃认真的作家即使得不到自由也能写出垂光百世的杰作。"③ 这话从另一方面可理解为：靠别人赐予的自由当然会很轻易地被人剥夺。

---

① 巴金1958年12月27日致彼得罗夫信："我觉得对我过去作品的批判，有些是正确的，也有些文章对我过去的作品有些误解。""我的作品常常写个人奋斗，在旧社会这是有积极意义的。"《巴金全集》第24卷第173页。

② 巴金：《一篇序文》，《随想录》合订本第531页。

③ 巴金：《"创作自由"》，《随想录》合订本第715页。

六、没有写出一篇满意的作品

新政权接纳了巴金，给了他相应的地位和荣誉，对于手中这支笔，他并未失去信心，他觉得丢开那阴郁的调子，完全可以为新社会唱出欢乐的赞歌，于是他主动转变了风格。综观1949年以后十七年的创作，巴金主要是以散文随笔和短篇小说为主，其内容是紧贴解放后的新生活。他两次入朝，写有小说和散文特写，到越南也写了两本散文，再就是访问华沙、苏联、日本，也有相应的文章，除去这些，还有一大部分应景、表态文章，这类文章愈往后愈多。

根据《巴金全集》第26卷所附的《巴金著译年表》统计，巴金在1958年共发表文章三十五篇，在1950-1965年之间，这是创作篇目最多的一年，这些文章大致可分为以下几类：

1. 谈自己的创作五篇；

2. 怀人文章两篇，分别悼念郑振铎和廖静秋；

3. 书评两篇，分别介绍《中苏友好》周刊和《文艺月报》上海工人创作专号；

4. 报告文学两篇，都是介绍广慈医院挽救烧伤工人邱财康一事的，其中一篇为多人合作；

5. 根据需要为配合政治任务所写的应景、表态文章，计二十四篇。

应景表态之作占据了巴金这一年创作的三分之二强，其中有节假日对重大社会事件欢庆、表态之文，如《欢迎金日成首相》、《欢迎最可爱的人》、《写在亚非作家会议开幕之前》；也有对帝国主义、霸权主义的声讨之作，如《美帝确是纸老虎》、《杜勒斯的豺狼面目》；再就是配合国内思想政治路线所写的文章，如《知识分子必须改造》、《宣传总路线》等。这些文章大多是即兴式、随感式，除了热忱的感情之外，只剩下空

1960年代初摄于家中书房。这一时期,巴金社会活动频繁,难得有片刻安闲,为了配合形势还经常夜半时分赶写文章。

1962年1月巴金在海南岛,他后来说,回来后幸好没有写过关于海瑞的任何文字,否则"文革"时的"罪名"就更重了。

洞的言辞，毫无艺术性可言。巴金在这里充当了一个政治宣传者和鼓动者的角色，为此他也付出了沉重的代价，"我在十七年中，没有写出一篇使自己满意的作品"。①

正值壮年的巴金在艺术上不是没有追求，对此，他也十分焦虑，然而他能够完全推掉那些"重要活动"，"自私"地呆在书斋里经营自己的大作吗？显然不能。他真诚地要为新政权尽些力，而不是只在分享别人的光荣。他甚至天真地想：不论写什么，只要是社会所需，那就不能拒绝，"我以为过去所作所为全是个人奋斗、为自己，现在能照刊物的需要办事，就是开始为人民服务"。② 毛泽东早就说过："无产阶级的文学艺术是无产阶级整个革命事业的一部分，如同列宁所说，是整个革命机器中的'齿轮和螺丝钉'。"③ 作为机器上的一个部件当然要无条件地服从机器转动，为政策作宣传自然是作家们责无旁贷的事情，不仅仅是巴金，当时的中国作家协会主席茅盾的作品集中也充斥着这样的作品：《向共产主义迈进的伟大的计划》、《向英勇的前线战士致敬》、《为了亚非人民的友谊和团结》、《我们全力支持埃及人民的正义斗争》、《向持久和平和友好合作的道路前进》、《必须禁止原子弹》……

七、只求平安无事

但是人毕竟不是机器，只要被动地按照指令运作便完事大吉，巴金"按照别人的意志写作"时也不是没有矛盾、没有苦恼，"法斯特事件"便如一记闷棍，彻底打乱了巴金的内心。

1958年，文艺界仍然是斗争不断，只要翻开当年的《文艺报》便可一目了然。第一期，刊登有荃麟《修正主义文艺思想一例——论（黄

---

① 巴金与徐开垒谈话《作家靠读者养活》，《巴金全集》第484页。
② 巴金：《探索之四》，《随想录》合订本第221页。
③ 毛泽东：《在延安文艺座谈会上的讲话》，《毛泽东选集》1991年第二版第863-864页。

秋耘）<苔花集>及其作者思想》；第二期是对丁玲等人的再批判；第三期刊有言直的《应当老实些》，是批判秦兆阳的；第四期，刊有姚文元的《冯雪峰资产阶级的文艺路线的思想基础》；第五期是周扬的《文艺路线上的一场大辩论》；到第八期，有一个醒目的大题目——《呸！叛徒法斯特》。据编者按说："美国作家霍华德·法斯特，原是美国共产党党员……他自绝于工人阶级，成了工人阶级的叛徒。……接二连三地向敌人发表声明，肆无忌惮地辱骂共产党，辱骂社会主义，辱骂苏联，充当了帝国主义的代言人。"又说："霍华德·法斯特这个名字，现在成了一个肮脏的字眼。各国工人阶级同声唾弃他：'呸！叛徒法斯特！'"最后他们还结合国内形势，说批法斯特"有助于我国知识分子进一步认识资产阶级个人主义、唯心主义的危险性和危害性，从而坚定他们摆脱这些思想束缚的决心"。

《文艺报》为此发表了曹禺、袁水拍等人的文章，巴金也应邀写了《法斯特的悲剧》一文。文中认为法斯特脱党是因为他心中有个"伟大的自己"，从而不能把感情完全溶化在群众的感情里面，在文章最后巴金还劝法斯特"回头是岸"，"这是最后的机会了"。像巴金众多的文章一样，此文也是在别人要求下写的，巴金说："我推不掉，而且反右斗争当时刚刚结束，我也不敢拒绝接受任务。"为完成任务，他"根据一些借来的资料，照自己的看法，也揣摩别人的心思，勉强写了一篇，交出去了。"[1]　巴金对法斯特了解并不太多，只是读过他几部小说而且颇为喜欢，在1953年11月5日朝鲜战地日记中，他还曾留下"晚看法斯特小说很受感动"的记录[2]，写批判文章，纯粹是硬着头皮完成任务。

写这种应景文章，在巴金已经不是第一次了，以往写完了就算过关了，然而这一次，不但没有让他有如释重负之感，反倒节外生枝。《文艺报》第11期上发表了一组质疑巴金观点的读者来信：河北读者邱栖

---

[1] 巴金：《<巴金六十年文选>代跋》，《巴金全集》第17卷第56页。
[2] 巴金日记，见《巴金全集》第25卷第126页。

霞认为巴金对法斯特的劝告是"多余的希冀",华中师范学院中文系学生谢介龙在《<法斯特的悲剧>一文错误》中对巴金说:"你又何必去替这样一个为工人阶级所唾弃的叛徒而惋惜呢!""法斯特并不像您所想像的那么'诚实',一个为了自己个人目的,什么卑鄙下流的事都干得出来的人绝对不是一个诚实的人,法斯特也毫无例外。"一上纲上线,问题就严重了,巴金只好赶紧写信检讨,寄给编辑部,信中说:"读者的意见使我受到了一次教育。""我只着眼在一个作家的堕落,却忽略了这是一个共产党员叛徒的重大事件。所以读者们的批评是有理由的。"① "我不甘心认错,但不表态又不行,害怕事情闹大下不了台,弄到身败名裂,甚至家破人亡。所以连忙'下跪求饶',只求平安无事。"②

事情至此并未结束,6月11日,《文汇报》又发表了徐景贤的《法斯特是万人唾弃的叛徒——和巴金再次商榷》,文章显然比几封读者来信更有"理论水平":"现在巴金同志却在文章里抽象地谈论法斯特过去的'诚实',赞美他的作品,歌颂他的战斗史,而不从阶级观点去分析法斯特一贯以来在思想上、立场上的局限性,指明他的世界观的缺陷,其结果是会造成读者对法斯特的模糊认识的。"三天之后,《文汇报》发表了余定的《巴金同志捏造了一贯错误的口号》,再次向巴金发难,这次翻的是一年前的旧账。在1957年一次座谈会上,巴金曾说:"讲到上海人艺参加全国话剧会演的节目没有得到好评,我说对于剧本的艺术的估价应当交给群众去考验,不要由少数领导同志凭个人的好恶来决定。"③ 由此巴金说了句"文艺应当交还给人民",这就是那个所谓的"错误口号",余定认为:"从那口号里我们便可以明了……巴金同志认为现在的文艺不为人民所有,而是为党所有的。""所谓'把文艺还给人

---

① 巴金:《复<文艺报>编辑部》的信与读者来信同刊于1958年《文艺报》第11期。
② 巴金:《<巴金六十年文选>代跋》,《巴金全集》第17卷第57页。
③ 巴金:《给<文汇报>编辑部的信》,《巴金全集》第19卷第25页。

民'……一句话,就是要求党不要来过问文艺,要求取消党对文艺的领导和监督。"这完全是断章取义、强词夺理,可这顶大帽子谁敢戴啊?巴金吓得惊慌失措:"我这一次真是慌了手足,以为要对我怎样了,不假思索就拿起了笔连忙写了一封给《文艺报》编辑部的信,承认自己的错误,再一次表示愿意接受改造……我并不承认'回头是岸'的说法有什么不对,但是为了保全自己,我只好不说真话,我只好多说假话。"①

在这封信里,巴金否定了自己以前的独立思考:"解放以来我写过不少的文章,也说过不少错误的话。""甚至在大鸣大放以前我也发表过一些错误的言论……(我)自以为是一切都是从个人的一点狭隘的见闻或经验出发,为了顾全面子甚至强不知以为知,这早已脱离了政治,丧失了立场了。"在战战兢兢中,巴金一不小心也道出很多心里话:"反对旧的,我自以为还懂得一点,在我过去的作品里,我多少也作过这一类的工作;建设新的,我就不知道应该怎么办了。""文艺战线上两条道路的斗争,经过几次学习我大致也懂得一点,但是碰到实际的问题或具体的作品时,我就把握不住了。"是的,那些"思想",本不是从他生活中提炼出来的,而是被别人灌输到脑子里去的,到具体实践中当然是不甚了了,但在当时,巴金不需要弄得一清二楚,他只要一清二白表决心就够了:"我一直主张文艺为政治服务。所以我一直认为思想领导、政治领导是必需的。""我今后能不能做出一些好事,还要看自己改造得好不好。""我耳边老是有一个声音说:'加紧改造。'这是自己心里话,我决心改造自己。"②

那个热情酣畅的巴金不见了,取而代之的是毫无主见、胆小怕事的巴金,《法斯特的悲剧》给我们打开了一扇窗户,让我们看到了热情洋溢的赞歌中所看不到的那个巴金。由此我们面前出现了两个巴金,一个是常常在报纸上、主席台上,代表某一方面不断发言的公众人物,对于

---

① 巴金:《<巴金六十年文选>代跋》,《巴金全集》第17卷第57页。
② 巴金:《给<文汇报>编辑部的信》,《巴金全集》第19卷第28页。

不喜欢抛头露面、不擅言辞的巴金来说，这个角色虽然勉为其难，但他觉得这是新政权对他信任的表示，也是为他提供的一次抛弃"个人奋斗"而为人民服务的好机会，对此他既自豪又感激不尽，因此唯有勤勤恳恳服务于它才不负这样的信任。强大的政权并不需要英雄的呐喊，那不是一个要求个人发挥主观能动性的年代，那只是需要异口同声为之欢呼的当千众万民的时代，巴金无疑要加入这个合唱中。所不同的是他是站在万人瞩目的台上唱的，渐渐习惯于这个场合的巴金不能容忍自己再回到台下去，那不但有所谓的面子问题，更意味着他已失去信任，经历过一桩桩大小运动的他更会明白，那样不但会搞得当事人面无人颜，而且会弄得他身败名裂甚至家破人亡。这并非危言耸听，一贯被他认为比自己更革命更进步的冯雪峰、胡风等人一夜之间便成为"专政"对象，这些不能不使他变得更加谨小慎微，促使他向唯唯诺诺、患得患失的"另一个巴金"转化。这是在政治高压下变形的巴金，面对着别人的批评，不敢为自己辩解什么，他本来就是按照别人的意思写文章，"订货者"不满意，他只有进一步贯彻别人的意志直到人家满意为止。而法斯特事件又把巴金逼进了死角，"揣摩别人的的意思"已经不行了，不但要完全贯彻别人的意思，连语言形式都不容许是你自己的。这是一曲沉痛的悲歌，巴金遭到了来自良知的严重谴责："今天看来，我写法斯特的'悲剧'，其实是在批判我自己。我的'悲剧'是别人把我当作工具，我也甘心做工具。而法斯特呢，他是作家，如此而已。"①

八、"拔白旗"

就在巴金被法斯特事件搞得狼狈不堪的时候，上海乃至全国掀起了宣传"总路线"的高潮。1958年6月1日《文汇报》头版的通栏大标题是：

---

① 巴金：《<巴金六十年文选>代跋》，《巴金全集》第17卷第57页。

"总路线的灯塔照耀全国人民的一切工作"。复旦大学教授郭绍虞在《文汇报》上赋诗盛赞总路线:"多呀多!百花齐放开朵朵。快呀快!脑筋一动窍门开。好呀好!工作先进称英豪。省呀省!节约那计一星星。跃进更跃进,比先进也比干劲。歌唱吧社会主义优越性。"巴金自然也不能落后,他为配合宣传写下了《宣传总路线》、《小妹编歌》等文。

在国内此起彼伏的喧闹声中,巴金又要远行了,九月底,他去塔什干参加亚非作家会议,直到十月底才返回北京。回国后等待他的第一件事便是参加老友郑振铎的追悼会,他还写了题为《悼振铎》的怀念文章。与郑振铎有着二十多年友情的巴金,在文中只是轻描淡写地谈到他们之间的交往,更多的笔墨用在谈郑的进步表现上,并且不失时机地加上"我们国家在各方面会继续飞跃前进,空前的文化大繁荣的时期马上就要来到"之类的豪言壮语。巴金重视友情,他的怀人之作总是情真意切、感人肺腑,而这篇未免显得十分拘谨。对此,他也耿耿于怀,四十年后躺在病床上的他还想重写一篇怀念郑振铎的文章,但重病之身已让他不能如愿。当年为文时的吞吞吐吐,与当时正在进行的巴金作品讨论不无关系,就在他出国的这个月,"拔白旗"居然拔到他的头上了。10月1日出版的《中国青年》第19期开设了"巴金作品讨论"专栏,编者说:"巴金同志的小说,曾在青年中流行很广。为了把共产主义的红旗插遍一切思想领域,我们从本期起,将陆续对巴金的主要著作,进行分析批判。"同月8日出版的《文学知识》第1期,在"大家来讨论巴金作品"标题下说:"巴金是'五四'以来我国的重要作家,他的作品在读者中有很大的影响,有些作品并曾改编为戏剧、电影,观众也很多。因此,对巴金的作品,是应该很好地重视和认真研究的。"同月12日出版的《读书》杂志也开设了专栏讨论巴金作品,以这三个杂志为主体,还有几家报纸相配合,轰轰烈烈的"巴金作品讨论"开始了。北京师范大学中文系和武汉大学中文系还成立了巴金作品研究小组,并出版了《巴金创作评论》(人民文学出版社)和《巴金创作试论》(湖北人民出版社）两本评论集。

　　参加这次讨论的读者人数众多，来自不同阶级，《文学知识》1958年第2期《其他来稿综合指导》中对仅一个多月的来稿统计表明："这149篇来稿的作者中，有工人24人，学生51人，机关干部37人，社会青年17人，农村工作干部4人，部队16人。"如此踊跃的来稿也反映了巴金作品影响之大，有的读者说："在我们那个学校里，那时入迷的可真不少呢。有个女同学，放映《春》、《秋》两部片子时，一口气连看了上下午四场，听说她坐在电影院里，哭湿了好几条小手绢儿；回到宿舍，熄灯铃都响过了，她还抱着那本《激流三部曲》躲到厕所去看。"①　在那个充满"批判精神"的年代当然不能企望对巴金的作品有客观公正的评价，而这些批判因为缺乏基本学术性、充满大批判色彩，向来为人不屑，但是如此众多的读者参加讨论倒反映出他们的心态、思维方式乃至接受水平，从而为我们认识巴金在1958年所处的社会文化环境提供了重要依据，也让我们看到巴金和他的同时代人是在怎样的环境中进行创作的，他们写出的作品又得到了怎样的评价。一个作家的创作无法不受他身处的时代的影响，无论这种影响是积极还是消极的。综合那些批评观点，我觉得明显存在着以下几种思维定势：

　　之一：政治唯一、政治为大，政治方向错了，那什么都错了。

　　这是狭隘的急功近利的态度。

　　毛泽东《在延安文艺座谈会上的讲话》中把文艺批评的标准定为"以政治标准放在第一位，以艺术标准放在第二位"。建国后，毛泽东文艺思想成为文艺政策，并以政权的威权直接作用于文艺，政治就成了文艺当然的轴心，在一次次运动中，"政治标准第一"被强化成政治标准唯一。到1958年，越来越"左"的政治气氛，使得为当前政治服务几乎成为文艺的唯一功能，于是"写中心，演中心，唱中心"成为文艺的新标准。

---

① 常树青：《他们到底欣赏巴金作品中的一些什么？》，《中国青年》第21期。

巴金的旧作以这种标准来评价，不要说在1958年，就是再往前推十几年，恐怕他也不曾有力地配合过党的任务和无产阶级革命运动，作品本身的价值便大受怀疑。不用说那些彻底否定巴金的人，就是那些还持一定肯定态度的人，也认为巴金作品尽管在过去曾产生过良好影响，但"在我们进行伟大的共产主义建设的今天，巴金作品的思想主流与我们的时代精神可以说是格格不入的。"① 吉林读者隋殿恒更为明确地说："文学作品的艺术性固然重要，但它首先要为政治服务。艺术性差一些而思想感情健康，总比那些充满毒素的作品好得多。"柔剑说："巴金作品比那些满篇政治口号的'文学'作品好得多。这在实质上是对毛主席《在延安文艺座谈会上的讲话》中所揭示的文学的党性原则的攻击。"②

意识形态的单一化不容有任何异样的声音，哪怕你是文艺作品而不是政治传单，政治倾向也决定着作品的价值和存亡，这种急功近利的态度，终将遭到严厉的惩罚，但在当时却是天经地义，姚文元就说："我们坚持政治第一，作品中对错误思想必须批判，歌颂错误、反动思想的作品或作品中歌颂错误、反动思想的那一部分就决不应当肯定。"③

之二：党（领袖、书本、报纸）说你错了，你就一定是错了，尽管我不知道你错在哪里，但知道你一定对不了。

这是思想简单的一个具体表现，也是脱离实际的教条态度。

人们已经习惯于按照党的命令、领袖的指示来做事，习惯于从教科书上、宣传中寻找问题的答案，大家都没有耐心去顾及具体的历史背景、分析问题实质，红就是红，黑就是黑，红中绝对不能有黑，这样办事不但简单而且不容易出问题。

参加批判的有许多尚在学校里的年轻人，他们是新社会的骄傲主

---

① 保定读者李星：《讨论巴金作品是时代的要求》，《读书》1958年第19期。
② 《柔剑的剑刺向哪里》（来稿摘要），《读书》1958年第19期。
③ 姚文元：《分歧的实质在哪里》，《读书》1959年第2期。

人，对于革命和过去的了解，大多依赖于建国后的宣传，单一的意识形态无疑会局限他们的视界，简单的逻辑也不能不影响他们的思维，让他们觉得课本以外的世界都是不真实的。比如有位读者说："我也并不反对革命的热情，尤其不会嘲笑献身革命时的那种高尚的感情，但是，巴金一方面赞美'立誓献身的一瞬间'，告诉青年：'青春是美丽的东西！'一方面却又老是叫喊着：痛苦呀，矛盾呀。人简直不明白为什么投身革命以后，会有那么多痛苦，那么多矛盾。"① 在他们的课本中参加革命不仅是光荣正确，而且就意味着光明辉煌，就意味着胜利，甚至这里不能有一点曲折，至于苦闷就更与革命者沾不上边了。北师大卫生科化验员那铁林、护士孙建华不同意巴金对法斯特"叛变"的同情和惋惜，他们说："法斯特的详细情况我们知道得很少，但是我们知道他是工人阶级，共产党的叛徒。"不知其中原委，但照样可以义正辞严地去批判，这在当时并不是什么新鲜事。

　　在抽象、教条地对待问题上，有两个问题在这次讨论中被人提起的较多。一是巴金与无政府主义的关系上，许多人不顾及历史背景与社会现实，更懒得关心一个人的成长经历，而是简单粗暴地对巴金进行严厉的批评。姚文元一马当先，抛出了《论巴金小说＜灭亡＞中的无政府主义思想》，宣称："在国际工人运动中，无政府主义是马克思主义的死敌。"他还气势汹汹地责问："为什么国际国内有那么多共产党员英勇地为了无产阶级的利益而献出自己的生命，为什么那么多共产党员英勇斗争的事迹没有引起巴金同志的接受马克思列宁主义的'影响'，而几个无政府主义者坐了牢，便使得巴金同志如此深刻地接受了无政府主义思想的'影响'呢？"② 另一个比较集中的指责是巴金反封建不彻底："《家》存在反封建的不彻底性，在揭露批判地主阶级人物时，对其中的有一些人又流露着深沉的同情和惋惜。""对地主家庭腐朽生活及对父

---

① 常树青：《他们到底欣赏巴金作品中的一些什么？》，《中国青年》第21期。

② 姚文元：《论巴金小说＜灭亡＞中的无政府主义思想》，《中国青年》1958年第19期。

母、亲戚中的地主分子，长时间内还抱着一种极不健康的同情、留恋、原谅的感情。"① 这主要指对高老太爷临死前富有同情的描写，对"妥协分子"觉新寄予过多的同情方面。然而细细品味，这些地方恰恰反映了生活的复杂和人性的复杂，是作者对生活准确把握的精彩之笔，但在1958年，只是一个"反封建不彻底"就够了，谁还敢为作者辩护。

　　之三：知识越多越反动，越愚蠢，越需要改造。

　　巴金的大部分作品都是描写知识分子的，然而，随着"左"的空气加浓，知识分子几乎成了落后分子的代名词，是需要不断改造的对象。因此指责巴金作品宣扬小资产阶级情调，宣扬个人主义、个人奋斗、脱离集体和党的领导，宣扬恋爱至上和一些"不健康"的情感等等的论调接连不断。上海市西中学学生袁永乐说他看了巴金作品后"精神萎靡不振，政治情绪低落，个人主义滋长，小康思想滋生"②。北京的路平认为，巴金的作品"只在抒发个人的苦闷，歌颂小资产阶级拖泥带水的感情，更没有塑造出一个完全健康的形象"③。"有21位读者来信中认为：《爱情三部曲》……宣扬了小资产阶级理想。"④ 读者刘景华认为巴金的作品"与小资产阶级思想息息相通"，高斌认为其作品"一切从个人出发"，王涤推认为"把集体当'囚笼'"⑤。吉林的隋殿恒认为："我觉得巴金的作品大部分都带着严重的小资产阶级感情，阴郁性过重，性的渲染太多，人物脱离集体，个人英雄主义大显威风。"⑥

　　为什么不写工农群众？为什么不反映波澜壮阔的革命斗争？为什么在党成立后不写党领导的斗争却写那些小知识分子的个人奋斗？写知

---

① 姚文元：《论巴金小说＜家＞在历史上的积极作用和它的消极作用》，《中国青年》第22期。

② 袁永乐：《＜家＞对我的影响》，1958年10月8日《文汇报》。

③ 路平：《没有完全健康的形像，充满拖泥带水的情感》，《文学知识》1958年第3期。

④《其他来稿的综合报道》，《文学知识》1958年第2期。

⑤《读书》1958年第19期。

⑥《柔剑的剑刺向哪里》（来稿摘要），《读书》1958年第19期。

识分子为什么不写他们与工农相结合？建国初，《文汇报》上就有过文艺作品可不可以写小资产阶级的讨论，当时人们认为一要少写，二要批判地写，三要作为改造对象来写。巴金与这些原则的哪一条都不合。到1951年，萧也牧《我们夫妇之间》等作品的"小资产阶级情调"又遭批判，巴金的作品比萧也牧的"小资产阶级情调"更浓，已经换了胃口的读者怎么能放过他呢？当然，这种变化不是孤立的，它与新的时代风气相关，也是由知识分子在整个社会的尴尬地位决定的，与当时自上而下形成的蔑视知识分子的风气息息相关。当时宣传要破除对"洋"（洋人）、"名"（名人）、"书"（书本）的迷信，无疑在助长割断知识积累、轻视科学之风，而"高贵者最愚蠢"的论调，更让人把知识分子和技术人员不放在眼里，蔑视知识成了一时之风。

之四：一切问题都是政治问题，而政治就有革命和反革命之分。

这是动辄便上纲上线的粗暴的"战斗"态度。

一九四九年以后的三次较大规模的文化批判，即对电影《武训传》的批判，对《红楼梦》研究中资产阶级唯心论的批判，对胡风文艺思想的批判，最初都是由学术讨论开始，以最高领导人定性为转折点，成为波及全国的政治运动。1958年在知识界开展的"拔白旗、插红旗"运动，采用的也是行政手段和群众斗争相结合的方法，把学术问题和思想认识问题像大炼钢铁和全民兴修水利一样对待，靠群众觉悟和干劲来进行，这只能是乱划阶级、乱贴标签，其粗暴和粗糙可想而知。

对巴金，他们借"讨论"之名，行批判之实。姚文元在一开始便阴阳怪气地说："老作家写创作经验谈，我们是欢迎的；问题在于是站在新的工人阶级立场上有区别有分析地对待过去的著作呢，还是站在旧的资产阶级立场上无批判地肯定一切呢？"[①] 后来又说巴金作品讨论"是一场深刻、细致而又复杂的思想斗争，主要是无产阶级思想和资产阶级思想的斗争，同时也有马克思主义辩证法和形而上学的片面性的斗

---

① 姚文元：《论巴金小说＜灭亡＞中的无政府主义思想》，《中国青年》1958年第19期。

争"。① 问题归结到政治思想上,人们一下子就紧张起来,在一个政治可以决定一切的年代中,谁也不能在政治上落后,那就只有不分青红皂白地举起砍伐的大刀了。

讨论中,有人说看了巴金的作品后精神苦闷,丧失斗志,大有要巴金负责的意思。可是说到一些人读了巴金的作品后走上革命道路,便又与巴金无关了,"这是由于在党的教育下,经过自觉改造,与工农相结合,才走上真正的革命道路,而不应归于巴金小说的启示",② 只有"归罪"没有"归功",这真有点只许州官放火的味道。读者柔剑为巴金鸣不平,认为巴金作品的价值是"谁也否定不了的",谁知引火上身,他反遭到了围攻,《读书》1958年第19期上的大字标题是《柔剑的剑刺向哪里》,编者按说:"本刊第十八期发表了柔剑的《关于巴金的作品》后,很多读者当即来稿义正辞严地指出柔剑这篇文章和其他参加这次讨论的文章不同,实质上是借维护巴金作品之名而攻击文学的党性原则,是在为资产阶级的文学(柔剑的所谓小资产阶级情调)争夺市场,与此同时,柔剑对广大读者对巴金作品的热情的讨论也作了粗暴的攻击和歪曲……"既然是讨论就该各抒己见,柔剑也只不过谈了点个人感受说了几句心里话而已,一篇文章便激起一连串的"义愤",这哪里还有什么讨论的气氛可言?显而易见,讨论只是个幌子。

九、"旧知识分子必须改造"

1962年,巴金在《作家的勇气和责任心》的发言中谈到:"我害怕'言多必失',招来麻烦……害怕那些一手拿框框、一手捏棍子到处找毛病的人……他们喜欢制造简单的框框,更愿意把人们都套在他们的框框

---

① 姚文元:《分歧的实质在哪里》,《读书》1959年第2期。
② 北师大中文系二年级一群学生《觉慧和<爱情三部曲>里的人物都是个人主义者》,刊于《文学知识》1958年第1期。

里头。倘使有人不肯钻进他们的框框里头……他们会怒火上升，高举棍棒，来一个迎头痛击。"这也是1958年"拔白旗"、"法斯特事件"等给巴金带来的心理伤害。为了不挨棍棒，有一个好办法，就是钻进别人为你制造的框框里面去，它虽然限制了你的自由，但能替你遮风挡雨，安全可靠。这些框框无疑会给巴金的创作带来负面影响，上文所说的几种思维倾向也不同程度地在巴金头脑中起作用，并且反映到他的创作中。

抛弃自己最熟悉的生活，改写新生活，甚至发展到配合政治任务宣传的地步，这固然是巴金的真诚和热情，但是无形之中他不也是接受了文艺配合政治的急功近利的态度的影响吗？至于那些教条主义，简单的思维倾向，也妨碍了巴金对生活的准确把握和认识，使得他的作品只有热情的表面，而没有深刻的力度。

我们尤为关注的是作为知识分子的一员，巴金对知识分子的态度。1958年6月2日，他在《文汇报》上发表了《旧知识分子必须改造》一文，表明了自觉愿意接受改造的诚心，并说："其实拿今天的形势来说，我们旧知识分子也不过是徒拥其名而已。那些只能供自己个人欣赏，不能用来为国家、为人民服务的东西怎么能算知识呢？我们能够为国家创造财富吗？我们能够推动时代前进吗？"知识分子的作用和价值被他很轻易地否定了，这与当时一片改造知识分子、蔑视知识的风气紧密呼应。

巴金的那篇报告文学《一场挽救生命的战斗》，写的是上海广慈医院挽救严重烧伤工人邱财康的事，这篇报告文学简直是对当时大喊的破除对权威、名人、洋人、书本等的迷信，蔑视知识的一个真实注脚。因为烧伤面积过大，医生断定病人难以医治，巴金是这样写的："党支部委员马上找负责治疗的医生们谈论，接着又召开负责医生的会议，用阶级的观点来分析问题……党支书记特别要求医生们：第一，打破迷信，敢想敢说敢做，不要受洋人的束缚；第二，走群众路线，要依靠群众的力量。"最后巴金又是这样写道："迷信破除了，陈规打破了，在上海广慈总医院里产生了双重的奇迹：严重烧伤的人会活下去；医生在治疗病人的肉体，病人也在治疗医生的心灵。医生的病不见得比烧伤病人的轻，知识分子的病是在心上而且病了相当长的时间。任何一个知识分子只要设身处地地跟老邱比一下，他一定会看出自己的毛病来。看出了毛病，就愿意使用医生的药。"事情颠倒过来了，成了病人在医治医生的心灵、教育知识分子了，但这倒真实地体现了知识分子应当少写而且作为被改造的对象来写这样的思想原则。

建国初，巴金一再说作为一个中国作家充满着幸福和自豪，他对自己充满了信心，然而反右之后，他的自信大大削弱了，至文革初，他甚至认为做一名传达室的传达员都是幸福的。这种变化当然是有个过程的，我认为1958年是一个重要的转折点，巴金作品讨论又是一个重要的促动原因，巴金曾说过："'讨论'在三四种刊物上进行了半年，虽然没有能把我打翻在地，但是我那一点点'独立思考'却给磨得干干净净。"①

在新时期，巴金曾说："要澄清混乱的思想，首先就要肃清我们自己身上的奴性。大家都肯独立思考，就不会让人踏在自己身上走过去。大家都能明辨是非，就不会让长官随意点名训斥。"② 然而，不要忘了，巴金是"'五四'的产儿"，是在"五四"精神的烛照下生活和创作的，那是个崇尚自我、提倡个性解放的时代。在国民党统治中，枪弹不曾让他屈服，他始终保持着昂扬的斗志，为什么在解放后，他就奴性大增、甘作"工具"？如果说两种政权性质不同，新政权已经完全消解了旧政权的矛盾，客观矛盾消失就不需要作家们再承担社会批判者的职责了，这显然也是片面的。任何社会都会存在着矛盾，也都需要解决矛盾，也都有前进和落后的意识，革命成功也不是一劳永逸，更重要的是这些都不能成为使作家丧失个人精神立场的理由。如果说解放后一次次

---

① 巴金：《究竟属于谁》，《随想录》合订本第300-301页。

② 同上，第302页。

运动使许多人畏惧不安，越来越让人怕，当然难吐真言了，我也不能满意这个回答，尽管这也是实际存在的一个因素，但我认为不应当把真话完全系于个人安危上，捍卫真理的勇气在知识分子看来远比明哲保身的古训更值得他们珍视。在中国古代，许多士大夫宁愿以死相谏也要捍卫自己说话的权利，闻一多面对敌人的威胁照样慷慨陈词，历来讲节气的知识分子不是那么容易就变成唯唯诺诺的奴隶的。巴金在反对国民党独裁统治、争取民主与自由上，也一直走在国统区作家的前列，可以肯定地说，他并非那种胆小怕死之辈，更何况，他还撰文赞扬俄国那些舍生取义的革命者呢。

那么到底是什么原因使巴金们失去了自我，屈服于环境呢？我认为这与新政权带来的知识分子社会经济、政治地位的变化有关。在解放前，像巴金这样的作家基本上属于自由职业者，当然他们也有在大学任教或做其他具体工作的，但是兵荒马乱导致中央集权不曾确定下严密统一的行政体系，在思想政治上也不是那么强有力，较大的空间给了知识分子相应的自由。他们也并不是寄生虫，他们可以通过一定的社会中介把自己的知识特长转化为经济效益，以此谋生，同时也可以实现自己的学术理想。而建国后，这种情况发生了变化，他们不再是一个自由职业者，而被纳入国家行政编制之内，甚至享受干部待遇。不论是大学教师，还是专业作家，都不再享有解放前那样充分的流动自由，个人与社会在相互选择中所形成的契约式关系被统一的行政体系所取代，社会为你包办了职业，好像是无后顾之忧了，但它也不容你有太大的选择自由，解放前辞了国立大学的教职还可以继续到教会学校去教书，这样的事很常见，解放以后不会再有了。知识分子只有依附于政权了，它把持着你的安身立命的大权。更何况，巴金还担任了全国人大代表等职务，被纳入到新政权中去了。虽然他手中无权，但也要遵从政权组织的规章制度，在某些时候，你只能"率先垂范"，要服从大局，无条件地服从一些事物，久而久之，个人的精神立场便被取消了。另外，自由表达也成了问题，文艺刊物、报纸全掌握在统治政权手中，是它下辖的部门或协会所办，哪怕是大鸣大放的宽松时期，个人的表达也要经过政权的过滤才能发表出来，发言者也必须接受来自政权的语言规范，否则你将丧失自由表达的权力。这一点对于知识分子特别重要，尤其是人文学科的知识分子，在现代社会中，他们的思想和研究成果离不开一定媒介的传播，胡风在建国后提出取消协会刊物办同人刊物恐怕也是有感于此。正如我们在前面所说，建国后知识分子对政权的依附性增强了，社会没有空间留待你归隐，要么接受大小环境的规范，要么被排斥在这之外，而如果是这样则连生存都成了问题，甚至会被认为敌视新政权。对于巴金来说，可走的路只有一条：接受规范。

还有一个因素也极为重要，那些敢于正视淋漓的鲜血、捍卫求知求真的精神的知识分子，在于他们认为肉体生命之上还有一种更重要的东西，称它为道、主义、信仰都可以，总之，它们是作为精神凭依而存在着。有了它，他们才能够一往无前无所畏惧，巴金本人就曾多次重复：我不怕，我有信仰。尽管这个信仰是个极抽象的东西，但有了它知识分子才觉得自己生命的意义和价值非同凡响。对于巴金这代进步知识分子来说，个人解放常常与民族解放、国家兴亡紧密相连着，为民请命，为祖国而呼，是他们优秀的品质之一。建国前，面对那个千疮百孔的腐败政权，他们一腔热血化为义愤的言辞，可建国后情况发生了变化：新政权宣扬的宗旨就是全心全意为人民服务，推翻蒋家王朝的实绩、为民众所热烈欢迎的实情无疑把他们推到了民众利益的权威代表的地位上，尽管信仰不同，但在谋求民众幸福上，巴金与政权是不谋而合的，对新政权，他也是服膺的。

然而建国后不久，他所服膺的新政权开始对他们的"信仰"进行改造。1951年10月23日，毛泽东在全国政协一届三次会议开幕词中强调："思想改造，首先应是各种知识分子的思想改造，是我国在各方面彻底实现民主改革和逐步实行工业化的重要条件之一。"同年11月中央发出

《关于在文艺界开展整风学习运动的指示》，胡乔木在北京文艺界整风学习动员大会上所作的题为《文艺工作者为什么要改造思想？》的报告中指出：知识分子改造的首要任务是确定工人阶级的思想领导，进行文艺工作者的思想改造。像巴金这一代知识分子基本上都是爱国的，但个人经历和处境不同也使他们接受了不同的思想信仰。新政权首先要打碎他们过去的信仰，要他们接受新的观点和理论，这一点无论是积极改造的还是消极应付的都能过关，但是接二连三的改造总在提醒着知识分子只有走到人民中来，才会有出路，这使得"五四"以来自命为民众代言人的知识分子突然找不到自己的位置了：思想改造是新政权发出的，而他们毫无疑问是代表人民作出的要求，那么我们知识分子是什么？我们不但已不在前进的民众行列，而且还是社会中落后的一群，过去自认为的"为民请命"，全是无目的无组织的个人奋斗……巴金心中那个凭依被彻底打碎，突然失去自己过去确认的身份，他无比惶恐。被人民抛弃，不但生无价值，就是死也轻如鸿毛，因此，他危机感很重，要老老实实接受改造争取早日回到人民中来，服务于新政权，成为理所当然的事。也正因为如此，他不惜盲从于来自这个政权的一切声音，以获得它的认可，亦即获得"人民"的认可，也找回自己失去的精神凭依。为此，他甚至不惜用豪言壮语来表达一个并不真实的事物。在这上面，巴金不是没有痛苦，也不是没有看到一些问题，但他不能容许自己与政权产生任何相违背的地方，他要坚决站在党和人民的一边，不能与"人民利益"相违背，由此新的迷信便产生，个人崇拜也产生了，独立思考当然没了位置。由此我想到了《家》的第三十四章，克明兄弟在高老太爷病重的时候找到巫师捉鬼驱病，觉慧愤怒地对觉新说："你也算读了十几年书，料不到你居然糊涂到这个地步！一个人生病，却找端公捉鬼。你们纵然自己发昏，也不该拿爷爷的性命开玩笑。"接下去巴金这样写道："克明惭愧地红了脸。他明白觉慧说的都是真话。他这个日本留学生、省城有名的大律师，自然不会相信'捉鬼'的办法。他也知道这个办法没有好处，然而为了在家里不给自己招来麻烦，引起争吵，在外面又博得'孝顺'的名声，他居然作了他所不愿意做的事。"克明怕得了"不孝"的罪名，而巴金无论如何也不能容许自己有"反党反人民"的罪名，在这一点上，他们两人大有相似之处。

　　在甘心情愿接受改造之中，巴金对知识产生了罪恶感，这是当时蔑视知识的种子在他头脑中生长的结果。当时的最高领袖毛泽东曾多次说过这样的话："从古以来，创新思想、新学派的人，都是学问不足的青年人。……历史上总是学问少的人推翻学问多的人。……年纪不甚大，学问不甚多，问题是看你方向对不对。""现在我们要办刊物，要压倒资产阶级知识分子。我们只要读十几本书，就可以把他们打倒。""总而言之，我这些材料证明一条：是不是贫贱者最聪明，尊贵者最愚蠢，以此来剥夺那些翘尾巴的高级知识分子的资本。"① 这除了告诉大家知识没有用外，还提醒人们它可能成为反动思想的根源，于是巴金脑子里"就有了一种恐惧，总疑心知识是罪恶，因为'知识分子'已经成为不光彩的名称了"。② 但失去了知识，对于知识分子来说，那不就是贾宝玉失了"通灵"一样吗？事实也正是如此，生命中最重要的东西被剥夺了，他们的价值无从体现，整个价值体系也乱了套，他们当然就分不清什么是真正的人民利益，分不清怎样才算是真正爱国爱人民，他们只有跟在政权背后真诚地运转，巴金说："我并不是在吹牛，我当时的感情是真挚的，我确实生活在那样的气氛中。……我当初的确认为'歌德'可以鼓舞人们前进，多讲成绩可以振奋人心。"③ 遗憾的是这种真诚浪费了他的大好年华。

---

① 转引自李锐著《大跃进亲历记》第362-363、229、298页，上海远东出版社1996年版。
② 巴金：《"紧箍咒"》，《随想录》第705页。
③ 巴金：《豪言壮语》，《随想录》第170页。

十、哪有时间从事写作

建国后，巴金没有进行长篇创作，唯一的一个十余万字的中篇《三同志》还是个"废品"，没有拿出来发表，他曾这样解释原因："一则过不了知识分子的改造关，二则应付不了一个接一个的各式各样的任务，三则不能不胆战心惊地参加没完没了的运动，我哪里有较多的时间从事写作！"[①]　创作是需要相应的物质条件和精神条件的，用于构思、写作、修改的充分的时间是必不可少的，一个作家没有时间进行创作，那他都干什么了？让我们看看巴金在1958年的日常生活和主要活动吧：

开会、出访、接待友人、参加活动占去了他相当大一部分时间。

1月23日至26日，到北京出席一届人大五次会议。

2月26日，主持上海作协召开的创作座谈会。

3月7日，与靳以、魏金枝等三十多位作家到上海机床厂访问。

3月20日，上海知识界万余人集会和游行，向中央、上海市委献上决心书，表示永远跟党走，海枯石烂志不渝。主席团成员有巴金、周谷城等。

4月1日，主持召开作协上海分会文研室成立会议。

6月28日，参加纪念关汉卿戏剧创作七百年纪念会。

9月，"前一个时期因'结肠过敏'在医院电疗了一个月，最近又到一个文具工厂去做一点轻微劳动（一个星期三天半）。"[②]

9月24日至10月25日，去北京，又至塔什干出席亚非作家会议。

11月29日，与靳以、周信芳、丰子恺等人到车站迎接四川省革命残废军人教养院业余演出队。

[①] 巴金：《关于＜激流＞》，《巴金全集》第20卷第678页。

[②] 巴金1958年9月17日致彼得罗夫信，《巴金全集》第24卷第170页。

1955年在印度新德里巴金与黄佐临（立者右）参加亚非作家会议时摄，作为新中国作家的重要代表，巴金经常被派往友好国家出席此类和平友谊活动。

12月25日，出席讨论"诗风"问题的座谈会。

这只是根据《巴金年谱》所做出的极为粗率的统计，至于那些无据可查的开会学习等更是不知占去了巴金多少时间。我们可以利用一下保存下来的巴金1963年的日记，对巴金在五六十年代的日常生活有个更精确一点的认识。我选取的月份是那一年的9月，这个月巴金在上海，没有外出，相对而言时间还充裕一些。

1. 关于开会的记录，共16天（次），计73小时。

诸如，四日："八点作协车来，接我和魏老、刘大杰去'锦江'小礼堂开会。上午的会议八点半开始，十二点二十分结束。……下午的会三点开始，五点一刻结束。"

2. 访友及接待来访，计62小时。

如十六日："七点晚饭。济生夫妇、海梅、顾轶伦、蔡公先后来谈到十点，一块儿告辞出去。"

3. 家务及杂事所费时间计40小时。

如七日："六点五十分和萧珊、绍弥、小林去文艺会堂看《杨乃武与小白菜》。九点三刻回家。"

二十九日："整理'书籍'……我上楼继续整理放在太阳间的旧书。一直弄到一点半钟……"

4. 阅读视听时间计155小时。

这时间主要集中在巴金早起和晚归之时，听广播、看报纸，了解国内外时事。每逢有重要社论或政治文件，甚至半夜也要起来照听不误。二十六日就有过这样的记录："九点到十一点又听了一次《三评苏共中央的公开信》，摆事实、讲道理，说服力强，战斗性也强……"其次是听唱片，主要是为学习外文，如三十日日记："八点起。听法、德、世界语唱片。"有关阅读文学书籍的记录，只有两本，一本是《青年近卫军》，一本是《洪水》(显克微支著)。

除去以上各项和每天至少6小时的睡眠时间，剩下的才是巴金直接用于写作的时间,据我们的统计,仅有45.5小时。日记中是这样记载一些文章的写作情况的:三日:"午睡一小时,继续写《热烈的祝贺》,四点半写完。……(晚)改译《处女地》。零点三刻睡。"二十六日:"上楼已近(晚)十一点。听广播,改译《处女地》,开始写访越的第二篇文章,只写了一百多字。两点睡。"他的创作时间基本上集中在深夜,日记中经常发现凌晨一、二点钟入睡的记录。没有时间保证,创作数量上不去,至于质量更是无从谈起。

在当时巴金就曾焦虑地说:"让一个从事创作的人有充分的时间,至少也得有拿起笔写完若干字的时间,而且也得有执笔以前的酝酿、思索的时间。……有一个时期火车站和飞机场已经成了我们几个人(有作家也有音乐家)的会客室了,一天跑两次也是常事。我承认这种工作很有意义……我也认为作家必须参加各种社会活动。但是我更拥护周恩来总理提出的保证六分之五的时间从事业务活动的办法。……读者向作者要求的就是作品,所以必须有作品。但是作家写作品也需要时间,这不是零零碎碎的几个小时或几天,这应当是一个较长的时间。"[①]

沉重的1958年终于在一片欢歌中过去了。

按照惯例,巴金又要发表他的《新年试笔》了,这次他照样热情地写道:"一九五八年中国人民干出来的事情不说是惊天动地,至少也震惊了全世界。""人民踊跃地参加义务劳动,好像去吃喜酒一样;公社里吃饭不要钱;在很短的时间里,基本上扫除了全国的文盲;几千万首诗、几千万幅画在各地方出现;技术革新的花在每个角落都开得鲜艳异常。"最后,巴金说:"无疑的,中国人民一定为伟大的一九五九年绘上最美丽的图画,写下最美丽的诗篇。"

然而1959年,巴金写下的并不都是最美的诗篇,年轻的他为自己

[①] 巴金:《在中国作家协会第二次理事会会议(扩大)上的发言》,《巴金全集》第18卷第613页。

"文革"前巴金摄于家中二楼书房。这间书房"文革"中被强行封闭达十年之久。

的《选集》写了篇后记，里面充满着这样的字句："我们的上辈犯了罪，我们自然不能说没有责任，我们都是靠剥削生活的。"① 许多朋友看了这篇文章认为并非是他心平气和之作，劝他弃之不用，但后来，他还是摘引了一部分用在了一篇文章的脚注上。在这以后，巴金更加小心谨慎了，1962年在上海二次文代会上遵命发扬民主，所作的发言一泄他1958年所受的怨气。但不久，发言便有了问题，成了他更大的包袱和新的罪名，让他受害无穷。

"你们进来的人，丢开一切希望吧！"一个遥远的声音在引导着巴金如履薄冰一步步走向深渊。

1997年8月于大连

---

① 巴金：《巴金选集（上下卷）后记》，《巴金全集》第17卷第34页。

附：

巴金 1958 年著译简表

1月1日发表《一九五八年"新年试笔"》，载于《文汇报》。

1月18日发表《介绍＜苏中友好＞周刊》，载于《解放日报》。

1月25日发表《支持古巴、刚果人民的正义斗争》，载于《解放日报》。

1月27日作《谈＜春＞》，发表于《收获》第二期。

2月4日发表《空前的春天》，载于《人民日报》。

2月26日作《廖静秋同志》，载于2月28日《解放日报》。

3月13日作《法斯特的悲剧》，载于《文艺报》第8期。

3月20日作《谈＜灭亡＞》，发表于《文艺月报》四月号。

3月作《欢迎最可爱的人》，载于《解放军文艺》四月号。

4月1日作《谈＜秋＞》，载于《收获》第3期。

4月5日发表《写给青年突击手》，载于《劳动报》。

4月作《谈我的散文》，载于《萌芽》第9期。

5月作《旧知识分子必须改造》，载于6月2日《文汇报》；作《主要的是思想内容》，载于北京《语文学习》第6期；作《谈我的短篇小说》，载于《人民文学》六月号。

6月9日作《复＜文汇报＞编辑部的信》，载于6月4日《文汇报》。

6月12日发表《宣传总路线》，载于上海《街头文艺》第三期。

6月14日发表《小妹编歌》，载于上海《街头文艺》第四期。

6月25日作《创造奇迹的时代》（与人合作），载于《收获》第四期。

6月作《变化万千的今天》，载于7月3日《人民日报》。

7月1日发表译作《白痴》（俄库普林作），载于香港《文艺世纪》

第七期。

7月9日作《一场挽救生命的战斗》，载于《人民文学》八月号。

7月作《广阔、光明的道路——介绍<文艺月报>"上海工人创作专号"》，载于7月15日《解放日报》。

8月4日发表《为振奋人心的消息而欢呼》，载于《文汇报》。

8月7日发表《"吸血鬼"的末路》，载于《解放日报》。

9月8日发表《我们的决心丝毫不会动摇》，载于《解放日报》。

9月9日发表《我们一定要斗争到底》，载于《人民日报》。

9月11日发表《美帝确是纸老虎》，载于《文汇报》。

9月22日发表《欢送<萌芽>编辑部下乡》，载于《文汇报》。

9月23日发表《杜勒斯的豺狼面目》，载于《解放日报》。

9月30日发表《写在亚非会议开幕之前》，载于《人民日报》。

10月31日发表《悼振铎》，载于《人民日报》。

11月21日作《一生也忘不了的教育》，载于11月23日《新闻日报》。

12月3日发表《欢迎金日成首相》，载于《解放日报》。

12月31日作《新年试笔》，载于1959年1月1日《解放日报》。

该年，巴金还译高尔基回忆录5篇，修订旧译3篇，结集为《回忆录选》，1959年5月由人民文学出版社出版。

前　夜
——巴金在 1977、1978

　　1978年11月30日，在中国大地孕育着历史巨变的前夜，七十五岁的巴金在上海度过了他平静的一天。七点半起床，上午，《往事与随想》的责任编辑周朴之来谈了一会儿。下午，三哥的学生、也是他的老友黄裳来访，并取走了前几天写好的《家》的法译本序言。三点半，与人坐车到上海大厦去看望他的老友曹禺，这不是他们劫后的第一次见面，但是仍然有说不完的话，吃过晚饭，曹禺随巴金一起回到家中又坐了半个小时。[①]　　朋友们的欢声笑语渐渐散去，家中恢复了宁静，冬夜拉下了浓黑的帷幕，巴金回到了书桌前，摊开了稿纸，缓缓地写下：

　　我年过七十，工作的时间不会多了。在林彪和"四人帮"横行的时候，我被剥夺了整整十年的大好时光，说是要夺回来，但办得到

[①] 巴金1978年11月30日日记，《巴金全集》第26卷第297-298页。

办不到并没有把握。我不想多说空话,多说大话。我愿意一点一滴地做点实在事情,留点痕迹。我先从容易办到的做起。我准备写一本小书:《随想录》。

写下这些的时候,他可能还意识不到,又一个生命的高峰从烟波浩渺的大海开始浮出水面,那一刻,他只是珍惜这一天难得的平静时刻,没有会议,没有采访,没有宴会,终于可以平静地坐在书桌前,向自己的读者用文字倾诉心曲。他无法忍受时间的流逝,然而,日子随着时代的亢奋似乎连容许他细思的时间都不给。

一、《一封信》结束了沉默

《一封信》的发表结束了巴金十一年的沉默生活,那是1977年5月,楼上被封存的房间和书橱打开了,巴金开始恢复了做"人"的生活,也渐渐在恢复做名人的生活。十年"文革"的伤痕并未消除,对新生活,他兴奋,也反应谨慎。他在给老友李健吾的信中是这样写的:"我已习惯于沉默,习惯于冷静。""这个月下旬,在上海还要开几天(可能一个星期)文艺座谈会,要我准备个发言稿。怎么讲好呢?写起来花费时间,不过总得准备一下。"[①] 他又被邀请参加社会活动了,不是作为"牛鬼蛇神"、"资产阶级反动学术权威"去批斗,而是座上宾,这种久违了的感觉,使本来很熟悉的开会发言也变得陌生,讲什么好呢?

粉碎"四人帮",这是一个令他无比兴奋的消息,他给很多亲友写信传达心中的喜悦:"砸烂'四人帮',大快人心。在上海,十四夜交大学生已在淮海路游行,高呼打倒'四人帮'的口号。十五日街上已有大标语,康平路、淮海路、外滩一带炮轰马、徐、王的大字报很多,昨今游行的人不少。我们室里十五夜传达,十六下午全社开大会,会后游

---

① 1977年5月14日致李健吾信,《巴金全集》第23卷第227-228页。

誦君文莫計篇交不淺五十年平時未必
常晤敘十載契闊心悵然今春文匯刊書
翰識與不識罪口傳揮灑雄健猶往昔
蕭於君何有焉杜云古稀今日壯佇看新
製涌如泉

芾甘兄雨正 一九七七年秋葉聖陶

1977年巴金的《一封信》发表，标志着他重返文坛，他的文学领路人叶圣陶先生赋诗祝贺。

行。……上海人民也把'四人帮'恨之入骨，不亚于外地。消除'四人帮'是今年的一件大喜事。"① "揪出'四人帮'，全国欢庆，人心大快。……他们压在我的头上，像一块大石头，压得我喘不过气来。我担心张、姚二人有一天会搞掉我……但现在他们完蛋了，真是永世不得翻身了。我的问题还没有完全解决，不过总会解决的，希望有了。国家和人民的前途十分光明，个人的问题也容易解决。"② 对于自己的问题，"倘使大家都不讲，也没有人来过问，那么就让历史来裁判吧，这一点我倒有充分的自信"。③ 因为上海是"四人帮"多年苦心经营的据点，百废待兴，巴金的问题，迟迟不得解决，直到1977年4月22日房间才被打开，并正式通知他"四人帮"搞的那些结论撤消了。在此之前，有人劝他发表文章控诉"四人帮"，他说："我一时写不出文章，而且还没有人来组织我写，自己不必急于想发表文章。"④

时间进入了1977年5月，这是一个新旧交替的转折期，"四人帮"被打倒了，然而"文革"思维、作风乃至语言仍旧充斥在社会上空，翻翻当时上海的报纸就可以明了。1977年5月1日的《文汇报》，报眼是大红字"马克思主义、列宁主义、毛泽东思想万岁"，占了大半版的是已故毛泽东主席的大照片，照片旁边有两段引自中共中央学习《毛泽东选集》第5卷的决定中的话，其中一段是："中国人民的一切胜利，都是毛泽东思想的胜利。毛主席的旗帜，是胜利的旗帜，是我国人民团结战斗继续革命的旗帜。"在这下面，是用大字排印的当时最高领导人华国锋的文章《把无产阶级专政下的继续革命进行到底——学习＜毛泽东选集＞第五卷》，占了当日报纸三个版，华国锋说："毛主席为我们党制定了一条清楚的、明确的、正确的马克思列宁主义路线，这就是在无产

---

① 1976年10月17日致李小林信，《巴金全集》第23卷第177—178页。
② 1976年12月10日致汝龙信，《巴金全集》第22卷第358页。
③ 1976年12月23日致徐成时信，《巴金全集》第24卷第308页。
④ 1977年1月10日致杜运燮信，《巴金全集》第22卷第467页。

阶级专政下把社会主义革命继续进行到底的路线。毛主席要我们时刻不要忘记阶级斗争，抓住阶级斗争这个纲，一步步地做好社会主义革命和社会主义建设工作，把我国建设成为一个伟大的社会主义国家，直到实现从社会主义到共产主义社会的过渡。毛主席要我们这样做，我们就应该坚定不移地这样做。"颇有意思的是次日的《文汇报》，报眼是"毛主席语录"："毛主席给华国锋同志亲笔写的指示：你办事，我放心。"前一日毛泽东大幅照片的位置现在换上了等幅的华国锋照片，下面是红标题的新闻：

高举毛主席的伟大旗帜把无产阶级专政下的继续革命进行到底
华主席同首都人民一起欢度"五一"

连日来报纸宣传的主调是围绕着"华主席"和全国军民学习新出版的《毛选》五卷进行的，5月9日《文汇报》头版的新闻标题是"读毛主席的书听华主席的话——记华主席视察过的上海玉石雕刻厂和上海地毯厂职工认真学习选集第五卷"，从语言形式到逻辑，这标题简直与林副统帅在十年前的题词太相像了，那是一个刚刚云开雾散的时代，人们一方面是沉浸在粉碎"四人帮"之后欢畅舒奋的气氛中，一方面外界和内心的枷锁还都没有完全打开，因此，那种欢跃，那种愤怒，对新时代的憧憬，单纯又简单。在5月10日《文汇报》副刊上，老诗人臧克家响应"工业学大庆"的号召，奋笔赋诗《快快跨上大庆的骏马》："我们今天学大庆，／学什么？／学她马列水平高，／歪风吹来不倾斜；／学她路线站得牢，／'四人帮'高压压不垮；／学她把白茫茫一块荒草原，／变作了几十万人的工业基地——／热腾腾一片荣华。"我们难以读出什么诗味来，这是"文艺为政治服务"的新版本而已，也难怪，这个副刊用的还是老名字"风雷激"，像是一个造反派组织的战斗队的名字，也就是在同一个副刊，半个月后，巴金的《一封信》发表了。

不用再写检查了,终于有人请巴金写文章了,那是《文汇报》副刊编辑徐开垒,徐后来回忆说:

> 1977年5月,我与刘火子同志征得当时报社领导同意,到巴金家里,请他写停笔十年后的第一篇作品,因为当时我恢复报纸副刊主编职务不久,很希望得到他的支持;同时,我也知道他的威望将有助于受"四人帮"糟蹋不堪的报纸生命的复苏。起初,巴金不大愿意,也一时想不出用什么方式来写好,后来我说:"那么多年不见你的讯息,读者多么想念你,你就用写信的形式写一篇吧。"他终于答应了。这就是发表在这一年5月25日的《一封信》。大家知道当时粉碎"四人帮"才半年零一个月,"四人帮"虽然在政治上垮台,但她们长期留在一部分人头脑中的假象还没有完全去掉,我们文坛也还趋于沉寂。巴金同志的这一篇散文,他那长期受压抑的对"四人帮"的愤怒之情,一如山洪暴发,猛烈地冲击着敌人在十年"大批判"中为读者设下的各种阻碍思想前进的破烂防御。这是全国作家对"四人帮"的第一声血泪控诉,显出巴金在反击敌人中的大无畏精神。顷刻之间,如地动山摇,大批读者来信涌向编辑部……①

除了结束一个资深作家的沉默岁月之外,很难给这篇文章以太高的艺术评价,但是就巴金本人来说,这篇文章还是有着不同寻常的意义的,它至少透露出两点值得关注的信息。首先是在官方话语的夹缝中生长着他独特的谨慎的个人话语。文章的主题是对"四人帮"罪行的控诉,对新形势的欢呼和赞扬,这是当时大小报纸连篇累牍宣传的东西:"果然,拨开云雾见青天,毛主席亲自选定的接班人、我们的英明领袖华主席继承毛主席的遗志,一举粉碎了祸国殃民的'四人帮',挽救了革命,

---

① 徐开垒:《巴金,我的前辈和老师》,《巴金和他的同时代人》第40页,学林出版社1999年1月版。

"文革"结束,阳光重现,巴金在家中的草坪上高高地举起小外孙女(摄于1977年6月)。

挽救了党和国家，挽救了人民，也挽救了文学艺术事业……华主席高举毛主席的伟大旗帜，照辩证法办事，走群众路线，密切联系群众，关心群众，注意群众的要求和愿望……是全国人民衷心爱戴的英明领袖。在华主席的亲自主持下，'四人帮'千方百计阻挠出版的《毛泽东选集》第五卷出版了，供全国人民世世代代瞻仰毛主席遗容和纪念伟大领袖和导师的丰功伟绩的毛主席纪念堂也即将完成了。全世界的眼光都注视着中国，全世界的希望都集中在中国。"① 像这样的语句从当时报纸中可以轻易抄来。然而，巴金在回顾自己几十年的创作生涯，在谈到"四人帮"对个人的迫害，给个人造成的伤害时，情不自禁吐露出心底的真诚声音，他不像一些文章那样泛泛地批判，而是结合自己的切身实际，从自身入手，形象、直感、真诚、朴实。可能正因为有这种声音和真挚的感情在里面，它打动了许多读者，当时编辑部收到了上百封来信，"它们有的情文并茂，长达万言，向他倾诉了十年中的痛苦遭遇；有的发自内心肺腑，字字血泪，告诉他由于读了他的小说，几年来被整得几乎家破人亡……"② 另外一点，从这篇文章中，在那气势磅礴的一连串排比句子中，我们看到了巴金久违了的生命激情，这一直是推动他创作的动力，经历了十年浩劫，他慢慢地在恢复自信和独立思考，他自己也在寻找昔日的巴金，半个世纪以前将他领入文坛的叶圣陶先生寄来的贺诗说他"挥洒雄健犹往昔"。③ 之所以强调这两点，是因为它其实和后来的《随想录》是有着千丝万缕的联系的，前者，也是《随想录》经常采用的表达方式，而后者是产生《随想录》的一个重要前提。

---

① 巴金：《一封信》，此处据 1977 年 5 月 23 日《文汇报》初刊文引用。

② 徐开垒：《巴金，我的前辈和老师》，《巴金和他的同时代人》第 41 页，学林出版社 1999 年 1 月版。

③ 叶圣陶诗全文为："诵君文，莫计篇，交不浅，五十年。平时未必常晤叙，十载契阔心怅然。今春《文汇》刊书翰，识于不识众口传。挥洒雄健犹往昔，蜂趸于君何有焉。杜云古稀今日壮，伫看新作涌如泉。"

二、不知从何处写起

结束了沉默，与那个时代一样，巴金处在一时的亢奋之中："好久没有写文章，起初真感到不知从何处写起。但是写完我也感到痛快，因为我讲出了心里的话，'四人帮'专讲假话，那么讲真话也是同他们对着干吧。"① "文章并不好，但讲了真话。'四人帮'的帮八股就不讲真话。我写文章并非为了'亮相'，更不是作检查，唯一的目的是冲一下'四人帮'的文风。"② 这种亢奋使得他们无论对于国家还是个人，都充满了许多美好的想象。特别是个人，几十年夹着尾巴做人，终于有"第二次解放"的感觉，心中装着做不完的美好计划：

在这满怀希望、满露喜兆的一九七八年来临的时刻，巴金极有信心地向我们讲了他的打算。在他八十岁以前，他准备写出一本新的十几万字的短篇小说集，并准备写一部反映现代题材的长篇小说。如果时间允许，还将另写一部以二十年代为背景的长篇。"我的身体很好，写到八十岁，我有把握。"他的话是这样使人感到振奋。

当然，他原来就在翻译的赫尔岑的回忆录《往事与深思》，仍将把它译完。这部回忆录，他已译了二十五万字，看来还有一百万字要译。但他相信，在八十岁前他也能把它译好。③

《一封信》被报社编辑部抢先发表了，好在要讲的话很多，他又拟了一份发言稿，题目叫做《第二次解放》。那一段日子过得多畅快，他

---

① 1977年5月29日致杨苡信，《巴金全集》第22卷525页。
② 1977年6月2日致李小林信，《巴金全集》第23卷183页。
③ 立羽：《春回人间——访巴金》，1978年1月15日《文汇报》。

自己上街买报,挤上公共汽车去参加会议,老朋友从四川远道赶来,他开出一坛绍兴老酒,和朋友举杯共勉:"莫说年纪大,还要多写点!"

阳光又照到了他的书桌上。莫须有的罪名被推倒了。他像出征的一名战士,磨利了手中的武器。是的,他埋头在写,用他那支笔,投入新的战斗。

……

现在,他站在我面前。一头银发,老花镜下透出两道深邃的目光。微笑的时候,却有一种孩童那样的天真。他不擅言辞,一口四川话,微微有点气喘。当话题转到未来的工作计划时,他显得很兴奋。许多要做而未做的事情等着他。……说着,他站了起来,挥舞着双手:"我能写,我还有激情!"

我望着老作家,仿佛看到他青年时代那团扑不灭的火焰,依然在他心头燃烧。①

这是上海一条幽静的街道,巴金庭院里那棵棕榈树,扇扇大叶向墙外探身,似乎在欢迎我。

几年前我也曾来过这里,那时它的主人还在蒙受着不白之冤,"四人帮"给他扣上一个个古怪的称号,称他为"文艺界的黑老K",说他的十四卷《巴金文集》是"邪书"等等。……今天我站在这熟悉的门前,门重新油漆过了!变了!变了!终于换了人间!这个宅子也抖落了它十几年来的孤寂凄凉,它的主人恢复了名誉!他仍旧是全国人民代表,他仍旧是我们尊敬的永远焕发青春的老作家,而且他仍旧愿意为他亲爱的祖国献出他的心,他的笔和全部力量。②

不仅仅是巴金,整个知识界、艺术界,经历了反"右",经历了"文

---

① 郭玲春:《一颗燃烧的心——访作家巴金》,1979年4月25日《人民日报》第5版。

② 杨苡:《坚强的人——访问巴金》,1979年8月《新文学史料》第4辑。

革"的大小折磨之后的人民，普遍表现出新的热情和生命力，一篇《大治之年写新篇——记几位老文艺家》①曾记下了当年他们的心境：

在迎春花开的时节，市政协会议文艺小组的会议室里，热气腾腾，春意盎然。曾一度被"四人帮"涂黑了名字被扔在一边、现在从"文艺黑线专政"论的枷锁下解放出来的老文艺家们，又久别重逢了。他们喜庆胜利，展望未来，激情满怀！

两鬓斑白的老作家王西彦……他决心将第二次生命，无保留地贡献给党和人民。最近，他不顾年老体弱，正在抱病创作一部反映民主革命时期"一二•九"运动的长篇小说……

"打烂了'四人帮'，除掉了鲠在喉咙的石头，现在我们可以放声歌唱了！"解放初从香港回来、现在已年过半百的电影演员王丹凤，激动地叙述自己的心愿。……

早在三十年代就从事进步文艺工作，因为知道江青、张春桥丑史，被禁锢了八年之久的老编剧于伶撑着手杖，作调查研究，着手创作一出反映党的诞生伟大史实的大型话剧。……

三、恢复了十一年前的忙乱生活

迎接满盘计划的似乎并不是丰硕的果实，而是没完没了的繁忙，再也不是门前冷落车马稀的情景了，再也不是人们唯恐避之不及的时候了。5月25日《一封信》发表。5月26日，上午巴金接待了新华社记者王立文，说是要发稿到港澳去，因为那边有许多人关心巴金；下午去友谊电影院，听全市传达工业学大庆的拉线广播。5月27日，上午"九点前丰村来通知文化部政策研究室顾同志和简惠约我和黄宗英座

---

① 烁渊：《大治之年写新篇——记几位老文艺家》，1978年1月21日《文汇报》。

1977年12月在上海市政协小组会上，巴金（中）与乔奇、王丹凤在一起，他逐渐恢复了各种社会活动。

谈"，晚"八点前寿进文来，谈了几件事：一要我参加政协学习；二要我在学习会念一遍我控诉'四人帮'的发言稿"。① 28日，继续开小组会，29日，去友谊电影院在大会交流会上发言。30日，修改《文汇报》送来的校样，并起草在政协学习会上的发言。31日，上午去编译室开全室整党动员大会，下午写发言稿。与此同时，他开始收到大量的读者来信，开始会见外宾了。6月9日，在国际饭店会见美籍华人教授时钟雯。7月28日，上午到作协开会，谈创办刊物事；下午与瑞典共产党《星火报》代表团座谈。这是日记记载下的"巴金的一天"：1977年10月18日："六点半起。七点后及人也起身。七点三刻我和及人告别，去编译室学习。十二点半返家。午睡约二十分钟。三点前南师郁炳隆、顾明道来访，问了些我的创作情况。济生夫妇来，在我家吃晚饭，八点半离开。九点上楼写日记。同小林夫妇闲聊。十一点半下楼。十二

---

① 巴金1977年5月27日日记，《巴金全集》第26卷第123页。

点睡。"① 1978年8月7日："七点前起。钟望阳来电话，通知我八点半到宣传部开会，讨论周信芳骨灰安放仪式有关事项（八点车来接我）。十一点半散会，同袁雪芬、俞振飞、孔罗荪同车回家。下午两点半政协车来接我去展览馆宴会厅参加市革委会三次会议，最后彭冲讲了将近三小时。六点到'锦江'，罗荪请我在十二楼吃饭。……八点返家，看电视（《抓壮丁》）。写纪念仲华的短文。十二点睡。李季来电索稿。"他开始作为一名社会名流重新出现在社会上了，巴金又是五六十年代风尘仆仆、忙忙碌碌的巴金了。

不妨用六十年代巴金的日记与上面的生活对比一下：1962年11月6日，"两点同广播电台的两位同志去上海音乐厅。四点参加游行。到人民广场后，和周、熊、沈各位同去解放日报社，把文艺界致古巴人民的信件交给报社负责同志，请他们转寄北京古巴大使馆，并在报社门前为电台作简短的发言（录音）。11月7日，"参加上海各界人民庆祝十月革命四十五周年大会（十九点到十九点三刻）"。1963年1月7日，"晨七点三刻国宾馆接待会派车接我去机场欢送苏联德里约博士。机场上冷气扑面，两耳剧痛。陈总陪外宾去广州，上机前他见到我，笑问：'怎么你也来站队？'我笑着回答：'我来送你啊。'九点从机场回家。九点半以后雇车去作协参加座谈会。……十二点散会。……下午四点一刻任干、胡万春来，闲谈到六点。"② 我曾经选取过1963年9月巴金这一个月的日记进行统计，除去吃饭睡觉的休息时间外，这个月他共开会16天（次），共约73小时；访友及接待来访，共62小时；家事及其他杂事，共约40小时；听广播、看报纸及学外语155小时；写作，共约46小时。必须交代一下，这个月巴金在上海，没有出去参加人代会之类一开少则10天、多则月余的会。③ 到"文革"前他更是忙得焦头烂

---

① 巴金1977年10月18日日记，《巴金全集》第26卷第173页。
② 巴金日记，《巴金全集》第25卷第184、184、203页。
③ 《读巴金日记札记》，泉州黎明大学巴金研究所编《巴金研究》1998年第一期。

额，什么关于时代精神的讨论，关于《海瑞罢官》的讨论，一讨论起来需要接连开几周的会，会前还得看大量相关的材料，需要听广播掌握上面的精神。更不安的是今天批这个明天批那个，紧跟在后面不知方向地跑，累了个气喘吁吁不说，还弄得神经十分紧张。

巴金是作家，而不是社会活动家，而支持一个作家的是他的创作，可是，在这样的状态下，哪里还有时间进行创作？在气氛稍微缓和的情况下，巴金就抱怨创作时间太少了，呼吁应当保证作家的创作时间。而在"文革"之后，巴金的身体大不如前，明显不适应这种繁忙的活动，他屡屡为这种忙碌而苦恼：1977年6月28日，六点后起床，七点二十分离家，"八点向章雷请了假，到巨鹿路六七五号开座谈会。路上遇见季德本，他告诉我下午一点《解放日报》有人乘车来接我去参加瑞典《星火报》座谈会。他还说'七·一'晚上青年宫邀请我参加赛诗会，我请他替我推掉。在旧作协东厅开会，谈创办刊物的事……青年宫戴巴棣又来找我，答应参加赛诗会"。下午会见瑞典客人，晚上陪饭，回到家中后"感到十分疲倦，在楼下休息到十点半。上楼改文章，十二点半睡"。[①] 1977年7月9日巴金在致卢剑波的信中说："我忙，杂事多，找的人也多，到晚上十二点，只好丢开一切睡觉。许多事都做不好，不说翻译了。""现在开始参加外事活动和统战组（上海只有统战组，还未恢复统战部）的一些活动。我能推就推，说实话，身体不行了。我也怕开会。"[②] 7月28日在给李健吾的信中他说："写长篇是想当然的事，现在连考虑的时间也没有。搞翻译也困难。目前是来信多，来找的人多，社会活动多，要做的事多，可以说是恢复了十一年前的忙乱生活。"[③] 8月10日在给李致的信中说："我近来实在忙。每天弄

[①] 巴金1977年6月28日日记，《巴金全集》第26卷第136页。
[②] 巴金1977年7月9日致卢剑波信，《巴金全集》第22卷第257-258页。
[③] 巴金1977年7月28日致李健吾信，《巴金全集》第23卷第231页。

到十二点才上床。事情总是做不完，连看书的时间都没有。"① 8月26日在致王树基的信中他写道："我这几个月也是每天搞到十二点，整天带倦容，明知道对我的眼睛身体都不利，但一时也无办法。"② 9月19日致信树基："最近忙着接待外宾，身体还吃得消，就是拿笔的时间少些，翻译等等都搁下来了。"③ "我一直忙，而且乱糟糟，无法写长信，连短信也不容易写，常常拿起笔，就有客人来，更不用说写文章。"④

四、这样下去是不行的

起初参加这些活动是恢复身份的象征，巴金还说"不过我心情舒畅，放得开，再忙，对身体影响不大"，⑤ 可是一段时间之后，这就成了负担，让巴金开始着急和焦虑了，他要为自己争取时间了："小说还想写一些。今后的问题是争取时间，闭门写和译，有姚雪垠为例。"⑥ "现在的确忙，忙得乱七八糟，糊里糊涂。开过五届人大以后，我一定要改变现在的生活方式和工作方法。总之，希望多做些实在事情，也多活几年。"⑦ "我生活忙乱，连读书的时间也没有。这样下去是不行的。我在考虑，将要求保证六分之五的时间。"⑧ "我现在写文章只能慢慢写，没有充足的时间，什么也写不出。……我一直在为时间奋斗。"⑨ "我最近在检查身体，社会活动还是不少，无法定下心来写文章。……我打

---

① 1977年8月10日致李致信，《巴金全集》第23卷第41页。

② 1977年8月26日致王树基信，《巴金书简——致王仰晨》第112页，文汇出版社1997年12月。

③ 1977年9月19日致王树基信，《巴金书简》第114页。

④ 1978年1月16日致杨苡信，《巴金全集》第22卷第528页。

⑤ 1977年9月23日致王树基信，《巴金书简》第115页。

⑥ 1977年12月3日致汝龙信，《巴金全集》第22卷第365页。

⑦ 1978年2月10日致冰心信，《巴金全集》第22卷第387页。

⑧ 1978年2月17日致萧乾信，《巴金全集》第24卷第376页。

⑨ 1978年4月1日致姜德明信，《巴金全集》第24卷第255页。

算写几篇散文,却一直没有时间动笔,我也着急啊!"① 这样的折腾使得他身心疲劳,甚至弄到去杭州避难休养的地步。"我的身体还是不好,主要仍是疲劳,事情总是做不完。前些日子的病是咳嗽,现在是肚子不大好,不过不要紧。"② "在上海疲劳不堪,只好跑到杭州休息几天,弦绷得太紧了,不松一下不行。"③ 受到身心两方面疲劳的夹攻,巴金不能不对他的生活进行反省。

  一个作家在反思自己走过的道路的时候,恐怕最先想到的是自己的创作。1949年到1978年差不多三十年的时间中,扣除"文革"停笔十年,巴金的创作时间也有近二十年,与1949年以前几乎相等了。1949年前有厚厚的十四卷《巴金文集》摆在那里,这里面有《激流》三部曲,有《寒夜》、《憩园》,有富含着激情打动过不知多少青年的散文,尽管巴金一再声明自己不想在白纸黑字中浪费生命,可是这些奠定了他作为一位杰出作家的地位。解放后,情况有了改变,巴金一切活动都是在"作家"这一身份下进行的,他一再说作为一名新中国的作家感到无比自豪,可是写作反而成了他的副业,只是在送走了宾客、开完了会、学习完之后争分夺秒去做的事情。巴金是勤奋的,在1949年以后他写了大量作品,然而在这些作品中,人们能够记住的有多少呢?在解放后创作的小说中比较好一点的可能是《团圆》,它随着电影《英雄儿女》的风靡而获得了相应的名声,这是一个在革命的主题下悲欢离合的故事。巴金看重的宣传的主题根本没有引起人们的兴趣,这或许能够揭示出他创作的一个障碍,他内心中的东西不能轻易表现,而外在的观念必须充塞进作品中,这样的夹生饭对于作家来说真是"心苦"。有意思的是巴金1949年以后的小说只有一个题材,那就是抗美援朝的志愿军的故事。没法与前二十年他题材的丰富性相比较。前二十年的作品有写大家庭的,写革

---

① 巴金1977年6月22日致姜德明信,《巴金全集》第24卷第256页。
② 巴金1978年4月15日致李健吾信,《巴金全集》第23卷第239页。
③ 巴金1978年5月5日致王树基信,《巴金全集》第22卷第55页。

命的、写青年知识分子的、写域外故事的……巴金的笔丰富多彩，而现在变成了单一色，不知是证明了知识分子改造的成功，还是作家换笔的有意识的努力。对于一个作品的成功，有时并不在于题材的变换，有的作家一辈子可能只是一个题材，福克纳笔下只是邮票大的地方，关键在于如何去开掘它。比如《坚强战士》写的是一个受伤的战士在战场上克服了种种困难爬了十天爬回阵地的故事，如果开掘得好，这将是一篇非常精彩的作品，这也是对作家艺术才华的挑战，巴金也下了工夫，然而支撑这个人出生入死坚强地爬回来的是这样一些观念：对祖国的热爱，对新社会的珍惜，特别是关键时刻对毛主席的爱，毛主席慈祥的笑容出现在他脑海中的时候就给了垂死的战士无穷的力量。我们不能排除这些政治观点对一个人坚强意志的影响，但是作为一个处在这样的环境中的人，他的求生的意志，他与自然环境斗争的心理，与个人斗争的心理都被作者大大忽略了，结果这个战士只是生硬的钢铁，而不是有血有肉的人了。在这批小说中还有一点很值得注意，就是作品中的人物几乎都有着原型，而且不少完全是真实地按照原型来写作，这是不是从侧面在说明巴金对那些生活的隔膜，他只是独立地来理解某些事件，而不会融化变形，是生活的报道者而不是体验者。

这是一个作家的真正的创作吗？写的不是自己想写的，说的不是自己想说的，再进一步，整天迎来送往的生活又何尝是自己想过的？巴金一直在思图改变这种生活，以平息内心的焦灼。他一直相信自己还是能写出一点东西来的，经过了十年"文革"，浪费了大好时光，他更珍惜有限的时间了。

五、生命的开花

在巴金的一生中曾经有过几次"生命意识危机"，每逢这时，他都急于改变当下的生活状况，希望融入一片新天地中。第一次是青春热血与封建家庭沉重压抑之间的矛盾，巴金离开沉闷、古老的家庭，到上海寻求新的生活；第二次是三十年代初，理想与现实之间的矛盾，巴金痛苦地一次次声言要脱离文字世界；第三次是在1949年，巴金为之付出十五年心血的文化生活出版社正面临内部分裂之境，一个新时代如同巨浪扑来，他不得不做出新选择；第四次是"文革"开始以后，他步步紧跟喊破嗓子为之讴歌的新社会，一切都乱了，包括巴金的头脑，他不知道等待他的将是什么；第五次就是在"文革"之后，在一个万木待发的春天，经历了种种磨难之后，他该考虑自己如何度过晚年；第六次是在1983年摔伤、患病住院以后，每况愈下的身体状况让他看到了衰老的可怕，"清理精神污染"等仿佛让他重温"文革"噩梦，对社会和对自己他都好像无能为力，体质虚弱和心灵的危机随之而来。所谓"生命意识危机"是他面临人生关键时刻所要做出的选择和面临这种选择的不安与痛苦。上述几次危机，大体可分为两种情况：一种是在外界的促动或者迫使下所要做出的被动选择，是为了适应、顺应外界环境而不得不做出的自我调整，比如新政权的建立等时刻；另一种是主动的心理调整，是个人内心发展和生命追求的自然结果，比如三十年代巴金想放弃写作。当然，这并不是泾渭分明的，因为内心与外界都不是封闭的、单向的，而是综合地、双向地对一个人的思想发展起作用。

三十年代，巴金要放弃写作与"文革"后巴金要表达自己的声音，虽然就内容来说是指向截然不同的两个方面，但是从他的内心反应来说却是同一性质的，都是他为了追寻更有意义的人生而做出的选择。当时他曾这么认为：

当一些人正为着光明、爱、幸福，为着那个目标奋斗、受苦以至于死亡的时候，你却躲在你自己写成的书堆里，让原稿纸消耗你的生命……你永远把你的行为和你的思想隔开，你永远任你的感情和你的理智冲突，你永远拿矛盾的网掩盖你的身子！你，你这个伪善者，你真该诅咒。

　　三年前我的《新生》在《东方杂志》刊完的时候，朋友就当面责备我……他知道我写小说不过是在浪费我的青年的生命……而且我也答应过他，有一天我要抛弃写作生活，去作一点有用的事情。①

　　对于写作和生活，巴金认为它们二者是一体的，他不是那种面对着稿纸，愁肠百度苦心经营自己艺术世界的作家，可是现实与文字距离太大了，与他的理想差得更远，在文字世界中陷得越深，他距离自己向往的那种为理想和信仰献身的悲壮和激烈的生活就越远。

　　巴金是一个追求生命丰富的人，他不能容许自己的生命无端耗费在没有价值的事情上。在这一点上居友的理论曾给他极大的影响。在巴金早年翻译的克鲁泡特金的《伦理学的起源和发展》中，有一章专门谈到了"居友的伦理学"：

　　居友说，我们意识到我们的头脑中有更多的思想，我们的心中有比我们的自我保存所需要的多得多的同情、爱、欢乐和眼泪，所以我们把它们给予别人，毫不担心它对我们会有怎样的后果。我们的天性要我们这样做——恰如植物不得不开花一样，纵然开花之后死亡就会到来，它依然会开花。

　　人具有"道德的生殖力"。"个人的生命应该为他人而扩散，必要时还应该为他人而舍弃（牺牲）……这种扩散乃是真实的生命的条件本身。"（"结论"249页）居友又说："生命有两个方面，一方面：生命有营养及吸收的作用；另一方面，它又有生产和繁殖的作用。它所得越多，则它所需要付出的也越多，这是生命的法则。"（第101页）

　　"消费乃是生命的条件之一。这是吸入空气后吐出的空气。""生命

---

　　① 以上两段话分别引自《我的梦》（1933年冬在北平），《巴金全集》第12卷第254-255页；《关于＜发的故事＞代跋》（1936年），《巴金全集》第11卷第110页。

1979年春，时隔半个世纪，重访法国，与孔罗荪来到卢梭像前，当年的青年如今已经白发鬓鬓。"先贤祠前面的景象变了，巴黎变了，我也变了。"

从生命之杯满溢出来,是真正的生命。世上有某种不能与生存分离的宽宏大度,要是没有它我们就会死亡,我们就会从内部枯萎。我们必须开花,道德、无私心是人生之花。"(第1卷,第2章,101页)①

这些言论流进了巴金的血液,化作了他自己的语言,他曾这样表述过:

将个人的感情消融在大众的感情里,将个人的苦乐联系在群体的苦乐上,这就是我的所谓"醉"。……②

在晚年,他为《巴金谈人生》一书作序时还写道:

人活着正是为了给我们生活在其中的社会添一点光彩,这我们办得到,因为我们每个人都有更多的爱、更多的同情、更多的精力、更多的时间,比用来维持我们个人的生存所需要的多得多,为别人花费了它们,我们的生命才会开花结果,否则我们将憔悴地死去。③

在《龙》中,年轻人不顾困难险阻要追求"丰富的、充实的生命","我活着不能够做一件有益的事情。我成天空谈理想,却束手看着别人受苦。我不能给饥饿的人一点饮食,给受冻的人一件衣服;我不能揩干哭泣的人脸上的眼泪。我吃着、谈着、睡着,在无聊的空闲中浪费我的光阴——像这样的一个人怎么能说是有生命?在我,若得不到丰富的、充实的生命,那么活着与死亡又有什么区别?"④

---

① 《巴金译文全集》第10卷第411-412页,文中的页码是原文中引文页码。
② 巴金:《醉》(1937年5月),《巴金全集》第13卷第95页。
③ 巴金:《让我再活一次》(1991年2月24日),《再思录》第149页,上海远东出版社1995年7月版。
④ 巴金:《龙》(1941年7月28日),《巴金全集》第13卷第372页。

巴金在赫尔岑墓前,"这铜像对我并不陌生,我不止一次地看见它的照片。这个伟大的亡命者穿着大衣凝望着蓝蓝的地中海,他在思索。他在想什么呢?"

"生命开花"是生命需要消费，需要在吸取营养的同时奉献于他人和社会。这并非是别人限制和要求的，正像居友强调的那样，应该是一种"无义务无制裁的道德"，"人的道德因素并不需要什么强制……由于人类有充实的、高强度的、生产性的生活的需要，道德因素便在我们心中发展了。人不以普通平凡的生存为满足，他要寻求机会来扩充生存的界限，加快其节奏，使之充满各种不同的印象及情绪的体验。……居友说'义务'乃是'一种就其本性来说比所有其他力量都优越的某种内部力量的意识。在内心感觉到自己所能做的最大的事……'"① 追求生命丰富是发自内心的一种需求，是超越平庸的一种努力，为了它，巴金多次默念屠格涅夫的散文诗《在门槛上》，为了它他可以舍弃安逸的条件。在暗夜中，生命的开花像灯光一样给了巴金信念的支持。在一段时间他迷失了方向，感到生命枯萎了，这令他内心备受煎熬。在新时期，他意识到自己的时间已经不多了，令他更为痛惜的是他已经浪费了整整十年乃至更多的时光，他要找回自我，要从一个戴着多顶名流帽子的泥潭中走出来，要唤回自己的创造力，要让自己的生命开花。那就不能坐在主席台上讲些无关痛痒的话了，那就不能再做吹鼓手发一些违心之论了，巴金需要来自他生命中的真正声音了。

六、不能忘却的记忆

"文革"后，巴金恢复了人身自由和各种社会活动，其中有一项很重要的活动就是参加追悼会。许多老朋友莫名其妙地消失了，有的骨灰盒中只剩下一副眼镜。巴金想起了老朋友金仲华，他不明白这样一个人怎么会"反党"；他还想起了陈同生，总觉得出了家门在拐弯的地方还能遇到他；他也不明白老舍为什么会自杀；他主持过周信芳的追悼会，

---

① 克鲁泡特金：《伦理学的起源和发展》，《巴金译文全集》第10卷第410—411页。

听说过他惨遭毒打的事情；他参加冯雪峰的追悼会，记起当年为了出版《鲁迅先生纪念集》雪峰慷慨出资的事情……仿佛一场大梦，醒来之后，发现老友如落叶凋尽，只剩下枯老的树干孤零零地立着。"最近我经常去火葬场，参加老朋友的骨灰安放仪式。在大厅里，我想起许多事情。同样地奏着哀乐，我的思想却从挤满了人的大厅转到只有二三十个人的中厅里去了，我们正在用哭声向萧珊的遗体告别。……我站在死者的旁边，望着那张惨白的脸，那两片咽下千言万语的嘴唇，我咬紧牙齿，在心里唤着死者的名字。我想，我比她大十三岁，为什么不让我先死？我想，这是多么不公平！她究竟犯了什么罪？"①

压抑在巴金心头六年之久的悲愤终于开始倾吐出来，他不能忘记与萧珊一起共享的欢乐时光，更不能忘记萧珊所经历的苦难与折磨。

冰心曾经赞赏过巴金对待感情的严肃，巴金在晚年也曾表示过，除了萧珊他没有爱过别人。② 萧珊最初是巴金的一个读者，在上海的中学读书，他们先是通信，后来他们就成了朋友。1944年5月8日，在贵阳郊外的"花溪小憩"，相恋八年的两个人结婚了。在朋友的眼睛中，萧珊还是一个女学生，还是那么天真活泼的人，她照顾着家，照顾着她敬爱的"巴先生"的生活。五十年代，巴金夫妇有了一子一女，虽然经常外出，活动繁忙，但是一家人其乐融融的景象还是很诱人的。有一张照片拍的是巴金坐在沙发上与儿子对弈，萧珊和女儿小林在一边观战，他们的面孔上是满足和幸福的笑容。然而，阳光并不是总照着这个家庭，"文革"开始了。萧珊从来没有经历过这样的事情，巴金在"文革"前有着很高的社会地位，现在一下子沦为专政的对象，对于这个家庭来说真是灭顶之灾。

叶以群自杀，孔罗荪被批，吴强、魏金枝被夺了权，从朋友一个个出问题，受批判，到巴金自己也被人贴了大字报，被逼着交代与朋友的

---

① 巴金：《怀念萧珊》。

② 同上。

历时八年写作完成的《随想录》，是巴金"一生的收支总账"，通过他个人的反思，让后人们看清了历史的面目。

关系，再到自己也被点名揪出来，他一步步在迈向深渊，用巴金自己的话说这是"梦魇一般的日子"。

抄家带给萧珊精神上极大的刺激：

在我靠边的几年中间，我所受到的精神折磨她也同样受到。但是我并未挨过打，她却挨了"北京来的红卫兵"的铜头皮带，留在她左眼上的黑圈好几天以后才褪尽。她挨打只是为了保护我，她看见那些年轻人深夜闯进来，害怕他们把我揪走，便溜出大门，到对面派出所去，请民警同志出来干预。那里只有一个人值班，不敢管。当着民警的面，她被他们用铜头皮带狠狠抽了一下，给押了回来，同我一起关在马桶间里。

她说"日子难过"，因为她给两次揪到机关，靠边劳动，后来也常常参加陪斗。……

我理解她，同情她，也非常担心她经受不起沉重的打击。我记得有一天到了平常下班的时间，我们没有受到留难，回到家里她比较高兴，到厨房去烧菜。我翻当天的报纸，在第三版上看到当时做了"作协分会"

的"头头"的两个工人作家写的文章——《彻底揭露巴金的反革命真面目》。真是当头一棒！我看了两三行，连忙把报纸藏起来，我害怕让她看见。她端着烧好的菜出来，脸上还带着笑容，吃饭时她有说有笑。饭后她要看报，我企图把她的注意力引到别处。但是没有用，她找到了报纸。她的笑容一下子完全消失。这一夜她再没有讲话，早早地进了房间。我后来发现她躺在床上小声哭着。一个安静的夜晚被破坏了。①

强大的精神压力使萧珊的健康不断恶化，她终于患病住进了医院，并在手术后不久离开了人世，巴金永远都难以忘怀萧珊那双美丽的眼睛：五天中间我整天守在病床前，默默地望着她在受苦……她非常安静，但并未昏睡，始终睁大两只眼睛。眼睛很大，很美，很亮。我望着，望着，好像在望快要燃尽的烛火。我多么想让这对眼睛永远亮下去！我多么害怕她离开我！我甚至愿意为我那十四卷"邪书"受到千刀万剐，只求她能安静地活下去。

不久前我重读梅林写的《马克思传》，书中引用了马克思给女儿的信里的一段话，讲到马克思夫人的死。信上说："她很快就咽了气。……这个病具有一种虚脱的性质，就像由于衰老所致一样。甚至在最后几小时也没有临终的挣扎，而是慢慢地沉入睡乡。她的眼睛比任何时候都更大、更美、更亮！"这段话我记得很清楚。马克思夫人也死于癌症。我默默地望着萧珊那对很大、很美、很亮的眼睛，我想起这段话，稍微得到一点安慰。②

在《巴金全集》第16卷有一幅他在萧珊遗体告别仪式上的照片，巴金消瘦不堪，身穿短袖衬衫，双手掐腰，低着头，双眉紧锁，面孔上是悲痛欲绝又欲哭无泪的表情，那种绝望，那种压抑，让人喘不过气来，后来巴金是这样描述那天的情景：

---

① 巴金：《怀念萧珊》。

② 同上。

三天以后在龙华火葬场举行告别仪式。她的朋友一个也没有来，因为一则我们没有通知，二则我是一个审查了将近七年的对象。没有悼词，没有吊客，只有一片伤心的哭声。我衷心感谢前来参加仪式的少数亲友和特地来帮忙的我女儿的两三个同学，最后，我跟她的遗体告别，女儿望着遗容哀哭，儿子在隔离病房还不知道把他当作命根子的妈妈已经死亡。……我在变了形的她的遗体旁边站了一会。别人给我和她照了相。我想：这是最后一次了，即使给我们留下来很难看的形象，我也要珍视这个镜头。①

往事历历在目，巴金忘不了在"文革"初期没完没了地写检查时他们互相鼓励的情景，先是慨叹"日子难过啊！"然后就是"坚持就是胜利"。在住院的时候，萧珊有两次叹息道："我看不到了。"巴金连声问她看不到什么？萧珊后来说："我看不到你解放了。"巴金沉默不语，其沉重的心情可想而知。在被送进手术室时，萧珊眼睛满含着泪水说：看来，我们要分别了。巴金的声音也哑了：不会的……这一幕幕在巴金的头脑中转过，深深地揪住他的心，他把这些全都写进了《怀念萧珊》这篇情真意切的长文中，这篇稿子自1978年8月13日萧珊的忌日写起，历时半年才得以完稿。在1978年8月13日的日记中，巴金特意记上这么一笔："今天是萧珊逝世六周年纪念日，我没有做任何事表示我的感情，但是我忘不了她，也还记得那些日子里她所经历的痛苦。"从自己最爱的人入手，从自己的亲身经历开始，巴金已经开始正面接触到《随想录》最重要的主题——关于"文革"的反思。尽管在这篇文章中，巴金采取了一种无声的控诉，但是"文革"带给人心灵上的伤痛是什么样子，全清晰地展现在人们的面前。建国三十年后，巴金终于开始摆脱过渡期与官方话语保持一致的倾向，慢慢地走上了独立思考的轨道。这不妨把巴金在1977—1978年的怀人的文章和《怀念萧珊》及以后的文章

---

① 巴金：《怀念萧珊》。

巴金在寓所院中散步。

放在一起对比一下,可以看出巴金的思想变化的脉络。

首先是怀念的人物有差别,以前大多是政治性或者官方的人物,比如说周恩来、陈毅(《"最后的时刻"》)、郭沫若(《永远向他学习》)、何其芳(《衷心感谢他》)、金仲华(《怀念金仲华同志》)、陈同生(《等着,盼着》)、曹葆华(《一颗红心》),几乎都是具有官方身份或者是一颗红心向着党式的人物,而在以后的文章中则不然,他怀人的私人成分增多了,多是与他关系比较亲密,有着共同经历的朋友,甚至把怀人看作是仗义执言为朋友申冤的一种手段。这以后的文章陆续有《关于丽尼同志》、《纪念雪峰》、《怀念老舍同志》、《怀念烈文》等文,怀念的人身份越来越复杂。到后来是早年信仰无政府主义的朋友叶非英,是没有完全平反的胡风。在这名单之外,我们看到巴金怀人不寻求一个政治上的评价和定位了,而是谈友情,谈他们的坎坷经历,谈中国知识分子的高贵品质。而在 1978 年的文章中,这些感情色彩尽量被放在"政治方向的正确"背后,作为一种陪衬。比如怀念何其芳一文,巴金大谈何其芳与工农的结合,说"其芳是知识分子改造的一个好典型,我始终保留着这个极其深刻的印象"。这基本上是按照当时主流话语的规范来怀念朋友的。可是到后来在怀念老舍的文章中,同样谈的是知识分子改造的问题,巴金却表现了不同的态度,他说老舍是一个伟大的爱国者,从海外归来,把一切献给了新社会,可是不知为什么我们还要这样对待他。巴金用老舍的一句台词:"我爱我们的国啊,可是谁爱我啊?"把一个很尖锐的问题提了出来,也对建国后知识分子的改造提出了尖锐的质疑,这与以前有着极大的不同。与此同时,巴金对建国后知识分子所走过的道路开始有了怀疑,这在当时也是离经叛道的。因为无论从官方还是知识分子个人来看,都在批"四人帮",把一切罪恶全部推到"四人帮"身上,却没有看到"四人帮"逞凶的社会基础,而巴金对知识分子所走过的道路,在感性上首先表达了自己的不同看法,《随想录》的亮色逐步呈现了起来。

巴金说过在"文革"中,自己仿佛喝了迷魂汤,没有了是非的辨别能力，别人喊打倒巴金，自己也跟着喊，别人泼在自己身上的污水他不仅不敢申辩，反而常常在怀疑自己是不是真的错了，他成了一个完全的"奴在心者"。"文革"的惨痛经历让他看透了其中的虚伪，"文革"后，他开始逐渐觉醒，内心中的自我逐渐地挺立起来，比较明显的表现是他关于文学问题的几篇思考，即《随想录》之六《"毒草病"》、之七《遵命文学》、之八《"长官意志"》、之九《文学的作用》、之十《把心交给读者》。仔细看一下会发现，他谈论这些问题，其实是对二十年前别人对他的批评的一个总的答辩，包括1958年拔白旗运动中别人对巴金的指责，当时没有想明白或者不敢回答，现在巴金站出来，表明了他对此的充分自信。

随着年岁的增长，巴金的身体和精力都大不如前，但是他的信心、意志却从未动摇过，仍然以惊人的毅力完成四十多万字的《随想录》的写作，图为他在书房工作。

"毒草",这在"文革"中是扼杀一部作品最简单也是最霸道的理由,一时间,作家谈"毒草"色变,创作处在很紧张的状态,生怕"毒草"从自己的笔下生出。巴金的文集被称为"邪书十四卷",是大毒草,现在他敢于面对这些了,他明确地表示集子中"有许多不好的东西,但它们并不是毒草",它们只是"艺术性不高,反映生活不完全真实"。《遵命文学》中谈到"他们'火'、'棍'并举,'烧、''骂'齐来,可是我的作品始终不曾烧绝。我也居然活到现在",作家不必再看脸色写作了,这是对于他自己过去痛苦经验的反思。"长官意志"是对"三突出"一类荒唐的写作方法的反驳,经历了"文革",他更加明白了创作究竟靠的是长官还是自己的意志了。

所有问题都像岩浆在巴金的大脑底层奔涌,让他再也不能沉默下去,于是在1978年那个深夜,他奋笔写下了这样的决心:

我准备写一本小书:《随想录》。我一篇一篇地写,一篇一篇地发表。这只是记录我随时随地的感想,既无系统,又不高明。但它们却不是四平八稳,无病呻吟,不痛不痒,人云亦云,说了等于不说的话,写了等于不写的文章。

"不是四平八稳,无病呻吟,不痛不痒,人云亦云"能做得到吗?历史也为巴金提供了机遇,就在他写下这篇总序之后的第十七天,被认为中国二十世纪历史上的一个重要转折的十一届三中全会召开了。更重要的是,《随想录》的写作,也是巴金灵魂磨炼、人格提升的过程,他用八年的苦行和四十万字的篇幅证明了自己的决心,与同时代人相比,他在这条路上走得最苦最累,也走得最为执著最为坚定。

2000年11月16日于泡崖

下编 闲话巴金

读《灭亡》札记

一

　　巴金曾说他是无意中"闯"进文坛的，对于这样一个当初并不想在文坛上建功立业的人来说，文学的一些原理、规则怕是圈不住他，巴金的处女作《灭亡》就是例证。这部作品的创作方式与一般小说的写作惯例大不相同。在《灭亡》的创作过程中，巴金并不是像通常的小说创作构思那样，先有一个人物形象，或者一段故事，甚至激发他创作的情感动力也并不一致，更为少见的是在写作中巴金并不是连贯地按我们的阅读顺序从开头到结尾依次写下来的。全书最后一章或许是先于前面其他章节写下的，巴金自己也承认"这不像一个作家在进行创作，倒像一位电影导演在拍摄影片。其实电影导演拍故事片，也是胸有成竹。我最后决定认真写这本小说，也不过做些剪接修补的工作"。[①]　巴金还表示这种创作经验在他以后的创作中也没有过。这一点是重读《灭亡》比较吸引我之处，诚然，《灭亡》不是一本情节复杂、故事性很强的小说，其中主要写了杜大心的革命活动和他的恋爱两大方面内容。故事本身很简

---

① 巴金：《谈＜灭亡＞》，《巴金全集》第20卷第388页。

单,没有太大的波澜,但是在我阅读时,我觉得它并不是像有些评论者指出的那样——"松散、凌乱"。读《灭亡》我总恨不得一口气读完,这又引起我另外一些疑问:这部小说故事性不强,情节也不复杂,那它又靠什么来吸引读者读下去呢?

我想不妨从《灭亡》特殊的创作过程来探讨这些问题。① 按照巴金《写作生活的回顾》、《谈＜灭亡＞》等文提供的线索:

1.1927年2月19日巴金到达巴黎,"在这人生地疏的巴黎,在这忧郁、寂寞的环境,过去的回忆折磨着我,我想念我的祖国,我想念我的两个哥哥,我想念国内的朋友,我想到过去的爱和恨,悲哀和欢乐,受苦和同情,斗争和希望……"为排遣寂寞,在一个月时间内"写了后来编成《灭亡》头四章的那些文字",② 即:一、无边黑暗中一个灵魂底呻吟;二、梦境与现实;三、四年前;四、女人。

2. "以后我又写了像《爱与憎》(第十章)和《一个平淡的早晨》(第五章)那两章。我是在暴露我的灵魂,倾吐我的苦闷,表示我的希望。"③

3. "不久我听从一位医生的劝告,移居玛伦河畔一个小城",巴黎正在救援萨柯与樊塞蒂。一天,巴金收到樊的来信,教导他要爱人,忠实地生活,"在这几天里我兴奋得没有办法的时候,又在练习本上写了一点东西,那就是《立誓献身的一瞬间》(第十一章)"。④

4. "在八月十日的晚上我焦急地等待着从美国来的消息","物品没法安静下来。我又找出练习本,在空白页上胡乱地写下一些句子……有些我以后就用在我的小说里面,《灭亡》第十三章中'革命什么时候才会来'的问题,第二十章中'爱与憎'的争论等等都是根据这些片段重

---

① 赵洪善:《谈巴金小说＜灭亡＞的创作》,《巴金研究》1999年第2期。
② 巴金:《谈＜灭亡＞》,《巴金全集》第20卷。
③ 同上。
④ 同上。

滅亡

巴金

第一章 無邊的黑暗中一個靈魂底呻吟

這街道在平常本來是很清靜的，但現在忽然熱鬧起來了。街中間聚集了一大羣人，具着各樣的身材，穿着各樣的衣服，有着各樣的面孔，層層密密的圍成了一個大圈子站在後面的人都伸出頸項好像要盡力使他們底身體立刻長高幾尺；而饒倖得站在前面的人又似乎拚命要擴大自己底身體，恐怕他們所看見的景象被後面的人偷看去了一般。在這樣你推我擠的競爭中又夾雜着從許多口裏吐出來的話語，這街道確實是熱鬧起來了。

這時候大學生李冷偶然從這街道經過，熱鬧的景象引誘着他挨近了這人羣而且靠了他底體力，居然在密層層的人肉堆中分開了一條小道擠進去，旁邊一個肥胖的商人幾乎被他掀倒了，那人立定了身子怒目看他，但他並沒有注意，他是擠進去了，達到了前一排了，他才知道這羣衆所注目的乃是一輛黑色汽車旁邊躺着一個似人非人的生物，然而現在他是死了，死得像一塊石頭硬直的冷冰冰的，但也是血淋淋的伏在地上勤也不動，他底頭被壓碎了，腦漿也出

來了。他底襤褸的衣服裹着枯瘦的身體，上面塗滿了血跡和污泥。從服裝上看來就可以知道這是個什麼樣的人，而他底生命之值他就被估定了，汽車上除了車夫而外，還坐着兩個人，一個是約三十多歲的男子，囫圇的紫色臉上微生出了幾根黑鬚，他戴着博帽穿着一件華絲葛狐皮袍子，外面罩着一件青色馬掛傍着他而坐的是一個時髦女子，穿着綠緞旗袍罩着粉紅色馬甲壓着她剪短了的頭髮，綠色帽子上站着一個絲鸚哥，她底臉卻是一個美麗的臉，她底一對靈活的眼睛更是美麗，但從那裏面李冷看出了一種非常的表情，這並不是憐憫，而是畏懼。

那個男子伸出頭和站在車外的中國巡捕說話，巡捕對他的度是很恭謹的來遲了的李冷所聽見的已是他們底談話之最後：

"你把汽車底號數記起來說好了⋯⋯有什麼事⋯⋯到我底公館來說好了。"那男子昂然地說，好像十分不在意的樣子。

"是⋯⋯大人⋯⋯不過⋯⋯不過⋯⋯"巡捕笑容可掬地

写的。"①

5．"一直到二十四日下午才在当天的巴黎《每日新闻》上读到那个可怕的消息"，"我又翻出那个练习本把我的心情全写在纸上。一连几天里面我写成了《杀头的盛典》、《两个世界》和《决心》三章（即十七、十八、十九章），又写了一些我后来没有收进小说里面的片段。"②

6．"第二年（一九二八年）的夏季，我还是在玛伦河畔那个小城里度过的"，"我那两个中国同学中有一个不久就到别省去了。我根据他的来信，又写了《一个爱情的故事》(《灭亡》第八章)。这是我的一位熟朋友，他的爱情的悲欢也曾引起我的共鸣。"③

7．克鲁泡特金的《伦理学》一书前半部的翻译结束了之后，有一天巴金收到大哥的来信，信中诉说了他内心的苦闷及对巴金的期望，巴金则从中感受到他们兄弟之间思想的距离，"他不但要我和三哥扬名显亲，还盼望我们同他一起维持我们那个家庭和连他自己也并不满意的那种生活方式。我觉得我要走自己选择的道路，我决定把过去写的那许多场面、心理描写和没头没尾的片段改写成一部小说，给我的大哥看，让他更深地了解我"。"这样我就认真地写起小说来了。我写了《李冷和他的妹妹》(第六章)，我写了《生日的庆祝》(第七章)，我写了《杜大心和李静淑》(第九章)。"④

8．"以后我的写作就没有间断了，不到半个月的功夫我又写了五章小说"，⑤ 即：十二、杜大心底悲剧；十四、危机；十五、革命党被捕；二一、"淑，我去了！"；二二、灭亡。

9．"在整理抄写它的时候，我又增加了一章《八日》(第十六章)，和最后一章的最后一段。我还在前面写了一篇《自序》和'献给我的哥

---

① 巴金：《谈＜灭亡＞》，《巴金全集》第20卷。

② 同上。

③ 巴金：《写作生活的回顾》，《巴金全集》第20卷。

④ 巴金：《谈＜灭亡＞》，《巴金全集》第20卷。

⑤ 巴金：《写作生活的回顾》，《巴金全集》第20卷。

哥'的一句献辞。"①

从以上可以看出《灭亡》的创作大致分三个阶段。第一阶段，怀乡思国的情绪左右着巴金，他写下了一至四、十、五共六章，苦闷、忧郁充满了这些章节，这里有对母亲的回忆、有对童年生活的怀念，甚至还写到了出国前在上海的生活情景，是书中比较温暖和柔软的章节。第二阶段，"萨樊事件"引起他对信仰和革命的热诚，促使他写下了十一、十三、二十、十七、十八、十九六章，文字中充满献身革命理想的热诚和澎湃的激情。在这两个阶段巴金还没有要完整地写一部小说的想法。第三个阶段，巴金才考虑要认真地写部小说，于是，虚拟了人物，编织了情节，把前面写的那些零散的篇章贯穿起来，完成了剩余八章的创作，使之成为一部"小说"。这几章犹疑、彷徨、矛盾的情绪十足，也使作品出现了情感的波澜。

在这个过程中，我们不难发现《灭亡》的故事情节居次要地位，巴金首先要表达的是他的思想感情，故事只是一个载体。巴金也不大在意文学上的规范，正因为这样，创作中，文本就不是封闭的，而是开放的，作者的思想感情不受阻碍地穿行于文本的内外，随时接受外界对创作者的内心刺激。巴金曾说过："《灭亡》里的人物并不多。除了杜大心，就应该提到李静淑和他的哥哥李冷，还有张为群和别的几个人。所有这些人全是虚构的。我为了发泄自己的感情，倾吐自己的爱憎，编造了这样的几个人。"② 人物成了表达自己思想感情的符号，巴金轻松的自白似乎是为了故意去冒犯文学创作的大忌似的。贯穿《灭亡》始终的是作者感情的线索，相对于故事情节它只是作品的另一个内在的层面。《灭亡》整部作品中不断积蓄的是作者的情感，到最后是一个总的爆发，作品的魅力就在于作者无比真实地表现了自己的情感，并通过他的叙述手段调动、感染读者的情感，它的开放性使得读者也能够

---

① 巴金：《谈＜灭亡＞》，《巴金全集》第20卷。

② 巴金：《谈＜灭亡＞》，《巴金全集》第20卷第382页。

随着文本自由参与，最后跟随文本一起达到了高潮。这或许能解答我前面提出的问题。

《灭亡》并不严密的故事叙述倒为作者的干预和读者的参与提供了空间。作者通过叙述视角的变换、对叙述的干预来完成自己与读者的思想感情交流，他常常忍不住跳出来干预叙述，这种干预是急于表达自己的需要。为了同样的目的，在作品中人物的视角采取的是内部人物式叙述视角，但是他并不过分限制次要人物的叙述，相反又以外部全知角度来补充叙述，这样每个人物的内心都是一个敞开的天窗，留给人物自己的"隐私"并不太多。人物的话语一面是作为作品中人物身份的体现，但是这项功能比较弱，另外一面是作者的感情和声音的表达，这一项功能无形中在加强，因此作者常常靠写作来发泄自己的情感，或者在寂寞无助的时候求助于笔。巴金也永远不是一个冷静地讲故事的作者，人物在他的笔下始终被他的感情左右着，特别是在前期的作品中，这恐怕也是他作品中人物为什么总是喋喋不休地讲话的原因。以《灭亡》"第二十章《最后的爱》"为例，开头晚上的环境描写是客观的叙述，但是接下来，便由外部叙述转入了内部叙述："她在深思。她在想念一个人。"接下来是全知的叙述。杜大心走上楼来，到了李静淑的身边，下面是杜大心内心的描述，讲到他世俗的念头早已消失。马上又转出外部视角，"他似乎全然沐浴着崇高的理想的光明。在纯洁的月光之下他仿佛成了一个光辉的圣像"。接着又转入了李静淑的内心："她本来想责备他为什么这许多天不到她底家来，使她那样苦苦地想着他。"叙述的视角就这样在两个人之间变换，其中也插进叙述者的干预，如"本来女人的爱虽然常常是专制的，盲目的，夸张的，但其中也含得很多母性的成分"，也插入了大段对话。作者打破了人物视角的限制，使叙述者自由调整视角，这样叙述者获得了相当大的叙述权利，高高居于文本之上，作者与读者之间的中介本来是靠人物来充当，现在几乎是直接交流了。因此在故事之外，读巴金的小说时读者常常能够感受到一股强烈的激情在里面。这并不单是来自故事本身的,而是作者隐含的声音在起作用。一个作家在创作中如果严格按照规范来进行,作品无疑会精美、严谨,但是完美的技巧有时反而遮蔽了鲜活的灵魂,使作品毫不感人;相反,对规范的冷落,虽得来了粗糙的声名,却获得了冲击人们心灵的力量,这未必不是更大气的作品。从这一点看,也是失之东隅,收之桑榆。巴金的小说,在专家笔下,多受责难,可是在读者手中却常难释卷,或许正是这个矛盾在起作用。

二

初读《夜未央》①,第一感觉是它与《灭亡》有着惊人的相似之处。这也不奇怪,在巴金十五岁时,《夜未央》就曾对他心灵产生过强烈震撼。"那本书给他打开了一个新的眼界","在那本书里面这个十五岁的孩子第一次找到了他梦境中的英雄,他又找到了他的终身事业"。② 巴金的革命理想和革命激情更多的是建立在《夜未央》这类革命宣传物和革命家传记的影响上,《灭亡》中写的那些革命活动并非全为巴金亲身经历,因为除了宣传活动之外,巴金并没有太多从事实际革命活动的经验,因此《夜未央》完全有可能构成了对《灭亡》创作的影响。巴金在《谈<灭亡>》中也说,写《灭亡》时,"我也读过一些关于俄国十二月党人和十九世纪六、七十年代俄国民粹派或者别的革命者的书"。③ "一九二八年我在巴黎得到这个戏(引者按:指《夜未央》)的法文原本,和旧译本(李煜瀛译)对照读了一遍,发现旧译本中有误译及删节的地方,我不满意,就自己动笔另译。"④ 也可以这么说,《夜未央》作为记忆已经存

---

① 廖·抗夫:《夜未央》,《巴金译文全集》第7卷。
② 巴金:《<夜未央>小引》,《巴金全集》第17卷第138页。
③ 巴金:《谈<灭亡>》,《巴金全集》第20卷第391页。
④ 巴金:《<夜未央>后记》,《巴金全集》第17卷第182页。

储在巴金的头脑中，融化在他的感情里，而《灭亡》之创作作为契机又调动了记忆中的存储。

比较这两部作品，首先是两者的故事结构具有相似点，都是两个青年的相爱，都是一见钟情，都是爱情的花朵还没有结出果实的时候，就凋谢了，都是为了刺杀官僚，希望以此改变黑暗的统治，双方尽管都是恋恋不舍，但对于恋人的所作所为都寄予了充分的理解，或者说恋人的举动首先唤起了她们对革命的神圣向往。在一些细节上，两者也有不少相似的地方，比如《灭亡》中写张为群，他说："我实在忍耐不下去了。""革命什么时候才会来？""我实在等不得了。你晓得这不是为我自己，实在不是为我自己。我自己一个人并不要紧，绝不是为我一个人。"① 这急切地呼唤革命到来，急切地要为革命献身的声音在《夜未央》中也能听得到，其中的党大乐就说："你们想想看，我晓得隔壁监房里有一个同志和我墙壁靠着墙壁地躺着，我听见他的疯狂一天天地加重，我不能不问自己：我的轮值什么时候会来呢？我们的眼光遇在一块了。他闭着眼，这眼睛，这眼光，这已经够给全欧洲提出了一个严厉的问题：'还要多少时候呢？'"② 在《灭亡》中张为群是拿着革命小报被捕，后来被杀的，此事作为直接动因激起了杜大心复仇的火焰，从而决定刺杀戒严司令；而在《夜未央》中推动情节前进的也是印刷点被发现，出版革命宣传品的同志被捕（甚至他们从事的革命工作的内容都差不多）。在《灭亡》中，情节的高潮是杜大心坦白了对李静淑的爱情，并在痛苦中与之诀别。巴金说，写这一章是受了斯捷普尼雅克的影响，"我记得斯捷普尼雅克的小说里也有《告别》的一章，描写科茹霍夫在刺杀沙皇之前向他的爱人（不是妻子）告别的情景"。③ 《夜未央》的高潮也是告别，华

---

① 巴金：《灭亡》，人民文学出版社1989年4月版《灭亡·新生》单行本第101页，以下未特别注明，所标页码均据此本，该本文字与《巴金全集》第4卷本相同。

② 廖·抗夫：《夜未央》，《巴金译文全集》第7卷第214-215页。

③ 巴金：《谈＜灭亡＞》，《巴金全集》第20卷第392页。

《灭亡》1929年10月初版本书影,该书的第一页上曾有献给作者大哥的献词,巴金认为:"他是对我底智的发展给了极大的帮助的第一个人。"

西里与安娜在倾诉感情，在诀别，这也是全剧最激动人心的地方，他们都珍惜美好的感情，恨不得一口把这杯甜美的爱情之酒喝尽，然而有更神圣的事业在等待着他，他必须放弃眼前这一切。

《灭亡》与《夜未央》的可比性还在于他们二者所表现的主题思想。巴金说："《夜未央》不仅忠实地写出了俄国虚无主义者的精神面貌，最重要的还是在写出了感情与义务之斗争，爱与死之角逐。"①我想把这个主题移过来概括《灭亡》也未尝不可。在《灭亡》中充满了关于爱和憎的讨论，杜大心认为："我也曾知道爱，也曾爱过，而且也曾尝过爱"（83页），但是"至少在这个人掠夺人、人压迫人、人吃人、人骑人、人打人、人杀人的时候，我是不能爱谁的，我也不能叫人们彼此相爱的。凡是曾经把自己的幸福建筑在别人的痛苦上面的人都应该灭亡。我发誓，我拿全个心灵来发誓说，那般人是应该灭亡的。至少应该在他们灭亡之后，人们才能相爱，才配谈起爱来。在现在是不能够的"（86页）。在《夜未央》中，华西里说："那几百万人，现在他们的血是一滴一滴地流……如果你对他们说，他们是贫困的，可怜的，他们连动也不会动一动。然而你把血流给他们看，把泛滥横溢的血海指给他们看，那个时候他们会拿起镰刀跟随你。[低声急语]那个时候血钟会响起来，发出一种声音，这声音高叫复仇。"安娜也说："要去唤醒一个一个的兄弟，要去挨门挨户敲钟，时间是不够的，来不及了。我们应该使全世界的大钟响起来！他们会明白那个牺牲自己生命来敲血钟的人并不是罪人，而是圣人。"两部作品的主人公都主张用激烈手段解决这个问题，原因是爱解决不了当前的苦难，只有用这样的手段才能唤起人们的觉醒。而对于他们自己来说，自然留恋眼前的幸福，内心的冲突和矛盾也由此产生，华西里就说："你知道对于一个立誓献身事业的人要叫他整天生活在永久的痛苦中，计算着和一个女子分离开的一时、一分、一

---

① 巴金：《关于廖·抗夫》，《巴金译文全集》第7卷第279-280页。

秒，不能忍耐地、苦恼地等待着和那个人重见。"他还说："有一个很大的力量在推动我，引导我，命令我去做。""安达柳，你给了我不少的幸福。然而幸福是危险的东西，我几乎失掉了对自己的信心。"① 杜大心的矛盾也是产生于感情与义务之间的矛盾，"他觉得自己实在没有自持的力量了。他几次想伏在她的脚下，哭诉他心中的痛苦，自白他的胸怀，求她给他以爱之甘泉。但是另一个念头又立刻来征服他，而且又占了上风。这念头就是：他已经是命定了弃绝一切人间的幸福的人，他不能够爱她。他终于能够咬紧牙齿以极痛苦的忍耐，把他底像一座就要爆发的火山一样的激情镇压下去了。"（109—110页）这两部作品吸引年轻人不仅奉献了生命，而且也献出了自己美好的感情，他们采取了相同的手段，希望唤起人民的觉醒，他们的神圣在于把自己的爱憎与整个人类的幸福和爱憎联系在一起了，正如有人评价《夜未央》："她们的野蛮的恨乃是从她们的仁慈的爱来的。这些男子（差不多都是青年）没有别的希望，没有别的个人利益，只想着那般被践踏被虐待的不幸的人的普遍幸福；只希望她们的同胞以及全人类能离黑暗的苦境而得享幸福的光明。"② 这一点与《灭亡》是一致的，正因为这样，巴金不同意杜大心采取的暗杀手段，但是他同样用充满感情的笔调来写他，认为那是神圣的举动。

　　两部作品出现这样一致的倾向，我认为，一是巴金生活经验的不足，而《夜未央》一书中的很多从事革命活动的描写，补足了巴金这方面生活的欠缺。另一方面，在主题上，他们二者的暗合，应当从巴金的创作动机上去考察：在《灭亡》序言中他说，他为自己的信仰得不到哥哥的了解而苦恼，为了信仰自己不得不与哥哥分离，但是他不能忘记哥哥的爱，更希望自己的哥哥理解他，在这种痛苦中，他希望用这本书来

---

　　① 廖·抗夫：《夜未央》，《巴金译文全集》第7卷第221、222、209、272页。

　　② C. 孟代斯在巴黎《日报》上评论，转引自巴金《关于廖·抗夫》，《巴金译文全集》第7卷第279页。

表白，希望哥哥理解他们这类人和这类人所从事的活动，他要让哥哥明白，比兄弟之情、家族之情更为阔大的还有对人类的感情，还有许多苦难的人们呼唤着他们冲破个人情感的束缚投身到更广阔的活动中去。这些与《夜未央》的主题自然不谋而合。当然，我们也不能说《灭亡》就是《夜未央》简单的翻版，如果从艺术上讲，《夜未央》的宣传鼓动性更大些，而《灭亡》中这种因素少一些，它是一种感情的倾吐和自然流露，因此在人物内心矛盾的揭示上，比《夜未央》的细致得多。另外《灭亡》中尽管欧化倾向很重，但是其中也渗透着民族色彩，比如李静淑与安娜，她们两个人对爱情的表白方式就大不相同，前者身上明显体现出中国女性温柔娴静的特点，而后者更为直白、大胆和热烈。

1999 年 5 月于民政街

读《激流》札记

之一:《家》繁体字纪念本

《激流三部曲》(《家》、《春》、《秋》)的版本太多了,每本书背后都有很多故事,真要谈起来,还真有一部二十四史不知从何说起之感。那么,还是从最新出版的一本《家》谈起吧。为了纪念《家》出版七十五周年,巴金文学研究会策划、香港文汇出版社推出了一本繁体字纪念版的《家》,这本限印六千册、逐本编号的《家》,无论是从内容,还是从装帧上都有着它自己的特点,颇值得一说。

几年前,在中国现代文学馆查阅资料的时候,曾见过开明书店为巴金先生制作的特装本《家》、《春》、《秋》,它们都是用绸缎面做的封面,典雅、大方,兼具中西书装之美。这批数量不多的特装本是作者为赠送亲朋而专门特制的,并不在市面上流通。捧着这样的书,我当时就心中一动,像《家》这样印行数量巨大、影响了几代读者的新文学名著为什么不能有几种装帧精美、印制精良的特装本,给喜爱他的读者作为珍藏或馈赠之用呢?我手上的《家》不论是平装本还是精装本,印制的都很一般,甚至有的用纸堪称粗劣。后来看到过人民文学出版社北京第二版、1980年印刷本的《家》、《春》、《秋》的特装本,深蓝色的布面精装,也算大方得体,巴老在上世纪八十年代曾拿他作为礼品赠送过人。这个本子不知道印了多少,内文的纸张也是很一般的。我还看到过一个精装本,是1989年印刷本的《激流三部曲》的精装本,也算做得比较好的了。较近的一次是用2005年后的印本制作的,用的是蓝布面,内芯就是平装本的芯,书脊装成如同笔记本一样平,翻起来与市面上劣质的精装书感觉没有什么不同。这书大概市面上也没有卖的,打听作者的家属,说是出版社共送了他们三十套,或者总计做了这些?《家》有着成百万的印刷量,现在的印刷技术、制作工艺、纸张质量都远远超过了往昔岁月,但图书的制作水平长进不大,我实在有些耿耿于怀。

也是那次在中国现代文学馆,我还发现了另外一本精装本的《家》。素白的封面上有一个菱形的红方块,中间是隶书的墨黑书名"家"字,下面是"巴金"的手写签名(后来才发现,这本《家》还有一个护封,用刘旦宅先生的插图为背景,画面是觉慧和鸣凤在梅林中交谈的场景;封面的下角是一个红色的隶书"家",还有巴金的手写签名),版权页上标着:1962年1月北京第1版,同月北京第1次印刷。这是配有刘旦宅彩色插图的一个版本,这本书上有巴老赠送给他弟弟李济生的题签,不知怎么又被讨回(或者未送出)捐赠出来了。扉页上还有巴老的两行字"这是唯一的中文插图本 金"。看到这两行字,我当时就愣住了,在我的想像中《家》这样的书应当根据不同的读者需要有不同的开本、装帧、印制方式,出版社从一个主品种的书可以开发出不同的副产品。可是中文插图本就印过一次?我几乎有些不相信,巴老写着的"唯一"似乎是在叹息,也能够看出他对于这个插图本的珍惜。刘旦宅先生的插图很有特点,倒是外文出版社出版的《家》的英文版、阿拉伯版等外文版本都用过,而且我还发现刘先生同一情景实际上画过两套细节和风格均有差别的插图,这个问题容我另外再谈。我想说的是,那天翻着这本书,我很受震动,当时就想要是有一天能够重印这本插图本,让1962年印本不要成为"唯一的中文插图本"该有多好啊!

这个愿望，终于在各方面的支持下于今年实现了。繁体字纪念版的《家》前面配有多幅珍贵的照片和手迹；内文也曾考虑过用初版本或做文字校勘，因为巴老曾数次修改过《家》，但这些都是巴老生前所反对的，因为他认为修改本的《家》比初版本在艺术上要完善得多，印书最重要的是要尊重作者的意愿，至于研究者为了研究去查各版本，做这样的功课也是理所应当。附录中收了巴老为《家》各版本写的前言后记，各种外文译本写的序跋，以及谈《家》创作情况的几篇文章，有助于读者更深入地了解这部书。最为值得一提的是，以手稿的形式在附录中收入了写于1928年的《春梦》残稿。巴金先生曾回忆："为我大哥，为我自己，为我那些横遭摧残的兄弟姊妹，我要写一本小说，我要为自己，为同时代的年轻人控诉，伸冤。一九二八年十月回国途中，在法国邮船（可能是'阿多士号'，记不清楚了）四等舱里，我就有了写《春梦》的打算，我想可以把我们家的一些事情写进小说。"后来写《激流》（后改名《家》）的时候，巴金才决定将《春梦》改为《激流》，"我不是在写消逝了的渺茫的春梦，我写的是奔腾的生活的激流。"① 《春梦》是想仿照左拉《卢贡—马加尔家族》的写法写成一部连续性的小说：

在那个短时期里，我的确也写了一点东西，它们只是些写在一本廉价练习簿上面的不成篇的片段。我当时忽然想学左拉，扩大了我的计划，打算在《灭亡》前后各加两部，写成连续的五部小说，连书名都想出来了：《春梦》、《一生》、《灭亡》、《新生》、《黎明》。《春梦》写杜大心的父母，《一生》写李静淑的双亲。我在廉价练习簿上写的片段大都是《春梦》里的细节。我后来在马赛的旅馆里又写了一些，在海轮的四等舱中我还写了好几段。这些细节中有一部分我以后用在《死去的太阳》里面，还有一大段我在三年后加以修改，作为《家》的一部分，那就是

————
① 巴金：《关于＜激流＞》，《巴金全集》第20卷第674－675页。

瑞珏搬到城外生产、觉新在房门外捶门的一章。照我当时的想法，杜大心的父亲便是觉新一类的人，他带着杜大心到城外去看自己的妻子，妻子在房内喊"痛"，别人都不许他进去。他不知道反抗，只好带着小孩在院子里徘徊；他的妻子并不曾死去，可是他不久便丢下爱妻和两个儿子离开了人世。①

其他几部小说的内容，巴金也已经构思好了："《春梦》写一个苟安怕事的人终于接连遭逢不幸而毁灭；《一生》写一个官僚地主荒淫无耻的生活，他最后丧失人性而发狂；《新生》写理想不死，一个人倒下去，好些人站了起来；《黎明》写我的理想社会，写若干年以后人们怎样地过着幸福的日子。"可小说并没有写下去："但是我回国以后，始终没有能把《春梦》和《一生》写成。我不止一次地翻看我在法国和海轮上写的那些片段，我对自己的写作才能完全丧失了信心。《灭亡》的发表也不能带给我多少鼓励。我写不好小说，便继续做翻译的工作。"②　就这样，除了上面提到的被用到了其他小说里的那些情节，当年写下的文字就沉睡在这册廉价的笔记簿上了。不过，巴金的大部分想法在《激流三部曲》和《憩园》中都写出来了，只差一部《黎明》(《群》)多少次计划要写也未能动笔。

《春梦》残稿历经劫难保存下来，实在是一件幸事，稿子的第一页有巴老的说明："《春梦》(一九二八年计划写的中篇小说残稿)一九九一年二月三日"。这次将其以影印的方式而不是整理成文的方式附在书后，正是为了存真，让读者看到八十年前原汁原味的作者创作心迹。对于很多普通读者，看看手稿体味一下就可以了，未必太在意具体的内容；至于研究者，相信都具有识读手稿的能力，所以，我们并没有将手稿整理成文。从保存下来的这部分手稿看，主人公的名字作者尚未

---

① 巴金：《谈＜新生＞及其它》，《巴金全集》第20卷第399页。

② 同上，第400页。

确定,初以"杜ΔΔ"代替,后来才出现"杜大心",到最后一章,又出了个"杜奉光"。手稿中还能够看出巴金早年的创作习惯,如同《灭亡》一样,这个小说也不是依据情节连续写成的,而是先写成片段,上面还有"以后再作一两章"这样作者备注的话。现有的这几个片段,开头是主人公欲投湖的心理描写,后来被家人劝解,家人劝道:"你不能为你的妻子而死,你要娶妻生子,光耀你的门第,振兴你的家业。"接下来一章写的是主人公生病,表妹张文莲悉心照顾他,以及二人的情感交流,但这种照顾又受到家族中其他人的非议,表妹只好离他而去。最后一个片断是"春妹"患病将死,"杜奉光"去探视,两人生离死别的场景。后面一部分手稿,是用铅笔写的。整篇残稿文字给人以凄婉、哀伤的调子,正如巴金说的"写消逝了的渺茫的春梦",大约这种调子也是巴金后来所不喜欢的,所以没有写下去,但是残稿对于了解巴金的早期创作,乃至研究《激流三部曲》的构思过程、写作变化等有着重要的价值和意义。

最后,还要透露一个秘密:计划中的繁体字纪念版的《家》本来全部是精装,而且配有制作考究的木盒,但因制作工艺极其复杂,在纪念《家》出版75周年的学术研讨会召开之前,实在来不及制作完成,最后决定,先制作200册特装的平装本(编号为5801—6000)以馈赠与会贵宾,这无意中又给这部书多贡献了一个印本。哈哈,相信搞收藏的朋友对此或许更有兴致。

2008年10月6日于竹笑居

之二:南国版和天地版《激流》

在海外行销量较大的繁体字版《家》、《春》、《秋》,当属香港南国出版社印行的二十世纪五六十年代版本和香港天地图书公司自二十世纪八十年代至今仍在印行的版本。

南国出版社在上世纪五六十年代出版了巴金一系列的小说和作品集，版式都差不多，《家》《春》《秋》三本也属这个系列之中的，封面用两种色调上下分割，《家》的上三分之二是浅绿色，靠书脊一侧粗宋体写着"巴金著"，下三分之一是墨绿色，横印"香港南国出版社"。《春》《秋》两本封面差不多，上鹅黄，下墨蓝。这套书版权页上都没有标明出版日期，可能多次翻印。如《家》的版权页写着：

家　定价港币八元八角

著作者：巴金

出版、发行者：南国出版社

香港德辅道西 292 号 A 二楼

印刷者：联合印刷文具公司

红磡民裕街 36 号荣业大厦九楼 B 座

电话：3-638211-2

版权所有　翻印必究

其实，这标着"版权所有，翻印必究"的书也是未经作者授权的"租型本"。对于此事，余思牧先生曾经有过介绍："'南国出版社'自1952年以来，即一直通过'三联书店'租用前'开明书店'战前版的巴金散文集、小说集的纸型来印行于海外，销途颇广，成了海外专门出版巴金著作的出版社。"① 据余先生介绍，南国出版社的负责人是林永铭、郑应彬先生，六十年代余思牧先生曾兼职该社，为其主编语文丛书。大约是在与余先生的通信中巴金先生得知了香港租型印行他的作品，之后，在 1961 年 7 月 13 日致余思牧的信中他表达了自己的态度：

---

① 余思牧：《巴金致余思牧的二十七封信》按语，《作家巴金》[增订本] 第 775 页，香港利文出版社 2006 年版。

我不希望用旧报纸型重版我的旧著。我特别不喜欢用开明书店纸型重印的那几本,我早在开明书店结束的时候就对该店的负责人讲过将那些纸型作废。因为那些纸型错字多,不妥当的字句也多,例如《海行杂记》还是一九二七年初赴法途中写的,那时我不过二十二岁多。一九三二年虽然作了些文字上的改动,但是还有许多毛病。现在印出这个版本,对谁都不会有好处。请转告南国版社,以后千万别再用开明书店的纸型重版我的任何一本旧作。至于别的书,暂时用旧纸型重版也不要紧。(其实《家》、《春》、《秋》中改动也很大。有些缺点我自己已改正了,港版还一直替我宣传,我心里总不大痛快。)

差不多一年后,1962年5月20日致余思牧的信中,巴金再次表达了这一意愿:

《家》、《春》、《秋》将来如重排,我仍希望能依照《文集》本。我指的是内容,不是排版格式(我倒喜欢排直行)。文集本《家》字数可

能少于旧本，因此排工不会超过旧本。文集本《春》比旧本虽多了一章（《秋》[《文集》本]多了两章），但字数增加并不超过一万（《春》只增加四、五千字）。旧本中有不少冗长的句子，我很不喜欢，"底"字太多，我现在看到也不舒服，此外还有些缺点，我实在不愿意让旧本流传下去。

香港的出版社为了节省成本吧，一直没有按照巴金的想法另排，还有竟成书局盗印巴金的作品，甚至胡编滥造把一些不是巴金的作品编在巴金名下。余思牧说："他再一次谈到对其盗印书及旧纸型的不满，他给当时的文化部出版局交涉过，可能没有什么效果。所以他虽然不愿意让人再印他自己早已删改了的文字出来广为传播，可是，直到1986年的今天，那些'开明'版的旧纸型仍然销数盖过新版《巴金文集》在海外广为流行……"① 尽管如此，南国出版社翻印的巴金的作品在特殊时期倒满足了海外读者的阅读需要，对于传播新文学作品起到了积极的作用。更为难得的是，在"文革"期间，南国出版社翻印了十四卷本《巴金文集》，成为海外最大规模的巴金作品集的翻印。"直到1970年，'文化大革命'闹得天翻地覆，巴金著作在香港国营书店中绝迹。其实当时不只巴老的书被禁售，绝大多数的文史著作，包括人民出版社印行的中共代表会议报告或国务院总理的施政报告，也全部禁售，书橱上空空如也，香港的读者猜不透是怎样的一回事。人们还不知道巴金先生在国内正被揪出干校到处去批斗。在这个'横扫一切牛鬼蛇神'的空前巨变时候，'南国出版社'却重印了巴金先生解放后细心地修订和校正过的十四卷本《巴金文集》，发行于海外广大地区，作为我们对巴金先生的关注。……我们重印《巴金文集》是真的在向当权派表示抗议的。海外的读者，包括日本的读者，都抢购这套《巴金文集》，以示爱戴及肯定

---

① 余思牧：《巴金致余思牧的二十七封信》按语，《作家巴金》[增订本] 第794页，香港利文出版社2006年版。

巴金、重视及珍惜中国新文艺。"① 巴金后来也为自己在遭受非人的待遇时，海外的读者能够通过这套文集阅读他的作品而感动。

以改订本付排，巴金的这个心愿终于在1985年香港天地图书公司推出的《家》中得以实现。巴金为这个新排本特意写了新序，在序言中，他说："我只提出一个要求：新版一律根据作者最近的修改本重排。我并没有改变自己的看法，我仍然主张著作的版权归作者所有，他有权改动自己的作品，也有权决定自己作品的重印或停版。我一直认为修改过的《家》比初版本少一些毛病，最初发表的连载小说是随写随印的。我当时的想法和后来的不一定相同，以后我改了很多，文字和情节两方面都有变动。"②

作者的观点很鲜明，希望读者能够读到最后或最完美的修改本。关于《激流三部曲》的修改，我以前曾谈过，在此不再赘述。我感觉，随着作者阅历的增长、写作技巧的熟练，修改本的确比以前的本子增色不少。至于修改本中体现出的时代痕迹，我认为这不可避免，人是活的，作者不可能不呼吸外界的空气，这些也都会自然而然地反映到作品中去。至于作者的修改是不是为了趋时而伤害了艺术，这些作为学术问题都值得讨论。不过，对于一些研究者如同处子情结的初版本崇拜，我却不能无条件赞成。一是因为，我们没有权力阻止作者的修改，毕竟那是作者的创作，他的想法改变或者他认为需要修改，那么这部书的创作就没有终结。至于越改越好，还是反不如前，那是另外一个问题，读者可以进行比较，也可以根据比较的结果选择不同的版本。不排除作者最初创作时不成熟，在后来的修改中逐渐成熟的情况，修改了不下八次的《家》应当就在此例。二是学术研究和普通阅读者的需求未必一致，作为普通阅读者，未必关心初版本、再版本，倒可能要求艺术上更成熟的

---

① 余思牧：《巴金致余思牧的二十七封信》按语，《作家巴金》[增订本] 第798页，香港利文出版社2006年版。

② 巴金：《为香港新版写的序》，《巴金全集》第1卷第465页。

天地图书有限公司（香港）版的《激流三部曲》书影。

本子或代表着作者最终意见的本子，至于研究者，要研究初版本、对比各版次的差别，写文学史依据初版本等等，那尽可以去做，在这一点上，大可持开放的态度，不能作者一改作品就仿佛犯了不赦之罪似的。

天地图书有限公司（香港）版的《激流三部曲》，已经印行二十多年了，我以前曾见过，但一直不曾买到。大约是在半年前，从孔夫子网上订购了一套，可算是迟来的欢喜。此书设计朴素大方，封面用的都是水禾田拍摄的一幅巴金头像，页面上端是镂白的"家"、"春"、"秋"的大字和横排的"巴金著"的小字，衬托三本书书名的色块分别是红、绿、黄，与书名的意义相对应。现在得到的版本信息是这样的：《家》，1985年10月初版，1991年、1994年、1998年均曾重印，定价：港币22元。我手头这本是2008年印刷，定价已经是港币65元了。《春》，1987年1月出版，1989年、1994年曾重印，定价：港币25元；2005年印本，定价港币 60 元。《秋》1987 年 5 月初版，1989 年，1990 年，1995 年曾重印；2000 年印本，定价 65 元。

关于繁体字版《激流三部曲》，巴金还有个心愿至今没有实现：1961 年 12 月 11 日致余思牧的信中他说："我上次过香港时看到一些袖珍版的翻译书，如《复活》等，都是根据国内的译本重排的。因此我想如果根据新版排印一种《激流三部曲》的袖珍本，售价一定比旧本便宜。"多少年了，中文本"激流"印了那么多次，居然没有出过一次方便携带的袖珍本，倒是日文和法文出过袖珍本，作为把印刷术列为四大发明的文明古国的后代人，真应为这种在文化工作中越来越粗劣、只知赚钱的作风感到无地自容。

2009 年 2 月 14 日下午

之三：《家》的初版本

我没有想到如今找一本《家》的初版本竟然是那么不容易。平常我用的都是上海文艺出版社《中国新文学大系》重新排印的初版本《家》，直到去年在整理《激流三部曲》版本图录的时候，才想用一下原本。可是，在沪上几个大图书馆的目录检索中都找不到初版本，没有办法只好托李存光老师在北京找，他说国家图书馆一定有，上世纪八十年代他还去拍过图片。不料，目录中检索不出，不知什么原因。而在中国现代文学馆所藏的多种版本《家》中，也找不到初版本。这时候，我有点慌了。我记得八十年代《新文学大系》重印时，巴老曾经说过这样的话："去年上海文艺出版社编印《新文学大系》（第二个十年），在《小说专集》中收入我的《家》，他们一定要根据一九三三年开明书店的初版本排印，花了不少功夫居然找到了印数很少的初版本。"[①] 这说明：一、巴老

---

① 巴金：《为旧作新版写序》，《巴金全集》第 1 卷第 466 页。

当时自己手头都没有初版本；二、初版本印数少，很难找。二十多年过去了，会不会我们再也找不到？看来，现代文学史料的整理和保存工作真应当引起高度重视了。但功夫不负有心人，不久，存光老师兴奋地说：在北京大学图书馆找到了初版本（过程详见巴金故居编《点滴》2009年刊发的李存光《寻访＜家＞的初版本》一文）。后来去查对，这还是当年中法大学图书馆的藏品，品相一般——这是做《家》版本图录最为苦恼的事情，这书可能当年太流行了，公共图书馆所藏的几乎都是被人翻破了的本子。

对《家》初版本的封面，它的设计者莫志恒曾这样描述："巴金的《家》（再版本），据作者说，是'激流'三部曲之一，所以我把'激流'二字放大占封面四分之三面积，以细点空心字印橘红色，上面套印一个'家'字、'巴金著'，都写美术字，黑墨印，封面用白色。"① 书的版权页写的是：

民国廿二年五月初版发行
实价大洋一元七角
发行者：杜海生
印刷者：美成印刷公司
总发行所：开明书店

在版权页的下角有小字：（小294）。我不清楚这是什么，是开明书店出版的图书编号？因为在后来几次印刷中，它变成：（说294），是否表明小说类第294号（种）？初版《家》的内容已经有很多人谈过，我就不多谈了。

《家》的第二版，与初版本属于同一体系，内容没有什么变化，实

---

① 孙艳、童翠萍编：《书衣翩翩》第390页，北京三联书店，2006年9月版，再版本系作者误记，详情请参见上述李存光文。

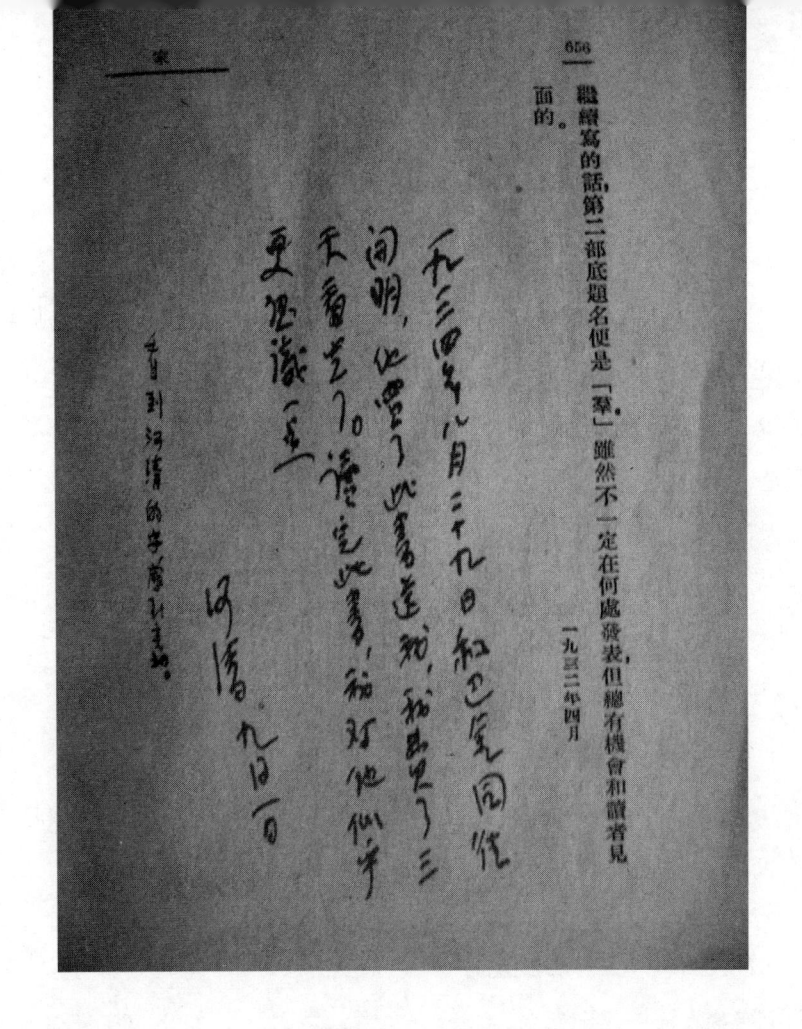

际上就是现在说的第二次印刷,是在 1933 年 11 月,恰好初版半年后重印的。这个版本,倒是很多图书馆有藏,上海图书馆的藏本扉页还盖了个"胡德泉"的红章,不知何许人也。巴老本人也藏有重印本,扉页上有他直行所书"赠现代文学馆 巴金 八三年八月"。最有意思的是这本书原本是黄源(字河清)先生的,后来怎么到了巴老手中就不得而知了,因为在全书后记页(第 656 页)结束的空白上有着黄源用钢笔写下的一段话:

一九三四年八月二十九日和巴金同往开明,他买了此书送我,我费了三天看完了。读完此书,我对他似乎更认识一点。

河清 九月一日

在这段话后面，是巴老晚年用水笔写下的小字："看到河清的字，感到亲切。"应当是五十年前的往事了，这本书和这段话一定又引起巴老很多青年时代的回忆。

第三版的《家》印行于1934年9月，版权页上发行者改为章锡琛，其他的没有变化。而巴金自藏的第四版的《家》，可以说是一本特别珍贵的版本，主要是因为上面有很多巴金的修改，正文前的空白处还有为了修改所做的很多功课，应当是研究《家》版本史最为难得的一份资料。此本是1935年4月发行，实际上是巴金修改的底本。在该书封面上，巴金写道："这是第四版"、"十版代序缺"。扉页上有一个蓝色的条形章，作为《家》的印刷记录帮我们解决了不少具体问题，这个印章的内容是：

4版2000册

印单第2270号

24年4月29日印成

发交：新艺装

因为好多人关心《家》的印数，初版本已经没有记录，根据当时印书的常例估计是1000—1500册，而这一本却清楚了，连内文印成的时间都有了，太难得的记录了！

同在这一页上，还有"P338有改"的字样，不知道是不是作者所书。巴老倒是在捐书时于本页写下："这是新五号字本的底本"的字样，并同样写道："赠现代文学馆　巴金一九九三年"巴老不是在每一本赠给现代文学馆的书上都有题签的，而这样的题签足见出他对该书的珍惜。在《激流》总序的最后一页，还有一个大字"金"，巴老很多自存本上才有这样的署名。更为难得的是在本书的版权页后面，两页广告页上，巴老于晚年还写下了《家》的几次修改记录：

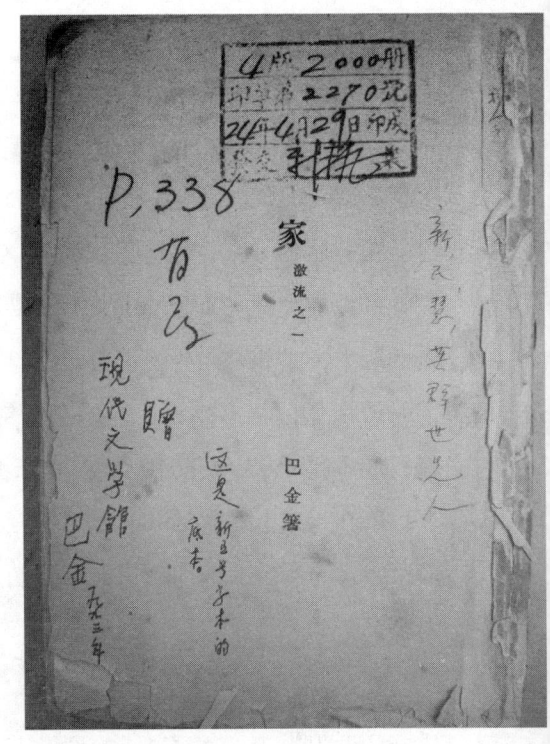

《家》新五号字本底本（《家》第四版）封面和扉页。

三次五版；五次孤岛版；七次文集版

三七年底根据新五号本清样重排；八次改订本应当是四川十卷选集的底本。

根据巴金在《关于＜激流＞》一文中的提示：

《家》第一次修改："一九三三年我第一次看单行本的校样，修改了一遍，第三十五章最后关于'分家'的几段便是那时补上去的，一共三张稿纸。"

第二次："一九三六年开始写《春》，我又读了《家》，作了小的改动。"这就是后来印出的第五版（故上面巴老说"三次五版"是否有误？），该本于1936年4月出版。

第三次："一九三七年上半年书店要排印《家》的新五号本，我趁这机会又把小说修改一遍，删去了四十个小标题，文字上作了不少的改动，欧化句子减少了。这一版已经打好纸型，在美成印刷所里正要上机印刷的时候，'八·一三'日军侵沪的战争爆发，印刷所化成灰烬，小字本《家》永远失去了同读者见面的机会。"

第五次："这年年底开明书店在上海重排《家》，根据的就是这一份清样，也就是唯一的改订稿。我一边看《家》的校样，一边续写《春》。"这就是巴金所说的"孤岛版"，也是《家》的第十版，于1938年1月出版，是"三七年底根据新五号本清样重排"的。

第六次："建国后人民文学出版社愿意重印《家》，一九五二年十月我从朝鲜回来，又把《家》修改了一遍才交出去排印。这次修改也是按照我自己的意思。"

第七次："一九五七年开始编辑《巴金文集》，我又主动地改了一次《家》，用'的'字代替了'底'。"

第八次是1980年11月的改动，"上个月的修改，改动最少，可能是最后的一次了。"四川人民出版社十卷本《巴金选集》就依据这个底本。

这样排下来，有一个问题，就是第四次修改是什么时候？或者，巴老与我们上面排列的次序不一样，他把初稿算作一稿，初稿后的修改（或者算二稿）看作是第二次修改（即1933年排印单行本时的修改），这样我们排列的次序与他写的才是吻合的。

《家》有这么多版本，可见作者对它的珍惜。至于作者本人则多次表态，他不认同初版本定乾坤的做法，对于《新文学大系》用初版本印刷，他持保留意见：

他们这样做，大概是为了保存作品的最初的面目。但是我的情况不同，作品最初的印数不多，我又不断地修改，读者们得到的大多是各种各样的改订本，初版本倒并不为读者所熟悉，而且我自己也不愿意再拿初版的《家》同读者见面，我很想坚持一下不让初版本入选，但是后来我还是让了步。我想："不要给别人增加麻烦吧，它既然存在过，就让它留下去吧，用不着替自己遮丑，反正我是边写边学的，而且《新文学大系》又不是给一般读者阅读的普通读物。"作品给选进《新文学大系》，戴上"文学"的帽子，当然要受"体例"等等框框的限制。①

但在今天初版本这么难找的情况下，我倒想：亏得还有一个《新文学大系》。

2009年10月7日夜

之四：《家》连环画

去年为了纪念巴金先生诞辰105周年，上海人民美术出版社重印了画家徐恒瑜所绘的《家》连环画。这书以前一位老师曾借给我看过，是1985年四川美术出版社出版的，蓝色的封面，方方的大本，背景绘得很精细，人物都是细长地规规矩矩地置放在线框中。连环画，我们叫小人书，自然是我们这代人童年中不可或缺的物件，当年斗大的字不识一个的时候，对着图依旧连编带蒙绘声绘色给小朋友讲火焰山、牛魔王、铁扇公主，讲大闹天宫，讲林冲、鲁智深，讲瓦岗寨、罗成、秦琼、李元霸，讲铁道游击队……不用说，我非常喜欢那种线条清晰、勾勒清楚的连环画。我买的最后一本小人书是《霍元甲》，一来已经上小学三四年级，开始更多阅读纯粹的文字读物了，另外，不能忍受的是传统连环画的那种工笔的线描功夫彻底丧失，画一个人不要说没有表情，连面部的轮廓都弄不清楚（大有当今日本动漫的恶俗——阿弥陀佛，请原谅），实在目不忍睹，从此我就告别了连环画。而徐恒瑜的《家》虽然比传统的连环画已经有了画家更为个性的笔法，但不脱那种趣味，所以看起来总还顺眼。

---

① 巴金：《为旧作新版写序》，《巴金全集》第1卷第466页。

再细看，我特别喜欢作者那种精致的背景勾勒功夫，无论是花草树木，还是房屋建筑，都非常细密，大胆地占据着画面的大部分，相比之下，画面的一角才是人，人之渺小和无力决定自己的命运被画家的这种构图完美地表现出来了。画家自述中说："我采用封闭式构图，刻板凝滞的线条，麻木胶滞的人物，以及压抑、沉闷的背景来体现即将崩溃的前夜。"此次重印，是标准的三十二开精装本，拿在手里正合适，更为难得的是有五个场景的画面，作者曾精心画过五幅彩色工笔，1984年还获得了第六届全国美展铜奖，原作为中国美术馆收藏，此次重版，这五幅画以画片的形式附于书中。看梅林中的觉慧和鸣凤，廊柱下孱弱的梅，相拥而泣的觉新和瑞珏，正襟危坐的高老太爷和冯乐山，少城公园中指点江山的青年男女们……这一幅幅画面带着我们去回顾那经典的遥

徐恒瑜所绘《家》连环画。

巴金的似水流年

远的故事,让我们觉得他们的声音和身影又如在眼前。一个星期天的上午,我又一次翻看了这套连环画,如同在重温童年的旧梦,是啊,多少年我都找不到重翻小人书的心境了。

其实这套连环画在2003年8月还曾印过一个两册线装的收藏本,十六开,外有缎面的函套。说实话,我不大喜欢这个"豪华本",总觉得没有小人书的感觉,就像穿惯了粗布的农家小孩,突然给了他绫罗绸缎,他会浑身不自在的。上海人民美术版新印本印了三千册,去年开会的时候,我们买了一百册,没有想到会议结束没几天就发现几乎被人要光了。我慌忙跟出版社联系再买,没想到得到的回答是:全发完了。这么快,不到一个月啊!原来有那么多人喜欢连环画!或者仅仅是为了那个放不下的童年梦,仅仅买来收藏?幸好,最近他们又加印了一些,这次不敢怠慢赶紧下手。

据说另外一本连环画才珍贵呢,那就是钱君匋编、费新我绘的《家》连环画。我不收藏连环画,还是那位老师借给我的。此书是由上海的万叶书店在孤岛时期出版的,版权页上印1941年7月30日印刷,8月20日初版,国币一元二角。万叶书店,1938年7月由钱君匋、李楚材、陈恭则、陈学綮、顾晓初、季电云等每人出资一百元创办的。最初店址在天潼路宝庆里39号,后期迁到南昌路43弄76号。钱君匋任经理兼总编辑。书店主要出版算术、美术、音乐方面的教材,如《小学活页歌曲选》、《儿童画册》、《子恺漫画选》等,文学方面,还出版过月刊《文艺新潮》,由钱君匋、李楚材、锡金主编,同时出版过"文艺新潮丛书",收有巴金的《旅途随笔》、丰子恺的《率真集》、靳以的《希望》,以及茅盾、李广田、王西彦等人的作品。抗战胜利后,以音乐读物出版为主,1946年改组为股份公司,费新我任董事长,1954年迁北京,改为音乐出版社。① 钱君匋和费新我都是当今受人追捧的闻人,大约这也

---

① 王荣华主编:《上海大辞典》第1240页万叶书店词条,上海辞书出版社2008年版。

是本书受追捧的原因。我喜欢这本书首先是因为它在细节上比较讲究，淡绿色的封面上，一个红红的"家"字特别醒目。主画面是一只巨大的蝙蝠，张开大爪子扑向一张小小的古琴，琴边写着"五千"两个字，大约代表着五千年的文明，一种危在旦夕的紧迫感油然而生。扉页右页是费新我1940年为巴金画的像，戴着眼镜，目光向下看着，似沉思，又有一种忧郁感。左页则是一个大张的虎口，虎口尖牙中是一个"家"字，图下方有1944年7月7日的字样和费新我的签名"FISHINGWOOD"。还有一个细节，就是第二页和第三页，作者连画两页《家》的人物头像，画出《家》中二十四位主要人物，形形色色，表情不一。这等于是《家》的人物谱了，今天看来，作者是如何想象和勾画人物，通过这个头像可见一斑了。

在扉页后，还有陈秋草钢笔手书的《关于〈家〉的连环画》，相当于序言了：

这一册以巴金先生的名著《家》为题材的"连续图画"，作者是白鹅的老同志费新我兄。白鹅，这一个将要在一般人意念中消失去的艺术小团体，说来正和已有的"连续图画"一样，素未尝为我国艺坛所重视。

"连续图画"在以艺术为桥梁而达到教育大众的意义上，说起来，是应该有它光明的前途的；但当然也需要好的内容和技术。如果我们想所谓某种高贵艺术仅许有些人们作为盛世雅赏，和什么《彭公案》《红莲寺》等小人画本影响到大众意识为何如的时候，自会感觉有新的内容和技术的连续图画的兴起是怎样切要的事。

万叶书店着意出版这一类图画，和作者对于这一项新创作的努力，是值得我们推荐的。按作者为万叶编绘范本多种，予学者印象很多。本书在制图的时候，对于每一画面景象的位置，画中人物面貌的揣摩，和语意的象征写出等，都有过很审慎的思考；画的技术也颇合水准。这是具有"新启蒙运动"价值的艺术，让大众来欣赏这本《家》的默片演出吧。

我们应该为大众欣幸。

陈秋草
三十年六月

陈秋草在这里谈到了连环画对于开启民智、启蒙大众的作用，这与鲁迅等人的看法是一致的。从启蒙的角度，他肯定了这种艺术样式的价值，并预言了它的未来。需要多说几句：陈秋草（1906—1988），名蒹，字秋草，号犁霜、实斋，室名风之楼。祖籍浙江鄞县，生于上海。幼喜绘画，1925年肄业于上海美术专科西画系，在上海明星影业公司作字幕装饰及为大理石厂作造型设计工作。1928年起与潘思同、方雪鸪创办国人第一所职工业余美术研究团体白鹅画会、白鹅绘画研究所，招生授课。白鹅画会以交流和集体研究为宗旨，重视自由探讨，鼓励自觉精神，是上海最早创立的职工业余美术创作研究团体，培养了不少美术人才。1934年，又在长春路开办白鹅绘画补习学校，出版《白鹅画刊》，江丰、程及、费新我都曾求学于此。在此期间，陈还任上海良友图书公司《美术杂志》编辑，编辑过《白鹅年鉴》、《装饰美》等美术书刊。1955年起出任上海美术馆馆长，我们这代人熟悉的插图《小蝌蚪找妈妈》即出自他的手笔。费新我1934年起在上海白鹅画校及白鹅画会学习西洋画，当是他学生辈的人了。费新我在这本书的《后记》中说："今年三月间到上海，君匋先生偶然谈起要我绘《家》的连环图画，当时因为自己觉得太稚拙，哪能当此重任？所以没有答应。回苏后遇到友人萧君，他却竭力怂恿我尝试，同时我又感到家庭间的烦恼，于是乎就把《家》读了一过，试着预备起来，直到六月初脑病之后，始发心涂绘，六月下旬特把稿子带到上海就正于秋草老师和君匋先生。"（1941年7月）我特别注意画家说："感到家庭间的烦恼"，可见他是受了《家》的感染才执笔的，这从另外一面可见《家》在当年是触动了社会的普遍问题、触及了青年人内心的苦闷和困惑。这并非如某些学者所论述的，仅仅是一个观念层面上的臆想，而是有活生生的现实。钱君匋曾经为巴金的《家》等多种开明版的书设计过封面，与巴金自然很熟，在后记中，他说："五年前我在一个中学里的钟楼下接受了巴金兄的嘱托，把他所译的《我的生活》的铅印清样研读着预备制作插图，当时我就打算把他的那部《家》给它从头到尾画一套。结果战事发生了，我离开了那个住了十多年的钟楼，流亡到遥远的地方，两件事都被搁置了。今年在上海与新我兄偶然把往事提起，大家都很兴奋，当时很有意思把《家》试作一套。我因栗六异常，没有时间来执笔，便托新我兄绘作，新我兄研读着《家》，经过相当时间才开手，态度是十分郑重的。""当第一幅画到我手中时，我便思考着如何写它的说明了。因为要通俗，文字一定要浅显些，又因每面字数有一定，而原书的事实颇丰富，往往有不能尽收之憾，但在可能范围内，总使它不失原意为主。这样再四易稿，成就了今日的样子。"（1941年8月10日）这已经把书的来龙去脉交代清楚了。

这套连环画在艺术上很有特点，我是外行，谈不了很多，但让我感受最深的，特别是与以后的那种标准的写实的相比，是这本有很大的想像力和跳跃性，作者时不时用分格的办法，把不同时空的场景和人物内心活动集中在一个画面上，有从两格到四格的，或者环绕中心的，虽然画面是固定的，但犹如电影镜头的切换，很有特点，尤其是能够着力表现人物的内心活动这一点更是难得，这也是它超出诸书的地方。比如画觉新被长辈逼迫放弃学业的事情，在他捂着脸痛苦的主画面周围，有他母亲的画像，长辈的狰狞面孔，书和算盘等，凸显着他理想的破灭。画新年到，就用四格，分别画出了厨房里人们忙碌着做年糕，女人们剪花折锭，孩子买玩具，仆人张灯等场面。画觉慧与鸣凤最后的告别，叙述觉慧以社会理想为重、轻漠了少女的祈求，画面上是觉慧仰着头，眼睛看着天上的样子，在他的头顶上有一个天平，左端是砝码，写着"献身

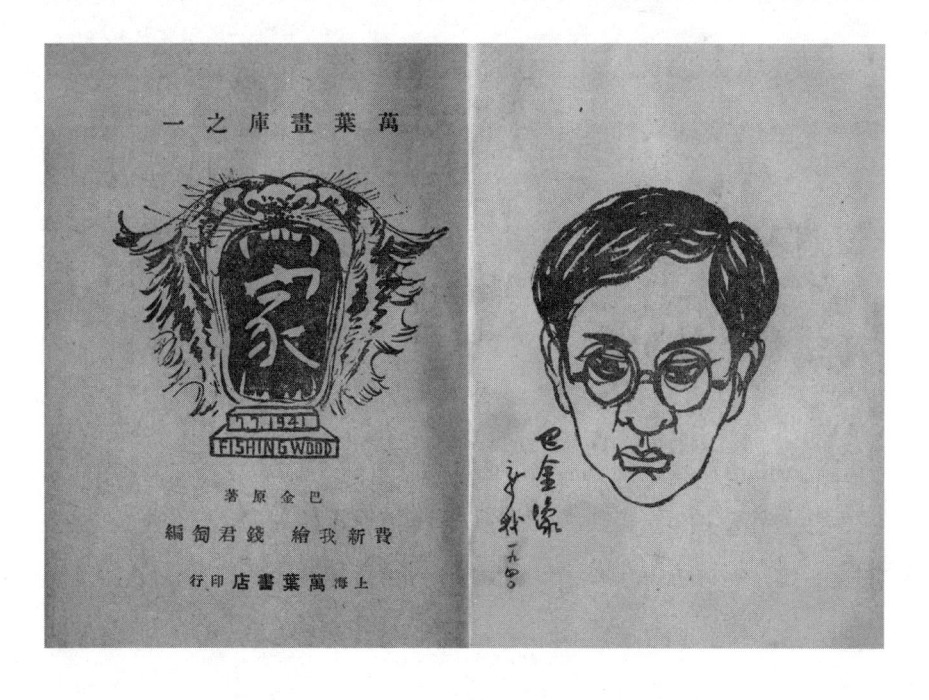

社会"，右面是鸣凤无望的眼神，天平显然更倾向于左边。画琴追求个人理想的过程，有一幅画面也十分惊人，是她的眼前出现了一条很长的路，上面躺满女子的尸体，文字是：她明白这条路是几千年修好的，充满了女子的血泪……总之，作者能够放得开，用尽可能多的形式，将呈现在人们面前平面化的画面立体化，让人能够感受到一种动态，感受到一种人物的心理活动。这是他的高明，我想画《家》这样的经常叙述人物内心活动的现代作品，必须要有这样的探索和创新不可，这和古代的以人物外在行动为主的作品是大不相同的。

我查了一下《家》的评论文章索引，能够感觉到这部作品与《灭亡》有很大的不同：《灭亡》发表后一段时间内评论如潮，但《家》则是一个慢热的过程，在这个过程中，诸如话剧的改编，电影的拍摄，包括连环画的出现，对于扩大它的传播和影响起到了不可低估的作用，有兴趣的人甚至可以在画法之外对比一下各改编者在文字上的取舍等等，不但有意思，也能够看出不同时间和不同的人对于《家》的接受和认识。

2010 年 9 月 10 日于巨鹿路

之五：《家》《春》《秋》的特装本

有些事情是可遇而不可求的，比如说有些书的特装本，大多数量有限且不在市面流通，只有跟作者有私人关系的人才有可能拿到。时过境迁，倘若还能发掘出来，可真是昨夜做了好梦。这等好事，我从来都不去想。多少年前，年轻气盛，相信世界是我们的，什么都想拥入怀中，买书也是这样，一书不得，连日难眠，四处折腾亲友帮我买，而且恨不得想到的书都要买到。现在想来，固然当时买书不易，想读的书多半读不到，不过未免也有一点少年的贪心。后来明白了：不但世界不是我的，就是现在握在手上的也未必就是你的；就算是你的，时光匆匆，真正能为我们细细品味、静静相对的东西有几件？生也有涯，何必为无尽之物而累呢？我们的天空很小，来来往往大多是过眼烟云，聚聚散散，只能随缘。我喜欢"蓦然回首，那人却在灯火阑珊处"的会心和惊喜，而不喜欢处心积虑的算计和安排。对于书也是，心中有它，就有相逢的机会，两情若是久长时，又岂在朝朝暮暮？甚至也不必在乎是否拥有，借来的书不是读得更细？从使用的角度来讲，珍本书与简陋的平装本没有什么差别，为了做研究查考版本，有复印本、有图片什么的，对我已经足够了，藏书毕竟不是攒金砖；书可把玩，但它的生命更在阅读。所以对于那些特装本，能够看一看翻一翻，望梅止渴，足矣。

巴金先生在三四十年代，曾为他的《家》、《春》、《秋》单独做过特装本，用以馈赠亲友。现在看来，它们的装帧还是一流的，既华贵又大方。三本书都是缎面硬壳精装。其中《家》是浅褐色的枫叶图案，封

特装本《家》（图左）、《春》（图右）。

面上没有书名，书脊上是粗壮的红漆大字"家"，该书正文是开明书店1938年1月的修正一版《家》，就是我们平常说的《家》的第十版；当时的售价是国币一元。《春》是灰色的底面，墨绿色甚至偏黑一点的枫叶图案，书脊上是烫金的"春"字，为1938年3月的初版本。特装本的《家》和《春》应当是作者自己掏钱特装的，不清楚当年印数有多少，大约就在十册二十册之间吧，现在算是极为罕见的书了。迄今为止，我只在中国现代文学馆的巴金文库中见过，是巴金所捐赠。（顺便说一下，中国现代文学馆编的《巴金文库目录》[文化艺术出版社2008年12月版]，这是一件造福读者的好事情，但里面关于版本/版次的勘定之随意也常常令人吃惊，使得本来很好的一本工具书反而让人不敢轻易利用和相信，即以《家》的特装本图版为例，居然标着"开明书店1933年5月初版"，这会极大地误导那些没有机会见到原书的读者。在内文中，由于没有标示特装本，我检索不到该书，或者就是标着开明书店1938年1版的那本？但那是本普通的平装本也说不定。同样情况也出现在该馆后出的《唐弢藏书图书总录》[文化艺术出版社]中：其中《秋》与《家与春》特装本条目，仅著录为精装本，但它们显然不是普通的在市面上发售的精装书，这种特装是不在市场流通的。如此标示，未免把人参当萝卜了。）

《秋》的特装本，最初我是在成都慧园见到的，封面是黑色和墨绿色的图案，金黄的竖框中有黄字"秋 巴金著"。该书版权页标为1940年4月初版发行，国币二元二角。最为难得的是，在扉页上有巴老的一段题词："一九四〇年四月初版本《秋》，用辞书纸加印十五册，大半毁于战火，我这里还有两本，分一本给慧园。"它让我们清楚了，此特装本仅有十五册！

巴金在回忆中两次提到特装本的《秋》：

我一共写了八百多页稿纸，每次写完一百多页，结束了若干章，就送到开明书店，由那里发给印刷厂排印。原稿送出前我总让三哥先看一遍，他有时也提一两条意见。我五月初写完全书，七月中就带着《秋》的精装本坐海船去海防转赴昆明了。①

一九三九年年初我和萧珊从桂林回到上海，这年暑假萧珊去昆明上大学，我在上海写小说《秋》。那个时候印一本书不需要多少时间，四十万字的长篇，一九四○年五月脱稿，七月初就在上海的书店发卖了。我带着一册自己加印的辞典纸精装本《秋》和刚写成的一章《火》的残稿，登上英商怡和公司开往海防的海轮，离开了已经成为孤岛的上海。②

这本书在巴金那次绕道法属殖民地的南行中，还成了他的身份证明。到云南省出入境检查机构登记时，同行人中唯有巴金遇到了麻烦，他的护照上写着："李尧棠，四川成都人，三十六岁，书店职员。"检查者问他在哪一家书店工作，巴金说："开明书店。"对方要看证件，巴金身上没有，对方说："你打个电报给昆明开明书店要他们来电证明吧。"护照就被扣下来了。"我自己当然也有些苦恼，不过我还能动脑筋。我的箱子里有一张在昆明开明书店取款四百元的便条，是上海开明书店写给我的。我便回到客栈找出这张便条，又把精装本《秋》带在身边，再去向姓杨的长官说明我是某某人，给他看书和便条。这次他倒相信，不再留难就在护照上盖了印、签了名，放我过去了。"③ 说不定这个长官也是个文学爱好者？

中国现代文馆巴金文库中《秋》的特装本与慧园的缎面图案大为不同，是蓝底的龙凤图案，很有传统织锦的风格。而唐弢文库中又是另外

---

① 巴金：《关于＜激流＞》，《巴金全集》第20卷第683页。

② 巴金：《关于＜龙·虎·狗＞》，《巴金全集》第20卷第625页。

③ 同上，第627—628页。

一种图案,是那种蓝色、红色、绿色相间的菊花(?)图案,显得更为大气和奔放。关于此书,唐弢在他那著名的《书话》中曾经专门写过:

　　《秋》装云者,非谓秋天的装束,乃指巴金长篇小说《秋》的装帧也。友好知我爱书,时以所著见惠,自从《书话》里谈及装帧,更多以特印本相赠。其间赠书最多,厚意最可感激的,当推巴金。实我《书话》,他日当一一记之。记得1940年,巴金将内行,我和圣泉、柯灵等饯之于霞飞路一酒楼,巴金即携其所著《秋》一册见贻,方于4月初版,益犹当时之新书也,但为坊间经见的本子。去年,巴金在某一次来信里,问起我有没有《秋》的精装本,我回信说没有,不久,他就差人送了来,并附条说,他自己藏的已经赠完,这一本是向人索回转送的。检视款识,果有用橡皮擦去重题的痕迹。此书用道林纸印,织锦硬

《家》与《春》合订本。

面装，书脊及封面烫橘黄色细笔题名，围以长框，酷似日本书籍，富丽堂皇，为他书所不及。友人黄裳见告，巴金此书，原已赠其太太，所谓向人索回转送，实则从太太处要回者也。闻之失惊。此一对贤伉俪之盛情，委实令人感念，世有书痴，当能领会我这一点意思也。①

十五册，尚存三册，亦属不易。没有想到，我还有机会见到第四册！去年秋天，我们整理巴金故居南小楼二楼资料，其中一个柜子里面放了些巴金的老版本著作，还有一些巴金研究的专著。我扫了一眼，这本《秋》的特装本一下子跳入眼帘，我当时真有中了大奖的感觉，又有故人相逢的激动。我想起巴老给慧园的题词，"我这里还有两本……"，那么这就是他留下的一本了。在资料的搜集和保存上，很少有作家像巴老这么细心和精心，从资料保存的完整性而言，也很少有作家能跟他比。在整理资料的过程中，拂去灰尘，常常有意外的惊喜。这本《秋》的外观与唐弢文库中的那本差不多，颜色比唐弢的那本稍微深一点，也许是年久的缘故。

在特装本中，还有一本书数量更少，尤为珍贵，它是《家》与《春》的合订本。绿布面硬壳精装，封面无书名，书脊上压了四道红线，居中烫金镂白的大字书名"家与春"，上下分别是小字："激流第一部"和"巴金著"，未见版权页。这一册是巴老捐给中国现代文学馆的。此书中国现代文学馆的唐弢文库中还藏有一册，是巴老送给唐弢的，如果没有巴老在扉页上的题词，大约现在就很难弄清这个版本的来历了："合订本由钱君匋兄装帧，共五册，1938年5月装成。"下钤巴金的篆印。哇，五册，古董挖掘迷们，谁去把其他三册挖掘出来吧。有一个细节我没有注意到，《唐弢藏书图书总录》编者倒有描述："两书之间有一绿色厚纸相隔，绿纸前是《家》之'后记'，绿纸后是写有《春 激流之二 巴金》

---

① 唐弢：《〈秋〉装》，《晦庵书话》第273—274页，生活·读书·新知三联书店2007年7月第2版。

的薄纸，纸背印有如下广告：'激流之一：家 每册一元；激流之二：春 每册一元；激流之三：秋 在著作中；激流之四：群 在著作中'。"（见许建辉《后记》）[《唐弢藏书图书总录》将此书名著录为《家春》似乎不妥，出版社待考也很奇怪，其实书芯就是开明版的《家》和《春》]这种装法倒让我想到，至今还不曾有一本《激流三部曲》的合订本，但是书太厚是个麻烦，不过可以试着出十六开本，或者用软精装、辞典纸印三十二开的本子，见过不少西方的书是这么印的，厚厚的书，软软的纸，翻起来很舒服。巴老想过把《家》与《春》合订，是否想过三部长篇合订呢？

1949年以后，特装本越来越少了，大约这种小情小调与普罗大众相去甚远，出版部门更是懒得去理作者的要求。在巴金的藏书中，倒有平明出版社在二十世纪五十年代初为穆旦的译诗所做的精装本，非常精美，以后我再谈它。反正，当时给人的感觉，很多出版社做精装已经心

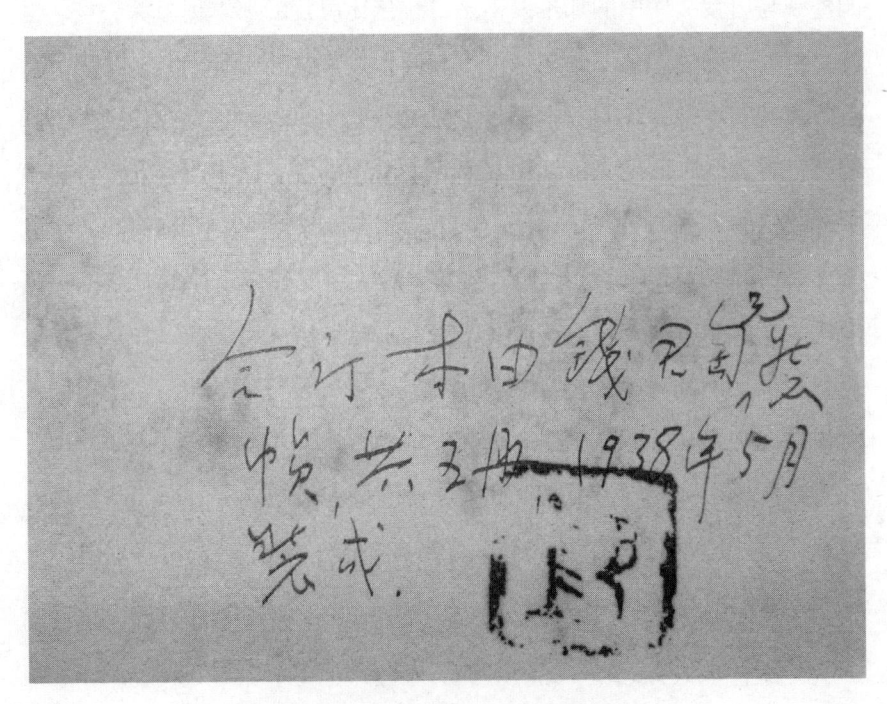

《家》与《春》合订本扉页上巴金的题词。

不在焉，更没有心思做特装。傅雷就曾致信人民文学出版社负责人，对该社精装书的粗糙表示不满：

以国内现有技术水平，并非精装本不能做得更好；但在现行制度之下及装订人才极度分散的现状之下，的确是不容易做好的。一九五三年平明出《克利斯朵夫》精装本，我与出版社都集中精力，才有那么一点儿成绩，虽距世界水平尚远，但到了国内水平（以技术及材料而论）是无可否认的事实。如今在大机关里头，像那样细致的工作在短时期内恐怕没有希望办到。——装订也是一门高度的工艺美术，只能由一二人从头至尾抓紧了做才做得好。

倘附印一部分精装本，希望郑重考虑承装工厂的技术水平；希望不要花了钱得不到效果，我们更不能忘了原来是私营出版社做过的工作，国营机构不能做得比他们差。①

傅雷简直是压着怒火在谈印装。"私营出版社"是指巴金和朋友们后来经营的平明出版社，从傅雷的信中也能看出，有些问题根本不是技术问题，而是对待文化的态度，革命是疾风暴雨，无暇去绣花，我们的文化就这样越来越粗糙。

五十年代尚规整，六十年代纸张困难，纸差了，接下来，有的书居然天头地脚切得都是斜的，布面的精装书也少起来了，更可气的是原本一些书有着非常好的插图，重印本统统取消！进入二十一世纪，插图稍微得到一点重视了，但有的印制不是美化图书，而是污损图书。典型的代表当属某国字号的出版社那套"名著名译插图本"，低

---

① 傅雷 1956 年 12 月 10 日致王任叔、楼适夷信，《傅雷书简》第 217、219 页，当代世界出版社 2005 年 11 月版。

人民文学出版社特装本。

廉的纸张不说,那插图黑漆漆如墨涂,真是辱没了这些好书。我是向来主张印书两极分化的,一极是低廉的普及本,供大众传播的;一种是豪华本、特装本、限量本这类的,满足小众趣味的收藏者、阅读者。这种趣味代表着文化的精致和高度,也是在电子出版的时代中,纸制书不会废弃的重要理由,因为一本好书除了阅读的功能之外,也可以成为独立的艺术品。如同大多数人都不用毛笔写字了,但大家可以欣赏书法啊。可是……为什么我们出版社印出来的书能气死曾经发明印刷术的老祖宗?

《家》、《春》、《秋》发行上百万册,算是够普及(大约是为了更普及,用纸越来越滥!)了。难得的是,在1980年,它居然有特装本。我请教相关的人,都说不清楚当初是巴老自己提出要求用稿费来做的,还是出版社主动为他做的,或者乃是因为经营其事者是巴老的朋友王仰晨——他也是保持着旧时习惯的老出版人。反正,这个本子还不算差,是蓝布面，简洁大方的"家"、"春"、"秋"三个字分别端居在粉、绿、黄的菱形框上，书脊上也是这样的菱形打底的图案，烫金的作者名和出版社名，版本是人民文学出版社1962年第2版，1980年4月第2次印刷。美中不足的是书脊是平的，而不是椭圆，但布面平整，设计大气，不失为难得的版本。弄不清楚这个特装本做了多少套，1982年，巴金获但丁国际奖，意大利驻华记者代表但丁学院到巴金寓所赠给他四大册《神曲》时，巴金回赠的著作中，就有这套《激流三部曲》。1983年5月7日，时任法国总统的密特朗在上海授予巴金法国荣誉军团勋章，巴金赠送给他的书也是这套。

进入二十一世纪后，又有一种《激流三部曲》的特装本问世，是用人民文学出版社2005年的印本制作的。海蓝色的封面，白色的书名，不难看，但也就是撕了封面换上布面硬壳的普通精装本而已，做工实在不敢恭维。这书不知道做了多少，应当是市面上不卖的，出版社赠给作者家属三十套，我有幸分得一套。但总觉得，当下应当有更好的特装本才对。留点遗憾，才有梦想，我不想着天上掉下一本1938年的特装本，但今后出一点更好的特装本不应当是奢望吧？

2011年4月7日晚

读《憩园》手稿札记

中篇小说《憩园》的写作缘于巴金先生在抗战期间两次回到成都老家所得印象，这部小说可以看作是《激流三部曲》的一个精致的续篇，讲述的是大家庭败落以后的事情。同时，作者又不露声色地写出了"憩园"的新主人——一个新时代的新富贵的人生困境，实际上作品导向了对理想失落、对金钱腐蚀人性以及对家族制度的反思。在节制的文字叙述中小说传达出忧郁的抒情气息，使得《憩园》别具魅力，实际上也标志着巴金小说创作风格的成熟。香港文学史家司马长风在其所著《中国新文学史》中极为赞赏这部小说："不但是巴金作品中最好的一部，而且是中国现代小说的典范之作。论谨严可与鲁迅争衡，论优美则可与沈从文竞耀，论生动不让老舍，论缱绻不下郁达夫，但是论艺术的节制和纯粹，情节与角色，趣旨和技巧的均衡和谐，以及整个作品的晶莹浑圆，从各个角度看恰到好处，则远超过诸人，可以说，卓然独立，出类拔萃。"[①]

[①] 司马长风：《中国新文学史》下卷第75页。

《憩园》可以看作是"激流三部曲"的续篇,他的写作也缘于在抗战中巴金重返故乡的见闻,复杂的内心感受使得小说充满了忧郁的抒情气息。

《憩园》创作于1944年的5月至7月，先是在贵阳的中国旅行社招待所、花溪小憩等地，后完稿于重庆，并于当年10月出版。这部作品写在巴金的新婚期间，对他应当有着特别的纪念意义。《憩园》的主要版本有以下几个：

　　一、初版本：1944年10月由重庆文化生活出版社出版。该版在1945年11月后由上海文化生活出版社印行，迄1951年5月共印行六版（次）。

　　二、晨光版：1953年6月由晨光出版公司出版修订本。1955年5月，上海新文艺出版社据此纸型重印新版，迄1958年3月共印行八版（次）。

　　三、文集本：收入《巴金文集》第十三卷，由人民文学出版社于1961年12月出版。

　　四、选集本：收入《巴金选集》第五卷，由人民文学出版社于1982年7月出版。

　　五、全集本：收入《巴金全集》第八卷，由人民文学出版社于1989年出版。

　　除此之外，初版本还曾收入《中国新文学大系》（1937—1949）第七集，由上海文艺出版社1990年12月重印；文集本还曾收入《巴金中篇小说选》上卷，由四川人民出版社1980年6月重印；四川文艺出版社1986年3月和人民文学出版社1988年2月分别以选集本做底本重印了单行本。

　　《憩园》的修改基本是在文辞上，没有大的结构和情节的调整。在几个版本中，初版本系根据手稿直接排印的，晨光本的修订量并不大，在语言上最系统的修改是文集本。这一工作主要是1960年底巴金在成都期间做的。巴金日记中当年11月24日起即有"校《文集》"的记载，至12月5日，"改完《文集》《憩园》校样"。这次修改主要集中在一些具体的词句上，比如语气词、关系词等，一些字句使用的斟酌上，还有一些方言色彩浓重的词转换成普通话的口语，总之，尽量地考虑到了语言规范化的问题。其次是在细节的修饰上更准确了，一些地点原本是以"××"含糊写的，这次都有了具体的名字；杨家的大儿子原来的工作是在银行里，现在改成了邮政局，等等。第三是强调了时代背景，这是初版时怕有影射的罪名加身而无法明确的，现在填上了"在这抗战期间变成了'大后方'"这样的修饰语，也提到"去年那次大轰炸以后……"这样的事情。这次修改奠定了《憩园》定稿本的基础，因为后来的两个主要版本，选集本直接以文集本做底本，全集本是以选集本做底本发排的，作者所做的修改不过个别字句，而不是如此系统。在1981年11月4日巴金给李致的信中称："五、六卷我还要校一遍。"同年11月30日给李致的信中说："《憩园》印单行本我不反对。我正在校阅这本书。"这是关于选集本修改的记载。关于全集本中的《憩园》，在1988年3月1日致王仰晨的信中，巴金说："校样收到。要仔细改一遍已不可能。但随便翻翻总可以。倘使有意见，我本月十八九日寄还给你。不过对这一卷中的三本小说，我不打算作什么改动。要是你看校样时发现什么问题，请写信来。"巴金有在校样上修改作品的习惯，每次作品重印如果是他亲自看校样，他或多或少都会修改一些词句，这些修改也都于不同的版本中留下了不同的时期语言习惯的烙印。

　　《憩园》手稿的印行无疑为该书的版本序列中增添了一个极具研究价值的版本。现存的《憩园》手稿包括《后记》共一百四十五页，外加一页封面，是一套完整的小说手稿，巴金先生在生前已捐出，现藏于国家图书馆。手稿用纸为西式信笺，毛笔书写，偶尔有钢笔所做的语句的增补和修改，每页二十六行，每行字数不固定。值得注意的是在每页手稿上都有一个蓝色的印章，仔细辨认才发现印章上所刻为"图书杂志审查处"的字样，并标有8月30日的日期，这是当年图书审查制度所留下的一个印证。拜读巴金先生的手稿，除了能够感觉到灌注在创作中的生气之外，还能够从他的修改中解读出很多有价值的信息，特别是能够看到在后期的小说创作中巴金的艺术追求，那就是尽量保持文字的简

《憩园》手稿珍藏本书影。

洁、朴素、蕴藉。在手稿中,他删除了大量啰嗦的和直接表明叙述者观点的语句,为的就是达到这样的效果。将手稿与以后的历次修改稿的文字比对,令我印象最深刻的是作者对于艺术的认真和严谨的态度,说字斟句酌并不过分,有些词句真是一改再改,一直在寻找最能准确表现人物动作和心理的语句。这样的比对,也使那种凭着印象就断定巴金不注重文辞修饰甚至什么语言不过关的说法不攻自破。诚然,巴金先生自己反复说过,自己追求的不是技巧上的修饰,而是思想感情的表达。但这并非就是说没有技巧和不要技巧,只是作者不想本末倒置罢了,更何况为了更好地表达自己的思想感情,巴金同样和必然是在用心良苦地考虑叙述和表达方式等问题。他的这种努力丝毫不逊色于那些大谈创作技巧的作家,否则为什么还要一遍遍修改作品?手稿和历次版本在这里会雄辩地证明,并同时显示出他的这种修改更多地是为了使艺术上更完美,而不是所谓的配合政治和时代的需要。

关于手稿的研究价值，鲁迅先生曾经引用苏联作家的这么一段话："应该怎么写，必须从大作家们的完成了的作品去领会。那么，不应该那么写这一面，恐怕最好是从那同一作品的未定稿本去学习了。在这里，简直好像艺术家在对我们用实物教授。恰如他指着每一行，直接对我们这样说——'你看——哪，这是应该删去的。这要缩短，这要改作，因为不自然了。在这里，还得加些渲染，使形象更加显豁些。'"鲁迅认为"这确是极有益处的学习法，而我们中国却偏偏缺少这样的教材。"① 但愿鲁迅先生的这一遗憾能够随着时间的推移和出版界的努力而逐渐减少。上海巴金文学研究会的同人们早就发愿要集印能够找到的巴金先生的所有手稿，这项工作的艰难自不待言，为此，我们也真诚地呼吁社会各界有识之士能够为它提供方方面面的帮助，以为二十世纪的中国文学史留下一份珍贵的档案。

2006年10月25日于国权路

---

① 鲁迅：《不应该那么写》。

读《寒夜》手稿札记

1944年秋冬之际的一个晚上,在重庆防空警报解除后一两个小时内,巴金开始了《寒夜》的写作。小说的情节与作者的生活几乎是同步展开的,都是在抗战时候的陪都重庆,而且小说也正是从空袭警报拉响时写起。写完这部小说是在1946年的最后一天,上海的一个寒冷的冬夜,小说结尾也正是在那样一个夜晚,曾树生从兰州归来发现她以前的家早已物是人非……巴金先生曾经说过,写《寒夜》时他是"在作品中生活",他本人就生活在《寒夜》所描述的那样的生活背景中。在巴金先生自己为《寒夜》的单行本所写的"内容说明"中,他是这样概括这个故事的:"在这部小说中作者写了一个贫穷的小职员的家庭,母亲妻子中间的隔阂和经济的压迫造成了家庭的悲剧,妻子走了,丈夫害肺病死了。等到妻子回到重庆,婆婆已经带着孙儿搬走了,不知搬到什么地方去了。男主人公断气时,街头锣鼓喧天,人们正在庆祝胜利,用花炮烧龙灯。"同样的遭遇、同样的人物命运,在那几年中,巴金曾见过很多,散文家缪崇群、小说家王鲁彦,还有他的老朋友陈范予,都是害了肺病痛苦地死去的。抗战胜利后，第一次回到上海，他又亲手埋葬了因病得不到很好医治的三哥李尧林。所以，当小说中写到汪文宣为生计而无着，为疾病而痛苦的时候，这些亲友的面孔一定会一个个浮现到巴金的脑海中，他的写作十分投入，始终与笔下的人物在情感上保持着一致。巴金先生说他写《寒夜》时找到写第一部小说《灭亡》时的相同感觉，它们都是在情感激越和饱和的状态下所写出的。《寒夜》的手稿非常直观地印证了这一点，我们看到在大开的稿纸上，巴金龙飞凤舞、文不加点，写得潇洒流畅，不难体会到创作时下笔万言、汪洋恣肆的奔腾之感。创作状态如此，但是《寒夜》的文字却是异常的朴素、干净、简洁，相对于《家》等前期作品来说，《寒夜》不是一个慷慨激昂之作，但它在缓慢的叙述基调中却渗透了强大的情感冲击力和感染力，显示出巴金对文字、情感的驾驭和调度的成熟和大气。它写的是一个嘈杂的世界：街头乱嚷嚷的，叫卖声和流言四飞；家中也乱糟糟的，婆媳间总是无休无止地争吵。但《寒夜》的世界同时是一个无声的世界，国事前途渺茫，人生不知何向，一切如同浓浓的暗夜见不到一丝微光；而每个人，尽管都说了很多话，实际上更多是自语，他们的心灵是孤独的，情感是孤独的，而他们的一切声音得不到这个世界上一点的回应，这个世界沉闷、无语，阅读《寒夜》让人感到沉闷和压抑，声音仿佛突然从眼前消失，你想扯起喉咙痛快地高喊一番才解气，然而你也像汪文宣最后用手指抠着喉咙一样，发不出一点声音来。巴金对这样的环境中人的日常生活、人的情感状态、人与命运抗争时的无奈的描述达到了炉火纯青的程度。《寒夜》是他所创作的最后一部长篇小说，也是他小说创作的巅峰之作，而对于二十世纪的中国文学来说，这也是反映伟大的抗日战争中平民生活的最重要的作品之一，我相信，就是拿到世界文学中，它也是丝毫不逊于任何一部杰作的优秀作品。因此，在世界反法西斯战争胜利六十周年暨中国人民抗日战争胜利六十周年之际，重印《寒夜》，特别是浸润着巴金先生情感和血汗的弥足珍贵的手稿本，这是一件有着多重意义的文化盛事：亲近前辈手泽，可感受到文学大师的创作风采；回想那段艰苦的岁月，可铭记历史的沉重；而中国知识分子贫贱不移威武不屈的精神气节，可为我们在今后的现实生活中找到生存的依据和价值准向。

《寒夜》的手稿逃过战火的烧掳，穿越岁月的剥蚀，能够基本完好地保存至今是文化界的一件幸事。这份手稿与他的作者同样经历了抗战中的种种劫难，在重庆，一个晚上，巴金所住的楼失火，他带着一口小箱子匆匆跑出，这个箱子里就有《寒夜》的头两页手稿。幸好那天的火没有烧起来，否则烧毁了这座作为汪文宣生活背景的楼，巴金说他可能不会再将小说写下去了。《寒夜》的写作从重庆到上海，中间作者还写了本《第四病室》，战后生活的种种烦乱，时局的极其不稳定，给这个创作带来了很多实际的阻力，从这部留存下来的由各种不同色泽的稿纸和不同颜色的笔迹所组成的手稿，就可以看出在一个动荡的年代，一位作家和他的作品所经历的坎坷。解放后，巴金先生将这部手稿捐赠给北京图书馆（现国家图书馆），四十多年过去了，它一直沉睡在图书馆的手稿部中，普通读者和研究者难得有机会一识"庐山真面目"。前两年，国家图书馆为巴金先生制作了手稿的光盘，这样才有一小部分人有幸看到了手稿，兴奋之余，觉得这本是公共文化财富，不能秘珍；手稿珍贵，独一无二，倘能加以翻印广为流布一定是为巴金先生的读者、现代文学的研究者做了一件功德无量的事情。非常幸运的是，我们这个想法得到了巴金先生的家人的大力支持，经授权，上海巴金文学研究会和上海文艺出版社才开始共同策划出版《寒夜》手稿本。另外需要说明的是现在保存的手稿中第 56 页整页缺，第 57—62 页共六页有部分破损，而整个手稿的最后一部分，即全书的第 26—30 章及尾声的手稿遗失，对此我们采用《寒夜》首次在《文艺复兴》上刊出的文本以印刷体补齐。这样做是因为此部手稿就是供《文艺复兴》发表的排印稿，两者的文字是一致的。

《寒夜》是巴金最后一部长篇小说，标志着巴金小说艺术的高峰。尽管书中有着压抑的气氛，但巴金说："它是一本充满希望的书，因为旧的灭亡，新的诞生；黑暗过去，黎明到来。"

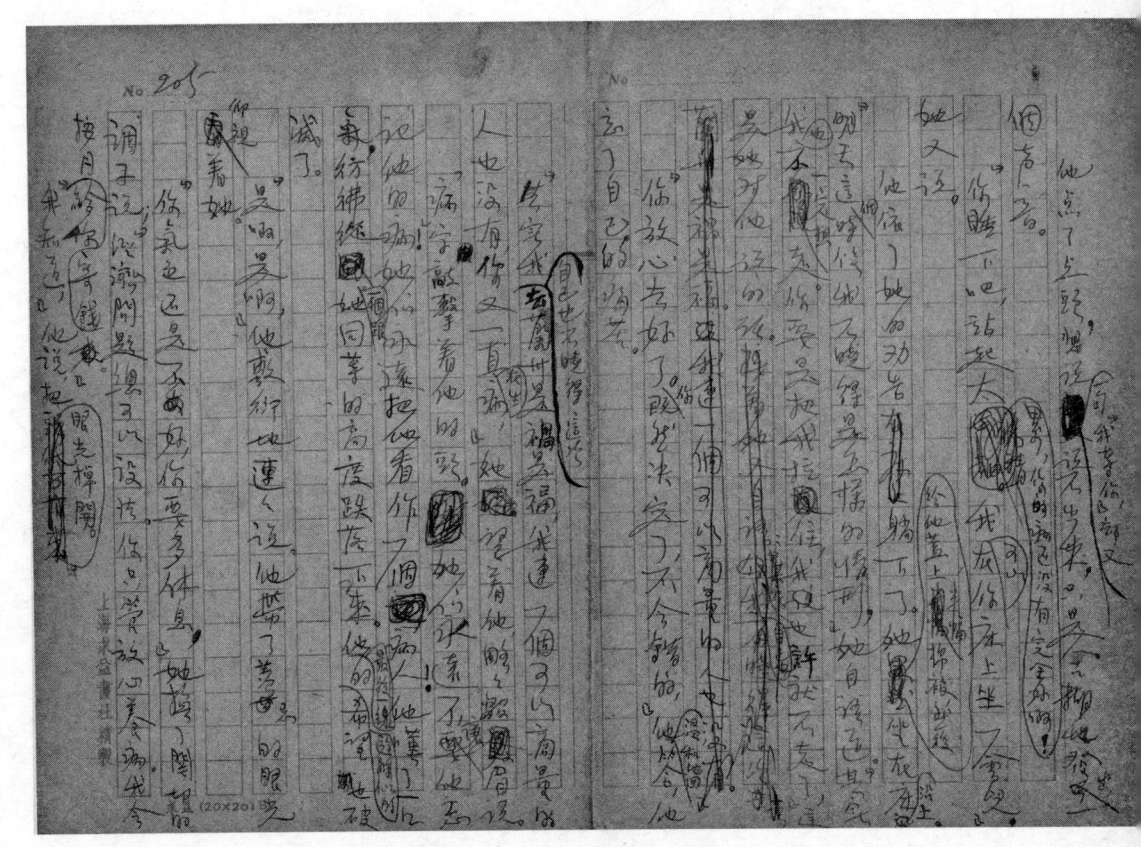

《寒夜》手稿之一页。

　　蕴涵着作者大量创作信息的《寒夜》手稿本的出版，相信对于现代文学的研究来说也是具有极其重要的意义。近年来现代文学研究界关于建立现代文学史料学、版本学、校勘学等的呼声不绝于耳，这当然是推动本学科研究的规范化和深入发展的必由之路，但是因为近代中国战火频仍、浩劫不断，加上人们的史料意识不强，现代文学史料学的建立仍处在有名无实的地步，但我想随着《子夜》手稿本、《随想录》手稿本，以至这部《寒夜》手稿本的出版，中国现代文学史料的发掘一定有了丰富的收获和更切实的内容。《寒夜》发表后，巴金曾经做过两次较大的文字修改，一次是1947年3月上海晨光出版公司刊印初版本时，另外一次是1960年底在成都编辑文集第十四卷时。除此而外，1983年4月人民文学出版社出版的单行本《寒夜》,"作者在文字上作个别修改"。对比修改稿与手稿本(初刊本)的文字,会了解巴金的写作习惯、文风变化。总体上看,这部手稿改动比较少,有一气呵成之势。在后来的修改中,巴金除了将一些带有地方色彩的词语,如"半晌"改为"半日"或"半天"外,大多做的是减法,减去一些含义重复的句子,减去更多的说明,使得全书留下了更多的动作、谈话,留下了更大的想像空间。我们知道早期的创作中,巴金的情感是一泻千里、激情澎湃的,此时却在做减法,充分体现出他文风的转变。当然后来的修改本也有增补,但绝对不像《激流三部曲》那样增补章节甚至改动了情节,而是细节上的修补,但也别有深意,比如后来的修改本第26章,曾树生写给汪文宣那封请求断绝婚姻关系的信,其中增加的一些词句,都是指向婆母的,相对于初稿,修改稿中两人婚姻关系的破裂更多强调婆母方面的原因。诸如此类的修改体现了作者怎样的想法,在艺术上是否更趋完美,想来都是研究者不应轻易放过的饶有兴趣的讨论话题。——当然,幸亏有了这部手稿本。

《寒夜》手稿本是上海巴金研究会计划出版的"巴金手稿集"中的一部,这个浩大的工程将分期分批陆续集印所能搜集到的所有巴金先生的手稿。令人兴奋的是与《寒夜》创作于同时期的《憩园》《第四病室》的手稿至今仍保存完好,而且品相上好于《寒夜》,这三部作品,有文学史家称之为"人间三部曲",认为是巴金继《激流三部曲》之后又一个小说创作高峰,也是抗战后期中国现代小说创作成熟的标志性作品,我们期待着另外两部手稿也能有出版的机会,让"人间三部曲"的手稿成为全璧。

2005年7月15日于巨鹿路

读《再思录》札记

一

《再思录》[①] 初版于1995年7月,收集了巴金《随想录》以后近十年间的作品,其中许多篇章是在病魔缠身时写就的,文字朴素,内容精炼,风格沉郁。它的存在有力地证明了《随想录》之后,巴金仍在思考仍在探索。然而许多研究者谈论巴金晚年思想的时候,往往把这部书排除在外。固然,《再思录》没有《随想录》影响那么大,篇幅那么多,而对问题的思考也不似《随想录》那么集中和系统,但闪烁于其中的思想火花却仍然清晰可见,而且一个年近九旬的老人,在执笔极为困难的情况下还一字一句地写作,他所要表达的至少对他个人来说绝不是可有可无的内容,这其实是蕴涵着生命能量的"生命之书"。

《随想录》受瞩目,《再思录》受冷落,这个现象本身便显示了这两本书的差别。《随想录》是七十年代末和八十年代前期的作品,那是一个群情激昂的共鸣时代,《随想录》也是一部与社会思潮紧密呼应的书,小到对一部电影(《望乡》)一出戏(《假如我是真的》)的讨论,大

[①] 巴金:《再思录》,上海远东出版社1995年初版;《再思录》(增补本),在原基础上增加文字5万字,收文时间延至1999年,广西师范大学出版社2004年二版,作家出版社2011年三版。

下编　闲话巴金

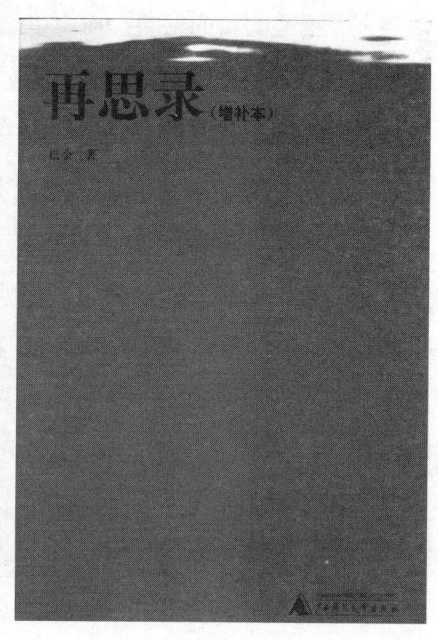

到对"文革"的反思和民主化的呼吁,许多社会焦点问题在《随想录》中都有直接或间接的反映,巴金以个人的方式参与到对社会主题的讨论之中,《随想录》的写作是一种开放式的写作,作者的思想与外在的社会生活始终保持着一种双向的交流关系,他的立场、观点都是由某些社会事件所触发的,包括在写作过程中,巴金所遭受的种种批评和不同意见,都曾是《随想录》写作的驱动力。巴金的个人意识在从"五四"继承而来的社会使命感的承载之下奋勇前进。而《再思录》则出版于一个思想多元的无名时代,一方面整个社会难以形成一个众人关注的思想主题,另一方面,巴金开始逐渐从社会退回到个人、自我和内心之中,《再思录》的写作是在相对"封闭"条件下的内心独语,这种转变与巴金的身体状况相关,年老多病使他不可能迅速地对外在的社会信息进行及时的反应;其次与他这一阶段的主要工作有关,那就是他晚年主持出版了自己的二十六卷本的全集和十卷本的译文全集两大作品集:这种工作带动着他回到往昔的时光中,沉浸在青年时代的人和事的回忆里,使他一度被扭曲的自我,得以有机会与生机勃勃的青春时代重新连通,使得他终于可以以自己的本来面目面对世人。在那些怀人的篇章中,我们可以看到巴金思想自由流动的痕迹,他终于可以不必太多顾忌外在的各种看法,而进入了内心的自我表达中,他思考的许多问题已经由具体的人和事而归于抽象:如生命的意义、爱与恨等等,虽然这些文字是那么简短,可是跃动在文字背后的那颗火热的心和不屈的灵魂却再次伸张出来。所以,将《再思录》与《随想录》这两部书放在一起,不仅能够看出巴金晚年思想的连续性,而且它们之间许多互补之处恰让我们见识到了一个更丰富和完整的巴金。

二

对于"文革"的反思,作为巴金晚年的重要思想支撑点,曾自始至终贯穿在《随想录》中,《再思录》除了延续了他的这一思想外,还表现出强烈的个人性。在《随想录》时代,反思"文革"是一个重要的社会话题,可是在《再思录》时代,随着社会转型,新的价值观的涌入,人们关注视线的转移,"文革"的脓血仿佛早已洗清,"文革"已成为历史,成为一种纯学术话题。这种"理性"固然有它积极的意义在里面,但抽去了情感成分和个人的记忆,仅以逻辑的严谨、数字的精确和整体的描述反而使历史在这些貌似客观的语言中变得更为模糊不清。尤其是对于"文革"这场浩劫的反思,个人记忆中的个人性和现场感是不可或缺的,否则浩劫本身的残酷性和震撼力便被消解了。而"文革"对于巴金,一直是沉重的无法摆脱的现实,所以,虽然它已结束了几十年了,但那种在别人身上已经淡化了的"伤痛感",在巴金身上却仍然是揪心撕肺的。"文革"带给巴金等人的伤痛,不仅是在肉体上,更重要的是在精神上所遭受的"非人"待遇,他一次次提到的自己的噩梦:"我明明记得我曾经由人变兽,有人告诉我这不过是十年一梦。还会再做梦吗?为什么不会呢?我的心还在发痛,它还在出血。"① "直到某一天出现了人畜互相转化的'魔法时代',我给捆住胳膊绑住脚,整十一年没有能写一篇文章。""不知不觉中已过了六十,开始感到疲倦,正考虑搁笔的时候却被当作'牛鬼'打发到干校,不能言老,也不敢言老了。在干校我和另一个审查对象抬一箩筐菜皮送到猪场,半路上跌进了老沟,自己从水里爬上来,没有人关心地问一句,我只听见几声大笑。"② 对这些伤痛记忆的一遍遍描述,巴金一边是在控诉,同时也是在自责,他在反省一个人何以丧失掉自己的尊严?强大的外在压力是一方面,但个人是不是也有责任?在"文革"前期巴金认识不到这些,而能够意识到这种"非人"的境况必定是人格得以高扬和恢复时,是在《随想录》时期。在写作《随想录》的前期,巴金一直在苦苦思索自己是怎么变成"非人"

---

① 巴金:《没有神》,《再思录》第44页。

② 巴金:《向老托尔斯泰学习》,《再思录》第35—36页。

的，而到后期他终于发现了这是敬神灭己的恶果，而在《再思录》里，他终于旗帜鲜明地喊出了"没有神"，这不仅是对于"敬神"的全盘否定，而且还有一个非常坚定的价值标准在里面，那就是"大家都是人。"①巴金在晚年是用自己血泪的经验在捍卫自己在"五四"的时候所追求的价值标准，"大家都是人"，就应该不分等级，就应该一律平等，同时也都有作为人的人格尊严。

从今天来看，我看巴金提出的话题完全没有终结，"文革"所造成的"精神奴役创伤"还在以另外一种方式存在着。那些放弃人格尊严、不能捍卫人格尊严的事情仍旧屡见不鲜。《没有神》是一篇旗帜鲜明的宣言："没有神，也就没有兽。大家都是人。""我不会忘记自己是一个人，也下定决心不再变为兽。"② 这种呼声似乎发出得很容易，特别是在一个远离了政治高压的时代，很多人可能会觉得很平常，但是背景调换了，实质的内容则未必变化了，比如当年的"神"是政治，而今换为"金钱"的话，马上很多人就能感觉到这个话语中的分量，那些拜倒在金钱脚下，为了金钱出卖人格丧失尊严的事情并没有绝迹吧？另外，"神"是怎么产生的，我们又有多少人在不同的时代中参与制造那些不同的神？这个时候，我们可能就会理解了巴金为什么要揪着"文革"不放了。有许多问题，巴金可能没有做出回答，但他以他痛切的经验提出了它。

更重要的是巴金还觉得"文革"的思维方式仍然存在。比如，在1994 年，他谈到书信时，直接的反应是想到 60 年代私人通信的内容居然成为相互揭发的罪证，甚至会搞得通信人家破人亡。③ 在常人的眼

---

①巴金：《没有神》，《再思录》第 44 页；本文引用均依据广西师大版《再思录》。

②巴金：《没有神》，《再思录》第 44 页。

③巴金在《<巴金书信集>序》中曾说："私人信件可以随意公开，断章取义，任意定罪。给我印象最深的是关于'胡风集团'的三批材料，我学习过多次，也发表过不少批判谬论，但是我至今还不明白一些文人写给朋友的信件会变成'毒品'，流着一滴滴的血，残害人的生命。"（《再思录》第 140 页）在《关于<全集·书信编>》中，他也提到过书信成为"罪证"的事情。

里，这些事情都属于那个特殊的年代，那个年代结束了，事情也就随之而去，但巴金却看到了这种思维方式甚至某些做法在人身上所残留下来的余毒。他讲到在"文革"被彻底否定后，有人曾经写信提醒他："当心某某人，他揭发了你。""揭发"，这个似乎只有"文革"中才经常使用的词汇，在今天依旧潜伏在我们的生活中，"文革"也并非早已结束的噩梦啊！巴金对此事的反应是："我感谢这位朋友，但是我也原谅另一个友人。我常常想：'责任在谁？'"① 这样的追问，依我看是对那些以为太阳一出，地球上就不再有阴暗的角落的"乐观主义"者的一个非常重要的提醒。

三

与《随想录》相一贯的还有对讲真话的思考，巴金一再提倡"讲真话"，提倡得让人有些厌烦了，但在《再思录》中，巴金还是抓住这个问题不放。有人可以用"讲真话"来说巴金的"浅"，在巴金自己，"讲真话"的确没有什么高深的学问，《皇帝的新装》中的那个小孩子很简单地就做到了。中国古代有"修言立其诚"，这个"诚"字的标准在于言行一致，但也恰在这一点上让巴金的内心受尽了苦难的折磨。"我回顾过去，写作一生，我并未尽责，也未还清欠债，半夜梦醒，在床上想来想去，深感愧对读者，万分激动，我哪里来的安静？当然到了最后一刻我也会撒手而去，可能还有不少套话、大话、废话、空话、假话……"②问题出在这里，当有人在指责巴金"讲真话"不过小学二三年级水平的时候，他们是否看到巴金并不在乎这几年级的水平，他深刻反省的是自己讲了假话、空话，他从来没有把自己打扮成一个英雄，更没有说唯有自己有讲真话的专利，恰恰相反，他是从自己的耻辱和不光彩的历史中

---

① 巴金：《关于＜全集·书信编＞》，《再思录》第57页。
② 巴金：《向老托尔斯泰学习》，《再思录》第36—37页。

汲取教训,才痛切地喊出"讲真话"的。"我提倡讲真话,并非自我吹嘘我在传播真理。正相反,我想说明过去我也讲过假话欺骗读者,欠下还不清的债。我讲的只是我自己相信的,我要是发现错误,可以改正。我不坚持错误,骗人骗己。"① 由此,我又想到了很多年前有人提出"全民族共忏悔"的说法,如果说在《随想录》时代,巴金的文章在客观上起到唤起了大家的忏悔意识这个作用的话,那么在《再思录》时代,忏悔更多是指向巴金自己的。其实巴金的忏悔从来都不是要求别人,而是一种自省,"有人听见'讲真话'就头痛,其实我讲真话,总是从自己做起。"②

"讲真话"不是一门学问,有时它更是面对现实和面对自我的勇气,是对历史的一份责任感。老人不断强调的是讲了假话不能随随便便就忘掉,他晚年一直在说"还债",这个"债"是有据可查的,即便是在特殊的年代说了谎也应当有一种羞耻感。当大家都认为在那个时代说几句假话、应付场是风气使然的时候,其实是对自己人性中那种惰性的怂恿,它的结果是没有人愿意承担应属自己的一份责任,这样一来,什么反思、要求等等都是指向别人而不是自己,就像那些批评巴金的人,仿佛只有巴金才有责任讲真话,而他自己就可以排除在外,而这恰恰与巴金的本意相差甚远,巴金的真诚首先是决不推卸属于自己的那份责任,首先对自己负责才能去谈对历史负责。现在比较可笑的是很多人对自己就不负责,却整天去谈什么对人类对全世界负责,不知这"责"从何负起?有人在文章中说:"巴金先生仍停留在说真话而非实事求是的层次上,实在是令人遗憾。我们不仅要说真话,而且要说实事求是、经得起实践与历史检验的真话,这样的真话才有价值。"我不知道什么样的圣人才能张口就吐出"经得起历史检验的真话",好像每一开口都要为不朽做铺垫似的,尤为值得警惕的是他们对巴金提倡的"讲真话"

---

① 巴金:《我要用行动来补写》,《再思录》第33页。
② 巴金:《<巴金译文全集>序》,《再思录》第153页。

的质疑和不屑是以把它从具体的历史环境中剥离出来为前提的,有的人甚至还因为巴金没在每一篇文章的后面详细说明并"请求宽恕",就说他忏悔是虚伪的;因为巴金没有拍案而起就某事发表一番慷慨激昂的言辞,就说他缺乏道德勇气。依据这种逻辑,其实我们连质疑的权利都没有,因为巴金的许多岁月和我们是一起走过的,在这些岁月中,我们又做了什么,我们又是否挺身而出了?是否拨开云雾做出了超越时代的"经得起历史检验的"思考了?面对着这样的质问,我们只能与巴金一样自感羞愧而不是毫无理由地指责什么。这令我想起了前不久看到的一段米兰·昆德拉的话,他说:"人是在雾中前行的人。但是当他向后望去,判断过去的人们的时候,他看不见道路上任何雾。他的现在,曾是那些人的未来,他们的道路在他看来完全明朗,它的全部范围清晰可见。朝后看,人看见道路,看见人们向前行走,看见他们的错误,但是雾已不在那里。""看不见玛雅可夫斯基道路上的雾,就是忘记了什么是人,忘记了我们自己是什么。"① 是的,大家都是人,谁都不是神,因此谁也不能跳出三界外超出五行中,我们没有权利因为今天烟消雾散就去嘲笑昨天还在烟雾中跋涉的人们。评判一个历史人物需要放在具体的历史情境中进行分析,这并非是说反思历史时我们就有理由推卸历史责任,而只是强调对历史人物所活动的历史环境的了解和认识的必要性,从而使我们更大程度上地接近历史的真实。如果忽略了一个人和他具体生存的环境,一个人的思考与他所生活的时代的联系,而单单将一个人从这些中剥离出来,要求他做到什么和不该做什么,那无疑是站着说话不嫌腰疼的妄论,也是缺乏历史公正的谬言。无论怎么说,巴金毕竟做了很多,我们不需要造神,但更不应随便将我们精神和思想文化上应有的积累一笔勾销。

---

① 米兰·昆德拉:《被背叛的遗嘱》第222页,上海人民出版社1995年版。

四

如果说在《随想录》中，巴金是通过对大量的社会问题的发言，树立起一个忧国忧民、痛苦坦诚的知识分子形象的话，那么在《再思录》中，巴金是直接地面对自我，面对所走过的道路，在带着深情的回忆中，他对自己早年的思想信仰和自己的人格的发展有了清醒的认定。巴金已经完全排除了那些顾忌，开始运行在自己的话语系统中了，这里表现得最明显的就是他对自己信仰问题的再认识。在《随想录》中，谈到这些问题时，他总以一种社会公众语言来表达自己的内心思想，现在老人越来越回到了自己的话语表达系统。《再思录》以沉郁的文字风格塑造了一个孤独的老人的形象——长期身受疾病折磨，语言表达困难，有话不能倾吐，困郁于心的痛苦和希求得到人理解的痛苦的自我形象。

在《随想录》最后几篇，有些问题刚刚开了个头，比如在《怀念叶非英兄》中，他已经谈到了早年那些信仰无政府主义的朋友们，在《巴金全集》的编撰过程中，重读自己的旧作，他对自己的朋友们和自己早年的思想又有了更深一层的认识。在第四卷代跋中，他说："我不曾创造任何精神财富。这些'失败之作'产生过影响，因为他们也是一部分青年挣扎着前进的声音，虽然幼稚，但它们又是多么真诚。"[①] 他终于不用再去检讨自己的作品中的虚无主义倾向了，不用再为没有为读者指明"革命道路"问题而争辩什么了，他肯定了"真诚"，那么就是要保留一份真诚下来。在关于《爱情的三部曲》的第六卷代跋中，他用"理想主义者"这样的称呼来概括他的朋友们，并旗帜鲜明地说："我所写的只是有理想的人，不是革命者。他们并不空谈理想，不用理想打扮自己。他们出于理想，不停地追求理想，真诚地、不声不响地生活下去，

---

① 巴金：《巴金全集》第四卷代跋，《再思录》第60页。

追求下去，他们身上始终保留着那个发光的东西，它就是——不为自己。"① 在谈到《断头台上》、《俄罗斯十女杰》等作品时，巴金则是更为直接地清理了自己早年的思想："今天最后一次回顾过去，我在六十年前的'残灰'中又看到自己的面目。爱国主义、人道主义、无政府主义一直在燃烧，留下一堆一堆的灰，一篇作品不过是一个灰堆，但是它们真诚，而且或多或少的灰堆中有火星。"② 他终于有勇气清醒地面对自己，并把自己想说的话说出来了。

在这篇文章中，他还感谢卫惠林、吴克刚这两位早年有着共同信仰的老朋友，并直言："倘使当时我的生活里没有他们，那么我今天必然一无所有。"③ 这同时也是自我肯定，也是对自己早年的信仰在生命中的价值的肯定。后来，他又专门写了两篇短文，怀念这两位老友，在《关于克刚》中，他说："我在巴黎短短的几个月里受到他们的影响，我才有今天！"④ 当往昔时光在友情的温馨的氛围中复现的时候，巴金终于又走了回去，与青年时代的思想形成了呼应，当然，他已经不是站在原来的位置上，而是又汲取了新的营养，这是中国知识分子的特有现象，为了一个完整的自我需要付出一生的时间，这也是心灵探索的必然结果。在《怀念亲友》中，巴金提到在成都时的老朋友吴先忧，"他把我引到言行一致的道路"，"为了向托尔斯泰学习，他到一家成衣店"拜裁缝为师。⑤ 而巴金晚年最强烈的吁求不正是"向老托尔斯泰学习"做到言行一致吗？这个九十多岁的老人生命中最本质和最一贯的东西都是与青年时代的思想底色紧密相连的。

2003 年 10 月 20 日

---

① 巴金：《巴金全集》第六卷代跋，《再思录》第 65 页。

② 巴金：《巴金全集》第二十一卷代跋，《再思录》第 103 页。

③ 巴金：《巴金全集》第二十一卷代跋，《再思录》第 103 页。

④ 巴金：《关于克刚》，《再思录》第 52 页。

⑤ 巴金：《怀念亲友》，《再思录》第 66 页。

读巴金日记札记

收入《巴金全集》中的日记共有两卷，分别是巴金的《赴朝日记》（1952.3.15—10.15；1953.8.10—1954.1.10）；《成都日记》（1960.10.9—1961.2.8）；《上海日记》（1962.11.1—1966.9.30，其中缺1965年9月、10月两月）；《"文革"后日记》（1977.5.23—1982.4.30）。巴金自称，他的日记"只是写给自己的备忘录"，但是对于研究者、读者来说，它是时代的注脚，是了解作家生活、思想的弥足珍贵的记录，把它们与巴金的著作和生活历程结合起来读同样能读出许多酸甜苦辣。

一

作为一份重要的史料，日记为巴金研究中的一些疑点找到了确证。如巴金两次赴朝、赴越南采访，这是建国后他生活中的大事，也是他在新形势下的慎重选择。而他当时所写的那些散文，充满了空洞的热情，语言表述公共化、政治化，看不出真实的内心，但日记却给我们提供了一幅个人图景，使我们能近距离地打量一个更加真实的巴金。

　　研究一位作家的创作，文本当然是一个重要的依据，但是作家的心境和生活处境同样会对他的创作产生重要影响，甚至无形之中左右着作家的思想情绪、表述方式，日记则是我们打开作家心灵之门的一把钥匙，在那些并不完整的琐碎记录中，我们可以看到一个作家没有被掩饰的日常生活图景，并能体察出它们与作家思想、创作的关系。

　　我曾经选取巴金1963年9月这一个月的日记，来分析巴金五六十年代的日常生活。从日记来看，这一时期，他的生活主要由以下几大板块组成：一、开会。共有16天（次），约73小时。二、访友及接待来访。共约62小时。三、家事及其他杂事。共约40小时。四、阅读、视听。共约155小时。这部分时间主要集中在巴金早起晚归之后，主要是听广播、看报纸，了解国内外政治动向，每逢有重要的政治文件或时政社论，巴金经常夜半收听。五、写作。共约46小时。

　　通过这种统计，我们可以理解巴金乃至一大批正当壮年的作家为什么在1949年以后拿不出大部头作品来了。起码在时间上就无法保证他们完成大部头创作，而且即使千字短文，也是在参加社会活动之后，回到家里点灯熬油赶出来的。从巴金的时间分配来看，花在社会活动或者说是各种政治活动中的时间要远远大于他文学活动的时间，浓浓的政治氛围包围着他，那种语言，那种表述方式，无疑会潜移默化地改造他的思维方式，这使他的语言离公达方式越来越近，离自我越来越远。创作所需要的自由心态、从容思考在他们是可望而不可即的奢求，所以只好写一些"急就章"以应形势之需，长此以往，创作平庸是在所难免的事情了。

二

　　巴金的文章一般篇末都署有具体写作日期，这为确定它们的背景进而全面把握文章思想内容带来了极大方便，但也有小部分作品没有署上日期或所署是个大致日期，这样我们只能根据发表日期推断写作日期。可喜的是，巴金在日记中对每篇文章的写作情况都有记载，尽管简略，但也给了我们极大的帮助。

比如《魏连长和他的英雄连队》，篇末所署日期是1953年10月，查日记，1953年10月7日："十二点开始写短文，写了千字左右。"8日至14日续写，14日晚"六点后续写短文。八点三刻写完，"15日晚"七点看写好的短文（《魏连长和他的连队》），"这样这篇文章的确切写作日期便一清二楚了。又如《古巴必胜》一文，篇末未署日期，最初发表于1962年11月5日出版的《上海文学》11月号，查日记，11月1日有"为《上海文学》写短文《古巴必胜》，约二千字"的记录，具体写作日期可以确定了。还有情况更为复杂的，比如《越南人》一文，篇末所署写作日期为："1964年7月6日"。查日记，6月19日即有"中饭后午睡约一小时。开始写介绍《南方来信》的散文"的记录，直到当月29日，"（晚）写文章《越南人》到三点一刻写完初稿"。30日，"抄改《越南人》（我和萧珊各抄一部分）。"7月1日，"寄树基信附《越南人》原稿一份。"这份寄出的稿子主要是为编集用的，而当年《收获》第四期上发表的此文，巴金又做了删改，在日记中有记载：10日，"校改《越南人》校样"；15日，"中饭前以群来，交来《越南人》校样，并谈到宣传部的意见。中饭后删改《越南人》，两点改完"。由此可见，此文的最终定稿应在7月15日，在这之前，还奉命改了一次。这与篇末所示，差了整整九天。细心的读者如果仔细地校读一下，像这类情况一定还很多。

从日记中，还可以看出巴金的写作习惯。解放前的一气呵成越来越少，时间零碎，使他不得不见缝插针地进行创作，一篇文章总是断断续续写上几天，但不管怎样，在写完初稿后的几日，他必得重新抄改一遍甚至是几遍，从中也可以看出这位作家的勤奋和严谨来。然而，在五六十年代，他的写作经常是为完成任务而不是内心所驱动，因此也显得十分艰难，一些表态文章，所说的无非是别人的话，他常常得先看材料，再看形势，最后是挖空心思赶上形势，批判柯灵《不夜城》的文章《谎言一定要给戳穿》的写作便是明确的一例，从日记中的记载可以看出巴金奉命写作的来龙去脉：

1965年4月14日：七点起。八点后作协车来接我和以群、姜彬、哈华去电影局看《舞台姐妹》和《不夜城》。（晚）在床上还翻看了《收获》创刊号上发表的《不夜城》。

6月12日：十一点罗荪来，以群来，以群送来《不夜城》导演副本，组织我和罗荪写批判文章。

6月21日：看有关《林家铺子》和《不夜城》的资料写短文。

6月23日：续写短文《谎话一定要给戳穿》。续写短文，零点一刻写完。

6月26日：看《文汇报》郑煌差人送来的《谎话一定要给戳穿》，作了一些小的改动。

三

巴金日记基本上只记事而不记心情，但在五六十年代，也时有表达感情的句子，那是在听完党和政府的重要声明或文件之后所写的"痛快之至"这类的话。例如在1962年12月15日的日记中就有这样一段话"得到本日《人民日报》，又把《全世界无产者联合起来，反对我们的共同敌人》仔细读了一遍。这篇社论，我已在上午的广播中听过一次了。写得真好，说出了我自己想说却无法说得清楚明确的话。一读再读，教人精神振奋，意气昂扬，我们头抬得更高了，勇气也更大了。高举革命和团结的大旗前进，这是何等的英雄气概。"这种高亢的政治热情与文学越来越远，而且一而再、再而三地表露这种热情，情感表达也成了一种形式，与个人心底的感情就有了距离。高度政治化的情感使作家的作

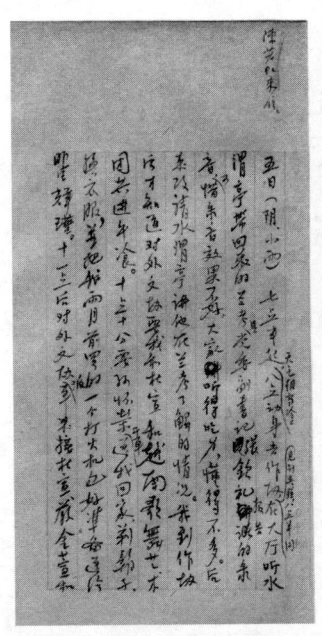

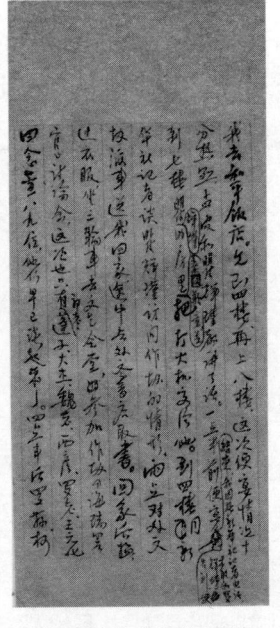

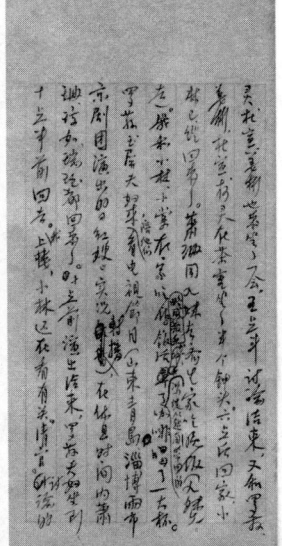

巴金1960年代日记手稿。

品只能充当这种政治的传声筒而已。

"文革"前,巴金紧张忙碌却又惶惶不安的心境,在1966年的日记中也表露出来了:

1966年1月8日:读吴晗的"自我批评"和《文汇报》座谈会记录。两点动身去文艺会堂,参加作协召集的《海瑞罢官》讨论会。

1月11日:到报刊门市部购买刊载关于《海瑞罢官》文章的整套《文汇报》。

1月15日:看有关《海瑞罢官》讨论的文章。

2月5日:看两篇"清官"的文章,中饭后午睡二十分钟光景,同萧珊去文艺会堂参加《海瑞罢官》讨论会。

5月26日:读完《〈海瑞上疏〉必须继续批评》(《解放日报》),才感觉到周信芳、陶雄等人问题的严重。九点半安珍来收集对批评周、陶等人文章的意见,谈了一个多钟头。

不用再抄下去了,那些日子,没完没了的大会小会接连不断地批一部文艺作品,置身其中,巴金的脑子没法不让它搅得一塌糊涂。而且他总是很"被动",自己看文章,可能觉得没有问题,看了别人的文章,"才感觉到""问题的严重",更为可怕的是大家始终不知道什么才是"有问题",这样就不知道会不会哪一天问题出在自己的头上。从另一方面讲,越是这样惶恐,就越得表现得"积极"些,要拼命学习,要老老实实去开会,去"揭批"问题。

四

日记与文章两相参照,也可以印证一些细节,而这些细节,有时候对于理解巴金真实的内心或思想的发展会起到关键的作用。

在《<巴金六十年文选>代跋》中,谈到法斯特,巴金说:"我对法斯特的事情本来一无所知,我只读过他的几部小说,而且颇为喜欢。"事实的确如此,1953年11月5日的朝鲜战地日记中,他就曾这样写道:"晚看法斯特小说很受感动,九点半睡。"在《小狗包弟》中,他是这样写自己送走包弟后的心情的:"包弟送走后,我下班回家,听不见狗叫声,看不见包弟向我作揖、跟着我进屋,我反而感到轻松,真有一种摔掉包袱的感觉。"而1966年8月25日的日记中有这样的记载:"隔壁资本家×姓问题很多,昨天红卫兵到他家搜查,整天整夜都有红卫兵到他家。九妹告诉我已把包弟送给上电医院了。了却一桩心事。中饭后未能入睡,休息一会看文件。晚饭后读'老三篇',考虑很久。十一点半后服眠尔通一粒,睡。"简单"了却一桩心事"几个字,道出一种如释重负之感,然而既然在那个自身难保的时代还把一条狗的事称为"心事",可见对它是如何的钟爱,也可见其良心未泯,那么用这种方法处理,又怎能心安,怎能算了却?所以也是久久难眠。短短几行字,给我们勾画出巴金当年的窘况。

1997年10月3日

读巴金书信札记

灯下捧读《巴金全集》中厚厚的三大卷《书信编》，手捧的仿佛已不是巴老的这些信件，而是一位世纪老人滚烫的心。老人的晚年，病魔缠身，这些书信是他用颤抖的笔，一笔一画艰难地写出的。老人的这些书信，如同他那些作品一样，燃烧着讲真话的炬火，闪烁着人格的光芒，也深含着他那忧国忧民的炽热之情。

一个作家展示给人们的至少有两个层面，一个是他公开出版的作品，还有他的社会活动等，这是一个大众接触十分广泛的外部层面，也是作家贡献给社会的主要精神财富。然而，仅仅通过这个层面来完成对作家的认识，则未必很全面。所以，历来的研究者，更重视另一个层面，它是与作家个人紧密相关的一个层面，包括他们的日记、书信、笔记等原非公开性的资料和个人活动，由于这些资料秘密性的特点，使得我们有机会更近距地窥视作家的心灵，它们的研究价值和真实程度，往往甚于作家公开出版的自传，它们是作家的人格发展史和心灵轨迹史。尽管它们本身可能很零碎，然而集合起来，则是一个较为完整的统一体。巴金的书信在以前曾部分出版过,它们是:巴金与杨苡的通信集《雪泥集》、《巴金书简》、《巴金书信集》,而如今收入《巴金全集》第22、23、24卷《书信编》中的则是迄今为止最完整的巴金书信结集,它收集了自1935年至1993年半个多世纪巴金致一百七十余位亲友和二十余个社团的一千九百余封信。这是一部巴金的生活史料集,也是一部时代的记录。特别值得一提的是,收在《书信编》中的家书——致妻子陈蕴珍(萧珊)的二百七十封信,致女儿李小林的四十余封信,致侄子李致的一百九十余封信,还有给李小棠、李舒等人的,都是第一次公开出版。以前关于巴金在1949年后至"文革"前的研究,往往只能凭借巴金本人公开发表的文章,而"文革"十年巴金甚至连发表文章的权利也被剥夺了,在这样的情况下,这些书信对了解巴金内心世界则有不可替代的作用。像巴金致萧珊的信中,大量涉及巴金在入朝前的准备乃至朝鲜战场上的情况,还有五六十年代巴金离家开会、出访等情况。现编《巴金年谱》[①]中关于巴金1952年入朝一段,除了依据巴金自己的文章外,只好参照与巴金同行的黄谷柳的《战地日记选》来确定巴金的行期,而巴金这批书信乃至赴朝日记的发表,则提供了更确切的资料。又如关于巴金与鲁迅第一次会面的具体日期,学术界历来说法不一,陈思和在《人格的发展——巴金传》中曾提出自己的看法,现今,巴金1976年9月6日致李致的信的发表,就证实了陈思和推断的合理性,也解决了学术界长期以来不曾明了的问题。

巴老的晚年,长期患病,行动不便,执笔也困难,甚至难以为文,但是他有感情要倾吐,就这样,他用那颤抖的手写下一封封书信,这批信虽然在书信集中所占的数量比例不大,但我觉得,它们是《书信编》中最有分量的部分,巴老曾经说过:"我写,我是在掏出我那颗满是伤痕的赤诚的心。"[②]他一字一句写下的正是知识分子的良心。捧读这些

[①] 唐金海、张晓云主编:《巴金年谱》,四川文艺出版社1989年版。

[②] 巴金:《巴金全集》第二十二卷代跋,《巴金全集》第22卷第543页。

篇章，我最强烈的感觉是一种无言的沉重，和那沉重之后难以掩饰的激动。

痛苦和忧郁伴随了巴金的一生，在晚年，他非但未能摆脱，相反在精神上陷入了更深层次的痛苦，这痛苦已经超出了病魔带给他的生理痛苦本身，纠缠老人的是：真话与假话，是与非，言与行的一致，国家与民族的前途，老人的心胸中容纳的是国家与民族，老人在精神上拥抱的是人民，他的那颗炽热的心，在任何时候，都不曾减温。他1991年12月5日在给冰心的信中说："您对李辉说叫巴金不要那样忧郁，那样痛苦（大意），难道您不知道正是因为我发现自己讲了假话，想不到还债的办法，而感到苦恼！？"透过这种痛苦和忧郁，我们则更真切地看到了一位作家的人格。

国家和民族一直让老人牵肠挂肚，在"五四"精神影响下的知识分子，一辈子为呼唤文明，探索现代国家道路而奋斗，在晚年，巴金仍没有停止这种思索，仍旧没有放弃历史赋予的责任，他仍旧把自己的痛苦和忧患与民族和人民联系在一起。请看，在病床上，他向他那位冰心大姐倾吐的是怎样的一种感情：

我已搁笔，不再作文。可是脑子不肯休息，整天想前想后，想到国家、民族的前途，总是放心不下。（1987年4月17日）

一个月前不小心摔了一跤，至今疼痛不堪，对什么事都不感兴趣，只有我们这个多灾多难的国家，紧紧折住我的心。（1989年3月2日）

躺在病床上，每天总有四五个小时不能闭眼，我忘不了我们这个多灾多难的国家，更忘不了我们那么多忠厚勤劳的人民。怎么办呢？我还能够为他们做点什么呢？我始终丢不开他们。时间不多了，我总得做点什么吧。（1989年12月12日）

如春蚕吐丝,到死方尽,老人对祖国和人民的深情厚谊愈老弥深,他说过:"我有我的'主',那就是人民,那就是人类。"(致许粤华1990年1月4日)他愿意为他的祖国贡献出自己的一切,但又感觉到老之将至而力不从心;他热爱祖国,又为它的一些不尽如人意之处而忧愤,这些都化为一种形而上的痛苦,真切地流露到他的文字中。

正是怀着这种感情,老人高举"讲真话"的大旗,与那些虚假、丑恶的东西做不懈的斗争。"讲真话",是老人经过"文革"后痛定思痛而贡献给中国精神界的重要财富,老人不但在文章中奋笔呐喊,而且在所致亲友的书信中,也常有议论。"我的确常常在思考中华民族的前途,我总觉得太多的空话、大话、假话挡住我们前进的道路。我们到什么时候才能为自己认真做个总结?"(致沈毓刚1987年7月3日)"倘使我多活两年,可能还要写一本小书,对后代子孙再讲几句真话。作为一个中国人,我活着总得为国家、为社会、为人民做点事情,炎黄子孙不能靠互相欺骗说空话过日子。我也真想多听几句真话。"(致沈毓刚1987年8月20日)"倘使多说几句真话,那么子孙后代就会感激。写吧,给后代人多留几句真话吧。我们都有责任。"(致沈毓刚1988年2月20日)老人这不是在自我标榜什么,他也用不着在给亲友的书信中贩卖"大路货",这是内心最真正的剖白。讲真话,是一位作家对读者的"责任",是一个人对历史的"责任",这种责任驱使他严于律己,"言行一致"既是他追求的目标,也是使他常常痛苦的原因,他不能容忍自己某一时期的言行不一,对别人和一个民族也同样,从这一点上,他的痛苦又是博大而深广的,是一位伟人超越了尘世繁琐的痛苦,老人说:"我愿意受苦,通过受苦来净化心灵,却不需要谁赐给我幸福。事实上这幸福靠要求是得不到的。正相反,我能把自己仅有的一点点美好的东西献出来,献给别人,我就会得到幸福。"(致许粤华1990年1月4日)老人的直言与洁行,相互补充,相得益彰,堪为知识分子的榜样。

在《巴金书信集》的《序》中,巴金说:"书信虽是一种文体,但我的信函却缺乏文采，至多只能作为一点供研究用的资料而已。"然而在《书信编》的《代跋》中，他又这样说："我对书信的用法、看法有了改变，我要一直写到闭上眼睛。"这种变化其实是由老人的自身状况和他特殊的社会地位所决定的。晚年的巴金，难以执笔为文，而他的特殊的社会影响，使得在晚年，他的私人通信经常作为一种文章的替代品而发表出来，这样，个人的书信成为社会财富，并产生重大的社会作用，这是巴金书信的特殊意义之所在。正如巴老本人所言："我有幸找到了讲真话的路。我拿起笔就是为了写真话，讲真话。真话是讲不完的，真话是封不住的。即使我搁下了笔；即使嘴上贴了封条，脑子照样在思考真话，真话也仍然飞向四方。"是的，即使不能提笔作文，巴金的书信仍能产生强烈的反响。他在致汝龙夫人的信中谈及文化出版界的奇怪事时说："书店其实代表了一个国家的文化水平。"这封书信发表后，读到此处，我真为老人一针见血的犀利而拍案叫绝。老人在风烛残年仍关心祖国文化事业，曾致信《新民晚报》记者，为保护上海徐家汇藏书楼而呼吁，不但精神可敬可钦，而且引起了社会各界关注，这恐怕不是一般人能达到的社会效果。1991 年 7 月 30 日，巴金致信成都巴金国际研讨会，信中说："我提倡讲真话，并非自我吹嘘我在传播真理。""我最后还要用行动来证明我所写的和我所说的到底是真是假，说明我自己究竟是一个怎样的人。"这番话对那些喜欢在背后叽叽喳喳的人是何等痛快的驳斥，老人平静的语调背后闪烁着人格的光芒，字字句句，振聋发聩。

是的，这些书信中并没有华丽的文采，然而它是一部讲真话的书，真话永远如金子一样闪烁着光芒，永远是最打动人心的。

1994 年 9 月 14 日于白山路

附记：

巴金的书信集在《全集》的《书信编》之后又出版过《家书——巴金萧珊书信集》（浙江文艺出版社1994年10月第1版）和《巴金书简——致王仰晨》（文汇出版社1997年12月第1版）两种，所收书信部分为《巴金全集》所漏收，尤其后者有近百封书信为全集所未收。

2000年11月6日

大象出版社2003年又出版《佚简新编》，收《巴金全集》未收的书信数百封。

又记

读巴金译文札记

不少人似乎都忽略了这样一个细节:"巴金"这个笔名最早出现在出版物上,其实并不是发表他的小说处女作《灭亡》时,而是在他的一篇译作上,那是1928年10月10日出版的《东方杂志》第25卷第19号上的《脱洛斯基的托尔斯泰论》,三个月后,《灭亡》才开始在《小说月报》第20卷第1号(1929年1月出版)上连载。这个细节似乎在提醒我们:考察巴金的创作和思想发展的时候不能忽略他的译文与创作的联系,因为它们互为一体,不可分割。

早在1922年,巴金还没有正式开始他的文学生涯之时,他就曾翻译过俄国作家迦尔洵的短篇小说《旗号》,发表在1923年1月成都出版的《草堂》上(署名"佩竿"),七十年来,有数百万字的不同语种的作品在巴金笔下被译成中文,并出版了《巴金译文选集》(北京三联书店1991年12月第一版)和十卷本的《巴金译文全集》(人民文学出版社1997年6月第一版)等译文集。然而长期以来,对巴金译作的评估,几乎没有超出他介绍外国文学的功绩和外国文学作品对他曾经产生过影响的这个范畴。而这些作品与他思想发展的联系,巴金借助这些作品要表达的思想,却并未引起太多的注意。其实将这些译作与巴金的创作、思想经历互为参照一起阅读时,是能够读出许多微言大义的。

作家的言行,同时代见证者的记录,都是了解作家思想历程的凭证,但是由于年代久远,客观条件的限制,有时候让我们难以充分掌握这些资料。此外,社会政治条件的变化,常常使作家本人有意识地避讳一些敏感问题。以巴金为例,他早年信仰的无政府主义,在1949年中国共产党取得政权以后成了莫大的忌讳,也使巴金在历次运动中吃尽苦头,作为一名想融进新时代的作家和一言一行备受瞩目的社会名流,他对此讳莫如深,然而失去了那份科学探讨的心平气和之后,是否就意味着无政府主义的影响在巴金的头脑中销声匿迹了呢?学术界对此众说纷纭。这也难怪,当我们以一种向度来描述历史时必然会遮蔽和销毁一些重要的东西,这就使后来人要还原历史本来面目时,面对有限的资料感到一片迷惘。《爱情的三部曲》的《总序》初刊文中,有这样一段话:"我对于自己的作品从来就没有满意过。倘使别人一定要我拣出一两本像样的东西,那么我就只得勉强举出一本作为'社会科学丛书之一'的《从资本主义到××××》,这本书从写作到发行,全是我个人一手包办,这里面浸透了我个人的心血。"这里所提到的这本书的全名应当是《从资本主义到安那其主义》,是巴金参照柏克曼的著作写出的一本系统阐述无政府主义思想的小册子。1987年编《全集》时,巴金说:"1936年我写《总序》的时候,我的感情是真诚的。"① 写《总序》时,巴金已经写出了包括《家》在内的许多优秀作品,成为名声日隆的作家,可是对自己的文学作品,他未曾一提,却把这样一本小册子作为自己的重要作品,可见无政府主义理想在他内心中的位置。然而,在1982年版十卷本的《巴金选集》和1988年出版的《巴金全集》这一卷中,我们却找不到这段话,显然已经为巴金所删除。巴金还有一段很著名的话:

---

① 巴金:《巴金全集》第六卷代跋,《巴金全集》第6卷第479页。

"我的敌人是什么？一切的传统观念，一切阻碍社会今后和人性发展的人为制度，一切摧残爱的努力，它们都是我的最大的敌人。"① 这段话曾被认为是巴金反封建、反不平等压迫的思想纲领，巴金本人曾多次引用，可是细心的研究者还是发现，在1949年以后，他将"人为制度"改成了"不合理的制度"。② 几字之差，相距千里，反对一切"人为制度"，是对一切制度的否定，是要求绝对自由的表现，这是典型的无政府主义思想，可是改成"不合理的制度"，则意味着承认"合理的制度"，那么对现政权则是网开一面了，这并不是无政府主义者的初衷。这种潜伏在文字背后的思想变化，常常模糊其辞、难以捕捉。

在长期政治一元化社会中，在思想和言论不能保证充分自由的情况下，每位作家都不可能不考虑自己的表达方式与主流意识形态之间的相互兼容问题，那么对于作家的真实思想，就不可简单地根据呈现在我们面前的文字来判断，而如何将作家隐藏在背后的真实思想勾勒出来，进而完成对作家思想历程真实、完整的认识，这是研究者面临的难题。以巴金而言，他曾说过："无政府主义是我的生命，我的一切，假若我一生中有一点安慰，这就是我至爱的无政府主义。""我是一个无政府主义者，一个巴枯宁主义者，一个克鲁泡特金主义者。不但过去如此，现在如此，将来也永远如此。"③ 很难断言说出这样话的人，会轻易改变他的思想立场，可是1949年后，巴金连"无政府主义"的字眼都很少提起，更不可能与我们探讨他与无政府主义的关系了，在这种时候，巴金的译文倒是可以为我们提供某种信息，使我们有机会走入巴金的内心深处。

译文要构成考察作家思想的文本，需要根据译文与作家思想发展的关系来确定，我们也不能牵强附会，把什么译文都拉进这个范畴中，而

---

① 巴金：《写作生活的回顾》，《巴金全集》第20卷第556页。
② 参见刘思久《论巴金早期的无政府主义思想》一文，现收《巴金研究论集》，重庆出版社1988年版。
③ 巴金：《答诬我者书》，《巴金全集》第18卷第179-180页。

是要从作家的译介目的、思想与译文的契合点来解读隐含在背后的作家的真实思想。巴金的译文与他的思想发展有着特殊的联系，可以构成与其著作的互文，这是通过译文考察其思想发展的一个重要前提。

把什么样的作品译介给读者，是每一位译者在自己阅读范围内所做出的一个重要选择，无疑这种选择是与译者个人的喜好、思想倾向分不开的。巴金说："我只介绍我喜欢的文章。"① 那么他喜欢谁的、什么样的作品呢？在《文学生活五十年》中，他罗列了自己喜欢的一长串外国作家的名单：卢梭、雨果、左拉、罗曼·罗兰、赫尔岑、屠格涅夫、托尔斯泰、高尔基、狄更斯、夏目漱石……等等。日本著名剧作家木下顺二问他怎么能同时喜欢各种流派的作家作品呢？巴金回答说："我不是文学家，不属于任何派别，所以我不受限制。"② 这样的话，巴金重复多次了，并非是他的客套，至少我们可看出：巴金很少从纯文学的角度接受一个外国作家的影响。比如左拉，巴金喜欢他的作品，并非是对他的自然主义感兴趣，而是左拉为真理和正义而斗争的精神感染了他："左拉为德莱斐斯上尉的冤案斗争，冒着生命危险替受害人辩护，终于推倒诬陷不实的判决，让人间地狱中的冤者重见光明。"③ 巴金还翻译了不少艺术价值不高但对他思想产生过重要影响的作品，如凡宰特的自传，俄国的虚无党人的故事等等。巴金并不像鲁迅等人那样期望通过自己的翻译为中国新文学提供艺术上的借鉴，巴金是借助译文探索人生的道路，寻求社会发展的主张，宣传自己的革命信仰，译文的思想、社会主张、道德情感都有许多与巴金相通的地方，这也为我们从译文来考察他的思想发展提供了可能。

巴金是这样阐述他译介外国作品的意图和目的的："我翻译外国前辈的作品，也不过是借别人的口讲自己的心里话。""我记得有一位外国

---

① 巴金：《<巴金译文选集>序》，《再思录》第131页，上海远东出版社1995年7月版。
② 巴金：《我和文学》，《探索集》第126页，人民文学出版社1981年7月版。
③ 巴金：《把心交给读者》，《<随想录>第一集》第48页，人民文学出版社1980年6月版。

记者问过我：作家一般只搞创作，为什么我和我的一些前辈却花费不少时间做翻译工作。我回答说，我写作只是为了战斗……我用自己的武器，也用拣来的别人的武器战斗了一生。""借别人的口讲自己的心里话"，巴金是通过作品来表达自己的思想观点，而且有时这种表达的欲望是那么直白和急切。巴金说："我像进行创作那样把我的感情倾注在这些作品上面。丢失了原著的风格和精神，我只保留着我自己的那些东西。可见我的译文是跟我的创作分不开的。"①

　　巴金也很重视译文的现实作用，他曾说过："我爱读别人不读的书，这固然是我的怪脾气。然而那些书并不是古董，它们是活人的血写成的。"② 译文也不是无的放矢，是"活"的。如巴金认为中国的大革命之所以失败是因为国人没有崇高的道德理想之缘故，于是他便借克鲁泡特金之"药"来疗中国之伤，1928年，他翻译了克氏的《人生哲学：其起源及其发展》。译文的作者是他国人，写作的时间也未必是在当下，但是这并不妨碍巴金拿他作现实战斗的武器，用它来进行社会批判。翻译赫尔岑的《往事与随想》也是这样的。"文革"后期，不允许巴金创作，但同意他搞一点翻译，巴金就通过这部他喜爱的作品，来表达自己的爱憎。他说《往事与随想》"前几卷描述沙皇尼古拉一世统治下的俄罗斯的情况。我译下去，越觉得'四人帮'和镇压十二月党人起义的尼古拉一世相似"，"我每天翻译几百字，我仿佛同赫尔岑一起在十九世纪俄罗斯的暗夜里行路，我像赫尔岑诅咒尼古拉一世的统治那样咒骂'四人帮'的法西斯专政，我相信它们横行霸道的日子不会长久，因为它们作恶多端，已经到了千夫所指的地步了。"③ 赫尔岑把巴金不能表达的话说出来了，成为巴金表达自己感情的另一条渠道，循此返回去，也就可能成为我们解读巴金思想的另一个窗口。

---

① 巴金：《〈巴金译文全集〉序》，《再思录》第153页，上海远东出版社1995年7月版。
② 巴金：《"在门槛上"》，《巴金全集》第12卷第429页。
③ 巴金：《一封信》，《巴金全集》第15卷第517页。

译文还具有相对的稳定性，由它来考察思想发展相对于著作来说，所受的客观环境的影响比较小，创作如果不写上几句"毛主席万岁"就通不过，可是你却不能逼着雨果也跟着喊这样的话。译文的自由度在这种情况下，要比创作宽泛得多，因受政治环境的影响，可能克鲁泡特金的著作不能再译了，但还可以译高尔基的。这种自由度也为在夹缝中生存的作家提供了不违背自己良知的表达空间。在《我与开明》一文中，巴金写道："一九五〇年老友徐调孚向我组稿，并且要我像从前那样给开明介绍稿子，它们打算出一些翻译小说（不用解释，大家也知道，出译文比较保险）。"① 括号中的话真是一语道破天机，在动辄得咎的年代中，译文还是一个避风港，它可以适当照顾政治的需要，又能符合自己的思想趣味，成为作家一种特殊的发言方式。

巴金的思想丰富、驳杂，用他自己的话说在他的思想中"爱国主义、人道主义、无政府主义都有。"② 在这几种思想成分中，无政府主义对巴金的影响，特别是在三十年代以后的思想中的位置，一直是研究者希望了解却又无从下手的话题。译文倒可以帮我们这个忙，本文就试图利用译文考察他 1935 年— 1950 年的思想发展，其重心在无政府主义对他影响的消长上。

巴金早年献身于无政府主义理想的热忱，建构无政府主义理想世界的雄心，有他的许多文章可以作证，也可以从他的译文中找到旁证。从 1924 年至 1935 年，巴金译出的无政府主义的经典著作有克鲁泡特金的《面包略取》、《人生哲学：其起源及其发展》、《无政府主义与工团主义》、《普鲁东的人生哲学》、《告青年》等，还有普鲁东的《财产是什么》。同时，他还积极关注国外安那其主义者的活动动态，及时译出文字传达他们的活动情况，如《东京安那其主义者 1923 年 10 月 25 日的报告》、《赤俄监狱中之革命者》、《布尔什维克专政下的俄罗斯文化》

---

① 巴金：《我与开明》，《随想录》合订本第 798 页。
② 巴金：《巴金访问荟萃》，《巴金全集》第 19 卷第 674 页。

等,可以说巴金(李芾甘)是安那其主义在中国最积极的传播者之一。

1935年春天,在日本的巴金翻译了屠格涅夫的那首著名的散文诗《俄罗斯语言》,标志着巴金思想中爱国主义、民族主义的成分在增多。早在1921年,巴金站在一个安那其主义者的立场上曾激烈地反对过爱国主义,在《爱国主义与中国人到幸福的路》一文中,他曾写道:"我承认'爱国主义'是人类今后的障碍,我既为人类中之一分子,便不能昧着良心不去反对它……"① 可是在"一九三五年我在日本东京非常想念祖国,感情激动、坐卧不安的时候,我翻译了屠格涅夫的散文诗《俄罗斯语言》。他讲'俄罗斯语言',我想的是'中国话',散文诗的最后一句:'这样的语言不是产生在一个伟大的民族中间,这绝不能叫人相信。'我写《火》的时候,常常背诵这首诗,它是我当时'唯一的依靠和支持'。我一直想着我们伟大而善良的人民。"② 两相对比,不难发现,在他的心里,"爱国主义"已经由无政府主义理论中批判的抽象名词转变为与自己有着情感联系的具体内容。巴金思想的复杂化,也是与社会环境和他的生活变化有关的。特别是三十年代无政府运动的影响力在逐步缩小,这种理想的世界与现实的巨大反差让一个在活生生现实中生活的人到了梦醒时分,要想安身立命,他得做出新的选择。1935年8月,巴金回国担任文化生活出版社总编辑之后,信仰与生活的矛盾为这种不悖于理想的实际工作所冲淡,文学活动的增多,使"作家"这一身份开始超过"安那其主义者"这一称号,更为大多数人所关注。但是也不是像一些人所说的那样,抗战时巴金已经完全摆脱了无政府主义影响而成为一个爱国主义者。1941年5月,巴金在《火》的第二部的《后记》中虽然说自己"仍然是一个中国人",但同时,他没有忘记强调他"信仰从外国输入的'安那其'"。无政府主义与爱国主义曾是水火不容的,它们二者又如何在巴金头脑中和平共处呢?这一点在巴金的著作中

---

① 巴金:《爱国主义与中国人到幸福的路》,《巴金全集》第18卷第14页。

② 巴金:《关于＜火＞》,《巴金全集》第20卷第643页。

《巴金译文全集》书影。

没有明确的答案，在他的译文里倒可以看出他的微妙态度。

在抗战初期，巴金译出了一套"西班牙问题小丛书"，它们分别是《西班牙的斗争》（若克尔著）、《战士杜鲁底》（高德曼等著）、《一个国际志愿兵的日记》（阿柏尔·米宁著）、《西班牙》（A.苏席著）、《西班牙的日记》（加罗尔·罗塞利著）、《巴塞罗那的五月事变》（A.苏席作），这套书反映了西班牙乃至欧洲的安那其主义者在西班牙反法西斯战争中的所作所为。在颠沛流离的战争岁月中，巴金不遗余力地将异国的斗争情况介绍给中国的读者，当然是有其目的的，归纳起来，有这么几点：1.介绍西班牙反对法西斯的革命民族战争的真相，特别是为无政府主义者在战争中的态度和行为而辩护。他说："不过我的目的是在帮助朋友们多少了解一点那个奇异的国度的内部情形，使它们明白那个斗争的全景，其经过，其胜利及其失败。"[①] 巴金认为国内一些人在污蔑西班牙的无政府主义者，而这套书"便是对于那些流言的一个最雄辩的

[①] 巴金：《＜西班牙的斗争＞前记》，《巴金译文全集》第8卷第281页。

答复","歪曲者的笔并不能抹杀真理,虚伪的记载也不能染污殉道者的血。"① 巴金的这种情感也明白无误地昭示着他与安那其主义运动的思想联系,不仅是中国的,而且全世界安那其主义运动都一直牵动着他的心。2."南欧的西班牙在地理上固然和我们相隔甚远,但是它的命运和抗战中的我们的命运却是联系在一起的",② 巴金希望借此鼓舞中国人民抗战的斗志,激发抗战热情。3.巴金要借这套书来表明一个无政府主义者在这场战争中所应持有的态度,启示民众该走什么样的抗战之路。这一点非常重要,它说明巴金始终是以一个安那其主义者的身份投入抗战的,然而安那其主义者不是反对战争的吗?认为那是国家之间利益的争夺,最终只能使民众受害,那么巴金的这种姿态是否意味着他思想的转变呢?

认真分析巴金这一时期的言行,我们会发现他的思想中并不存在这样的矛盾。巴金曾说:"我说过抗日是一道门,我们要生存要自由,非跨进这道门不可,至于进了门往哪条路走,那是以后的事了。目前抗战是第一义。我们应该牺牲一切,使抗战胜利。"③ 无政府主义者视自由如同生命,民族危亡,人民正在一步步失去自由沦为奴隶,反抗这种处境势在必行,这个战争与军阀之间、国家之间的战争截然不同,巴金也能够理解。其实早在1927年,在《无政府主义与实际问题》一文中,巴金就曾明确表示:"说无政府主义者反对战争吧,但无政府主义者所反对的只是军阀政客为争利夺权而起的战争,假若被压迫者反抗压迫者的战争,我们是主张的。为自卫而战,为自由而战,马拉铁斯达且认为这'战争是必要而神圣的'。甚而至于殖民地脱离'母国'的战争,弱小民族反抗强国的战争,虽然其目的与我们的理想不

---

① 巴金:《<西班牙在前进中>后记》,《巴金全集》第17卷第188页。
② 巴金:《<西班牙>后记》,《巴金译文全集》第8卷第375-376页。
③ 巴金:《失败主义者》,《巴金全集》第13卷第238页。

同,但我们也并不反对。"① 同时,我们还应当注意到,巴金特别注重抗战中民众的自发行动和对民众的动员,他译出的这套书,就有着启蒙和动员的意图,他说:"许多人羡慕玛德里的防卫,却少有人明白玛德里之所以守得住,那是靠着民众的力量。……我们正应该学这个榜样。"② 民众的自发,而不是政府的组织,排除组织纪律这样的束缚人的东西,这正是巴金作为一个无政府主义者的一贯态度。他曾说过:"我主张中国革命运动是民众的,……我们无政府主义者应该加入一切民众运动中,把它引到无政府主义的路上。"③ 在他译出的这套书中,不但极为鲜明地突出了无政府主义者在反法西斯战争中的重要作用,而且处处渗透着无政府主义的主张,比如谈到军队的组织和纪律,他特别强调个人的权利和自由。"我们是工团主义者、安那其共产主义者,但是我们也承认个人的重要。这就是说:每个人都有和别人一样的权利与义务。没有一个人应该被视作上司。但是每个人必须尽量发挥他的才能专心致力于公共工作。军事专家只贡献意见,它们并不命令。"④ 谈到纪律和组织形式,文中说:"我们纵队的组织是彼此信赖与自动合作上面的,我们将永远是武装的无产阶级,自动地守着必需的纪律。"⑤ 这一点,尤为值得注意:抗战中有一切为了抗战的口号,这是以战争特殊状态的总任务来规范一切生活、习惯、思想,"五四"时期自由的思想、个性的解放的言论在此遇到了阻碍,甚至梁实秋那样的"与抗战有关的欢迎,与抗战无关的文章也需要"的言论都遭到严厉批判,个人趣味在民族大义面前显得微不足道,可是,在巴金译出的这套书中,对于战争的组织、民众的动员,几次强调不能剥夺个人的权利和自由。如:"劳工运动,尤其是社会主义运动,并不是一个只承认一种特定的教义的教

---

① 巴金:《无政府主义与实际问题》,《巴金全集》第18卷第113页。

② 巴金:《略谈民众动员与逃难》,《巴金全集》第13卷第259页。

③ 巴金:《答诬我者书》,《巴金全集》第18卷第177页。

④ 巴金:《战士杜鲁底》,《巴金译文全集》第8卷第345页。

⑤ 同上,第347页。

会。倘使我们不能学得尊重别人的意见，却只根据一个党派的主张，用狭窄的眼光批评它们，那么所谓'统一战线'与'人民战线'便成了一文不值的废话了。"① "在他看来，社会的正义与个人的自由乃是反法西斯运动的根基。他热烈地要求民团严格地军事化。但是他却坚决地反对恢复从前的军律和服从规则。所谓杜鲁底纵队就是以同志的感情为基础而组织的。它在反法西斯的革命的西班牙算是纪律最好的军队。杜鲁底工作、吃饭、睡觉，都是和他的同志们在一起，……他是他们的最好的同志，然而他决不想做一个站在他们上面的人。"② 这种主张当然带着很大的理想色彩，但是其中的精神即使在今天我们反思抗战反思近百年的思想发展时仍是值得深思的。它也从另一方面证明了：反对战争的无政府主义者巴金，积极投身抗战中，并非是他放弃了无政府主义者的立场，相反在抗战中，他有他自己的姿态和观点，而这些与他二十年代的思想是一脉相承的。

在抗战后期，巴金奋力译出了屠格涅夫的《父与子》、《处女地》、《散文诗》，还有斯托姆的《迟开的蔷薇》，王尔德的《快乐王子集》等作品，相对于过去，巴金这批译作的文学色彩加浓了，他开始留心作者的文笔了，"我不会写斯托姆的文章，不过我喜欢他的文笔。"③ "他（指王尔德——引者）那美丽完整的文体，尤其是他那富于音乐性的调子，我无法忠实地传达出来。他有着丰丽的辞藻，而我自己用的字汇却是多么贫弱。"④ 巴金总认为有比艺术更长久的东西，甚至它能使他毫不犹豫地放弃艺术，这也是在很长一段时间内他很少从纯粹的艺术角度去看待一部作品的原因。他用笔宣传抗日，动员民众，使得文学与信仰暂时融合在一起，然而随着抗战进入相持阶段，巴金看到的是大后方人

---

① 巴金：《西班牙的斗争》，《巴金译文全集》第 8 卷第 291 页。
② 巴金：《战士杜鲁底》，《巴金译文全集》第 8 卷第 316 页。
③ 巴金：《<迟开的蔷薇>后记》，《巴金译文全集》第 6 卷第 365 页。
④ 巴金：《<快乐王子集>后记》，《巴金译文全集》第 6 卷第 303 页。

民的生活困苦和一些官僚的荒淫腐败的极大反差,"抗战"的光辉在他心中减弱,在《火》三部曲的第三部中,他描述了这种社会现实,并透露出这种苦闷。他的信仰再一次在强大的现实面前退缩了,他从现实中后退到了他的文字中,不过,这次不是像三十年代那样,内心充满了不安的烈火,相反他平静下来了。英雄梦破灭了,他更关心具体的小人物的命运了。直到此时,他才是一位安分的作家,他的小说创作的最后一个高峰也随之而来。

抗战胜利了,但是巴金并没有太多的喜悦,他写道:"胜利只是一个开始,它并不是结束。它并没有给我们解决一切的问题,而且它给我们带来了更多的问题。现在绝不是应该欢笑的时候……"① 他另一篇文章的题目竟是《月夜鬼哭》,"鬼魂"们愤怒地呼喊:"胜利给我们的亲人带来饥饿、痛苦与贫困,而另一些人中间却充满荒淫与无耻。我们粉身碎骨、肝脑涂地所换来的新秩序绝不是这样。"② 1946年5月21日,巴金乘飞机飞回了上海,之后,他陆续写了几篇怀念亲友的文章,同时在创作《寒夜》,1946年最后一天,他写下了这部长篇小说的最后一行字。从此,巴金的创作量迅减,除了少数的序跋之外,连一篇短小的散文都很少写,这是为什么呢?他解释说:"我在一九四六年底写完《寒夜》后,当时忙于搞编辑,搞翻译,事情很杂很多,因而写作的时间就少了。"巴金所说的的确是事实,然而若仅仅满足于这些,则对于巴金在1947—1950年这一中国历史转变的复杂年份中的思想变化的理解就过于简单了。中国将往何处去,我们将往何处去?这是国统区知识分子不可能回避的问题,巴金对时局和未来怎么看,尽管从他这段时间的创作上难见只言片语,可是他的译作再次为我们提供了考察他思想发展的线索。

1948年,巴金开始陆续发表他翻译的薇娜·妃格念尔的回忆录《狱

---

① 巴金:《天题》,《巴金全集》第13卷第543页。

② 巴金:《月夜鬼哭》,《巴金全集》第13卷第547页。

中二十年》，这是巴金多年的心愿，巴金要在中国最黑暗、最慌张的一年中完成它。妃格念尔出身贵族，却自动放弃富裕生活，到民间从事革命工作，在参与刺杀沙皇时被捕。这部回忆录就是她在沙皇狱中二十年的生活实录，巴金说："实在这部书像火一样点燃了我的献身的热望，鼓舞了我的崇高的感情。"① 早在少年时期，巴金就敬佩这位女革命家的献身精神，然而奋斗了这么多年，他依旧只能在书斋中舞文弄墨孤独地彷徨，翻译这样一部书，除了证明无政府主义的圣火在巴金心中仍然没有熄灭之外，也流露出巴金的苦闷情绪。中国当时如同那俄罗斯暗无天日的寒夜一样，不知何时能见到黎明的曙光。虽然自己乌托邦式的理想在一日日远去，但是回忆录中所体现的坚强和无畏的精神还在吸引着巴金，他说："我每读一遍，总感到勇气百倍，同时又感到十分的惭愧。"② "惭愧"什么呢？是自己缺乏为信仰献身的行动吗？那么他的路又在哪里呢？无政府主义革命家的书依旧给他的生命带来启示，他翻译了洛克尔的《六人》，该书作者用世界文学名著中的六位主人公为例子，"在《六人》中洛克尔使这六个人复活了，他一点也没有改变它们的性格和生活习惯，可是他却利用它们来说明他的改造世界的理想。"③ 巴金在过去也译过洛克尔的文章，如《近代劳工运动中的议会活动观》、《克鲁泡特金学说概要》、《西班牙的斗争》等，但这篇与过去不同，不再是关于社会政治情况的，而是探讨"人生的目的和意义究竟是什么？"这种变化实际上显示了无政府主义对巴金的影响的侧重点发生了变化，尽管在翻译克鲁泡特金《我的自传》时，就已经显示出无政府主义对巴金人格的巨大影响，但社会现实的变化，使得巴金的社会理想渐成泡影，在此之后，无政府主义对他人格塑造的意义便凸现出来了，克鲁泡特金所提倡的人类间的正义、互助，所提倡的高尚的道德情

---

① 巴金：《〈狱中二十年〉后记》，《巴金译文全集》第9卷第424页。

② 同上。

③ 巴金：《〈六人〉后记》，《巴金译文全集》第6卷第565页。

操都融化在巴金以后的言行中。

当时国民党统治正摇摇欲坠,压在巴金头上的黑暗统治就要灭亡,他当然高兴,因为他一直坚信:黑暗必将灭亡,光明一定会到来。然而,共产党要建立苏俄式的无产阶级专政国家却未必是所有的知识分子都向往的事情。一些倾慕英美的自由主义的知识分子担心在这里自由和民主将受到限制,而无政府主义者对十月革命后的无产阶级专政持反对态度也是人所共知的,巴金早年也撰文认为那是限制个人自由的专制政权。可是,巴金并没有像俄国许多无政府主义者那样在十月革命胜利后流亡国外,非但没有如此,他还劝过信仰无政府主义的朋友毕修勺留下来,除了现实生活上的原因之外,至少也表明了他没有把自己置于政权的对立面上,巴金的心态在同期的译文中也有所表露。

在翻译妃格念尔的文章时,巴金是这样向中国读者介绍妃格念尔的:她"是十九世纪七八十年代俄国革命团体民意社(即人民自由社)的老革命家。……一九一七年革命后回国,曾参加文化工作,一九四二年在莫斯科病故。""逝世前曾在莫斯科克鲁泡特金博物馆里担任职务"① 很显然,从这个介绍中,可以看出妃格念尔与新的政权是合作的。当年,中国早期无政府主义者李石曾投靠国民党,巴金曾激烈反对,并拒绝给李石出资创办的无政府主义报纸《革命》周报写稿。如果巴金坚持当年观点的话,那么妃格念尔投身无产阶级政权也是不可原谅的,巴金也绝不会翻译她的书。很显然,巴金的关注点已经不在这上面,或者说这已经不成为他心中的一个原则问题了。他关心的是另外一面,比如1949年12月,巴金又从妃格念尔的回忆录中译出了《我的幼年》一章,并在文前加了一段介绍作者情况的"译者记"。在作品中,出身贵族的妃格念尔讲了自己与出身低微的保姆之间的真挚交往:

---

① 巴金:《我的幼年》译者记,《巴金译文全集》第9卷第426-427页。

只有在保姆的屋子里（父亲从不到这儿来），只有跟她在一块儿，我们才觉得自由自在；我们才觉得自己是人，是孩子，而且特别是被爱着、被娇宠着的孩子。我们想到她慈爱地照料了三代的小孩，就不由得对她发生一种热爱的感情。①

这种感情与巴金是息息相通的，巴金也曾写过："我说过我从小就爱和仆人在一起，我是在仆人中间长大的。"有了自己的政治信仰后，巴金更愿意渲染自己与下层人民的关系，"我说我不要做一个少爷，我要做一个站在他们一边，帮助他们的人。"② 在新政权建立之初，译出这样的文字，不知巴金是否还有另外一层意思：借此表明自己与劳动人民一贯保持良好关系，这也是他向人民"靠拢"的具体表现。不论怎么说，巴金都是在一步步谨慎地将自己过去的信仰色彩涂抹掉，在建国后，他的译文选择颇费工夫，既要是自己喜欢的，又要能够适应社会形势的需，如翻译高尔基的回忆录，"革命文豪"的东西当然没有问题，高尔基回忆的托尔斯泰、契诃夫倒也是自己喜欢的人物，翻译它也算是不违背自己的趣味。这种于夹缝中寻求表达，是中国一代作家的特殊表达方式，也是一出悲剧的起源，习惯于此，也极容易习惯于失语状态。

1995 年 3 月 12 日白山路初稿

2000 年 11 月 20 日修改

---

① 妃格念尔：《我的幼年》，巴金译，《巴金译文全集》第 9 卷第 438 页。

② 巴金：《我的幼年》，《巴金全集》第 13 卷第 7 页。

巴金与二十世纪青年读者

"一部文学作品的历史生命如果没有接受者的积极参与是不可思议的。"① 当现代接受美学创始人 H.R. 姚斯提醒人们不应把眼光局限于文学本身时，读者的积极参与开始进入研究者的视界，作家、作品与读者的关系越来越引起人们的兴趣。

巴金和他的青年读者之间的密切联系也是我们应当关注的文化现象。几十年来，巴金和他的作品始终处在青年读者的热切关注之中，这些读者如饥似渴地阅读巴金的作品，热情地评赞它们，有的还写信向巴金本人倾吐自己的苦闷和寻求出路。本世纪三四十年代，"若就对青年学生的影响来说"，"我们几乎可以称之为巴金的时代。"② 岁月更替，时光推移，巴金的作品历经沧桑，魅力不减，他的读者也在一代代成长壮大，一生信奉"把心交给读者"的巴金，在不断推出新作的同时，始终与读者保持着紧密联系，有一个时期他甚至亲自回复读者给他的每

---

① H.R. 姚斯：《走向接受美学》。

② 曹聚仁：《文坛五十年》（续集）。

一封信，还与部分读者保持着一生的友谊，这有他的《短简》和给杨苡的书信集《雪泥集》为证。他自己也曾说："我从未中断同读者的联系，一直把读者的期望看成对我的鞭策。"① 直到1993年，他在为自己的全集写作题为《最后的话》的后记时，还满怀深情地说："最后一段话是对敬爱的读者讲的，对他们我只要说'我爱你们。'是的，我永远忘不了他们。"② 巴金和他的庞大读者群，从本世纪二十年代末一直走到了九十年代的今天，构成了二十世纪中国文化史上独具魅力的景观，通过这一景观，观照在二十世纪历史洪流中的巴金及其作品与读者的相互关系，乃至考察中国现代文学作品的传播和影响，的确是一个诱人的课题。

巴金青年读者群的形成与发展

长期以来读者的反应只能作为"花絮"位居报刊上的一角，如果说对当代读者我们还来得及做普遍调查的话，对前代读者我们则缺少直观、可靠、准确的资料，因此，研究读者群的形成与发展是件困难的事情。但是我们还是力图从作家及同时代人的自述、回忆中，从评论文章的夹缝中，从报上文坛消息的补白中，从著作的发行量上来窥探读者情况，勾勒出巴金的青年读者群形成与发展的轨迹。

1929年1月，巴金的《灭亡》在《小说月报》上开始连载，这是巴金登上文坛的开始，也是他引起读者关注的开端。当时就"曾有好些人来信问巴金君是谁"，叶圣陶在这一年度《小说月报》的最后总结中，说巴金的《灭亡》和老舍的《二马》，"这两部长著在今年的文坛上很引起读者的注意，也极博得批评者的好感。"③ 《灭亡》的出现"在

---

① 巴金：《随想录·核时代的文学》，《巴金全集》第16卷第750页。
② 巴金：《最后的话》，《巴金全集》第26卷第651页。
③ 巴金：《关于＜灭亡＞》，《巴金研究资料》（下）。

不同的立场下给不同立场的人们以极大的震惊",① 一时间对此书议论纷纷。不难看到：刚踏入文坛，巴金的作品就开始受到读者的关注和喜爱。在以后的二十年中，随着巴金一部部作品的问世，他的青年读者在不断集结和壮大，逐渐稳定和充实，截止1951年，《灭亡》在开明书店印行二十八版次，《家》印行三十三版次。王易庵1942年在《巴金的＜家、春、秋＞及其他》一文中曾描述过这样动人的景象："六月前住在苏州，和当地的文学青年颇多接触的机会，在他们中间最容易感到的一件事，就是对巴金作品的爱好，口有谈，谈巴金，目有视，视巴金的作品，只要两三个青年集合在一起，你就可以听得他们巴金长，巴金短的谈个不歇。又有一天，我在《吴县日报》上，见到一条广告，是愿出重价征求巴金的全部作品，此人不用说也是个'巴金迷'，在任何书店里都高高陈列着巴金作品的当时的苏州，此人却还恐有遗漏，愿出重价征集巴金的全部作品。即此可见巴金的作品受人欢迎的一斑了。"

从建国到"文革"前这一段时间，巴金仍是读者热烈欢迎的作家。陈丹晨曾在六十年代初到上海图书馆做过调查，巴金的小说仍是出借率最高的几种文学书籍之一。五十年代末发起的"巴金作品讨论"，从另一个方面显示了巴金作品的广泛影响。在这场并非心平气和的讨论中，首先让我们看到的是巴金的读者之众多，影响之广泛。单单是《中国青年》、《文学知识》、《读书》集中刊发的讨论文章就近六十篇。《文学知识》编辑部在一段时期收到稿件近千件。这么多人直接参与讨论，可谓盛况空前。另外，讨论中尽管不少人抓住作品的某些缺点不肯罢休，企图达到全盘否定巴金作品的目的，但读者对巴金作品基本肯定的声音也是嘹亮的，当时就有人提醒"不要摔碎茶壶弄得没有水喝"，《文学知识》编辑部在总结讨论中基本取得的一致意见时指出："巴金的作品，特别是《激流三部曲》，所取得的成就是不应抹杀的；巴金在新文学史上应有一定的地位。"

---

① 知谙：《巴金著译考察》，《巴金研究资料》（下）。

在那个十年梦魇般的日子里，巴金、他的作品和他的读者随同祖国历经磨难，但读者的力量也在孕育、积蓄，终于随同那个时代的结束而爆发出来。随着巴金《一封信》的发表，一时间"识与不识众口传"，巴金的读者又重新聚拢，他们在热情肯定了巴金旧作的同时，又热烈地欢迎老作家的新作；他们从巴金作品中获得启发的同时，又从巴金的人格中汲取力量。这些经历了"文革"、有较丰富生活经验的青年读者，一直活跃在八十年代和九十年代的今天。

巴金与第二代的读者

在各个时期，读者的期待视野也不尽相同，这导致不同时期巴金对他读者影响的侧重点也有所不同。同是反封建，在建国前，巴金对读者最大的影响是反抗与出走，而在五六十年代，巴金的作品为青年提供了认识封建家庭的材料，使他们对封建制度产生更深刻的憎恨，这个时代巴金的作品在认识和教育上对读者的影响远比在审美上的影响更大。读者的期待视野与时代的密切关系，常常受制于社会主流思想对作品的解读和影响。时代及其读者对某一部作品的选择和认可并非偶然，巴金作品在五六十年代的影响就很形象地说明了这一点。成长于五十年代，后来成为著名作家的王蒙曾说："我们那一代人太饥饿了！我们要求革命，我们要求光明、解放、幸福、爱情、英雄纳特奈尔，我们如饥似渴！我们要求的是投入，是献身，是战斗，是牺牲"，因此"希图在小说中看到的是地下工作者的散发传单与躲避追捕，是刑场上就义的革命者高唱'起来，饥寒交迫的奴隶'，是大罢工中的抬棺游行，是监狱变成了马克思主义革命理论的学校"。① 沈从文作品里固然找不到这些，但在巴金的作品中是否能够找到这些呢？丁玲曾撰文认为："巴金写的那种革命，上无领导，下无群众"，"是空想的，跟他走是永远不会使人更向前走"。

---

① 王蒙：《话说沈从文》，《收获》1991年第5期。

冯雪峰在《关于巴金作品的问题》中也认为："巴金在解放前的世界观有错误的一面"，"他的立场和观点都不是无产阶级的，不是彻底地革命的。"那么，巴金在解放前写的作品在当时有什么进步作用？解放后重印出版又有什么意义？现在的青年阅读它们时应当采取怎样的态度？从他的作品中学习什么？陈思和在分析这一阶段新文学读者群时曾指出："他们对文学作品能够表现反抗封建传统、要求个性解放与恋爱自由的主题特别欢迎。"① 以《激流三部曲》为代表的巴金的重要作品恰恰有力地阐述了这个主题，读者对这一主题的倍加关注，使得巴金的与这一主题吻合或距离相近的作品所受的欢迎程度远甚于距离稍远的，如《家》就远比他后期技法圆熟的《寒夜》在读者中影响更大。同时，这也使读者忽略了对一部作品其他方面的注意，因此这一主题在读者中产生的影响远甚于作品其他方面（如文学技巧）的影响。其实，从中国现当代文学史来看，文学本身的影响往往远不如它本身所反映的问题的影响更为强烈。巴金的《随想录》的影响也超过了文学本身。有的学者曾提出：为什么一些现代文学大师在创作风格上都有承继者，而在读者中产生过广泛影响的巴金，却缺少呢？我觉得从巴金影响了读者什么上找原因，或许能得到满意的解答。

在探讨巴金读者群形成和发展的过程中，我们不难发现青年读者，特别是知识青年一直是巴金读者群中的主体。青年读者一直是本世纪中国文学稳定的读者力量。他们正处在渴求知识的阶段，有与各种作品广泛接触的机会。文学往往又与青年的气质及审美特性合拍，常常是不同青年的共同爱好。他们思想活跃，见解丰富，新文学诞生之初，他们就是最热烈的欢呼者，而以后他们仍不失关注之心。巴金的作品能够在青年中产生广泛而深远的影响，除此之外，还有作品自身的原因。

首先是巴金那些洋溢着青春活力的作品，道出了青年的心语，塑造出了逼真的青年形象，让他们从中看到了自己的影子及方向。杜大

---

① 陈思和：《中国新文学整体观》。

心、陈真、觉慧、琴、淑英，这些具有新思想的青年形象点燃了青年读者心中的热火。"这里面的环境正是现代中国多数人都曾经历过的，这里面描写的人物更有不少读者可以从他们的身上找到自己的影子。"① 这必然会引起青年们的关注，更何况，巴金的心与广大青年的心息息相通，正如一位读者所言："巴金是在代我们说话，是我们最亲密的朋友。"② 这样的作品怎能不受青年欢迎？其次，巴金作品中追求光明的呼号，献身崇高理想的精神，奋斗不息的人生观，时时在引导和感染着广大青年。是金子就永不会生锈，这些朴素而真挚的哲理始终在读者心中闪放着光芒。正如一位学者指出的那样，"正由于巴金热爱人生，热爱生命，注重生命价值、生活态度和人生观的探讨，其作品才会像磁石那样吸引着成千上万的青年读者。"③ 第三，巴金强烈而奔腾的情感，单纯而明净的文学世界，吸引着青年读者。巴金说过："我的文章是直接述于读者的。"在读者面前，他打开了自己感情的闸门，任情感汩汩奔流；这种情感冲击的世界是单纯的、明净的。青年时期是一个情感充沛并易于感动的时期，巴金那浓烈的情感，无疑强烈地冲击着青年读者的心，而单纯、明净又远比复杂更迅速更直接地进入他们的内心深处。在巴金明净的世界里，他们找到了自己情感的存放所，"由于这单纯，巴金激动了万千读者的心，为它哭，为它笑，为它而奋勇前进。"④ 第四，巴金文字朴素、文笔流畅，这便于作品的广泛传播与流传，也符合青年的心理气质与阅读习惯。郭沫若在《庄子与鲁迅》一文中曾说："最近听朋友讲：年轻一代的人要读鲁迅的作品恐怕非有注解不可。这话是完全正确的。不仅年轻一代的人，就像我们这一代的人，要通晓鲁迅作品中的许多新旧故实和若干词汇，恐怕都要有精确的注释才行。"这种

---

① 王易庵：《巴金的＜家、春、秋＞及其他》。
② 冰心：《谈文艺作品和理想》，《巴金研究资料》（下）。
③ 张民权：《巴金小说的生命体系》。
④ 巴人：《略论巴金的＜家＞三部曲》，《巴金研究资料》（下）。

由文字所造成的阅读障碍，必然会影响阅读情形，进而影响对作品的接受和理解，影响作品的流通与传播。

在那个集体的、公众的影响逐渐荡涤个性的年代，当时的意识形态逐渐走向单一化、封闭化，建国初文艺界全国性的讨论：关于电影《武训传》，关于《红楼梦》研究，关于胡风文艺思想……这些讨论最终把读者引向对某种思想倾向的严厉批判上，必然会在读者中形成一种简单的思维定势，他们只会以这种眼光来评判巴金或其他作家的作品，不少青年读者跟在姚文元身后大喊巴金作品的消极影响就是一个明证。

巴金与九十年代青年读者

历史步入二十世纪九十年代，巴金与他读者的关系，除了自身的意义之外，似乎更显示着在商品经济大潮中现代经典作品的生命力的问题。巴金的作品没有让他的读者失望，巴金的读者没有让社会失望。在1991年8月的"上海百名作家赈灾签名义卖活动"和1993年11月的"当代著名作家支持兴建中国现代文学馆捐献著作义拍"活动中巴金的作品以万元甚至十几万元高价售出，其竞争激烈程度不亚于一些珍稀文物的拍卖，给人以极大鼓舞。在前不久由北京社会心理研究所实施的问卷调查中，读者最喜爱的几本书中就有《激流三部曲》。为更确切地了解巴金与当代青年读者的情况，笔者也做了一次实际调查。

调查采取问卷形式，在大连大学师范学院和大连师范学校分别进行，前者为大专，后者为中专，参加调查的166名青年学生年龄在18—22周岁之间，其中有中文专业学生80人，约占50%，其他为非中文专业（包括理科学生）。以下是基本情况：

在"你平常喜欢的阅读种类"中答文学艺术的有132人，占总数的79%。

对"你较熟悉的几位现代作家"的回答是：鲁迅，94人，占

57%；巴金，67人，占40%；其他出现率较高的作家是钱锺书、老舍、冰心、茅盾等。

你对巴金的了解程度：回答完全不了解的，没有，有所了解的，122人，占73%，了解的，19人，占11%，比较了解，16人，占10%，十分了解的，没有。（其中有无效答卷，下同）。

你了解巴金的渠道（可兼选）：课堂上教师介绍，166人，占100%；自己接触阅读，85人，占51%；报刊电视，35人，占21%。

在对巴金著作的阅读上：对《激流三部曲》有所了解的共140人，其中读过《家》的59人，占36%；读过《爱情的三部曲》的22人，占13%；读过《寒夜》，19人，占11%；读过《灭亡》，6人；读过《随想录》，4人，读过《憩园》，3人，其他被提及的巴金著作有：《第四病室》、《海的梦》、《春天里的秋天》。

从这些基本情况，我们可以看到，巴金仍然是当代青年学生喜爱的作家，其中一半以上的人接触、阅读过巴金的作品。作为现代文学经典著作和必读书目，对巴金了解的渠道，教师介绍占很重要的地位，另一大渠道是自己接触、阅读。一位被调查者写道：巴金的《家》因为著名而想读，因想读而细读，因细读而喜欢。这形象确切地说出了对巴金作品从接触到喜爱的过程。

调查还问及你最喜爱的巴金一部或几部著作，结果是：《激流三部曲》，79人，占48%，《爱情的三部曲》，8人，占4.8%，《寒夜》，5人，《憩园》，1人。

《激流三部曲》备受青睐，尤其是那部久负盛名的《家》。被调查者叙述喜爱它的原因大致可分为以下几点：

1. 从作品思想内容上看：它揭露了封建大家庭的黑暗和腐朽，表现了反抗和斗争的精神，深刻地表现了当时的社会现实。有人写道："让人了解了封建大家庭的腐朽没落，以及进步青年追求自由光明、爱情等大胆的反抗意识。""写出一个封建家庭的衰败历史。""以真实笔触再现封建大家庭的悲欢离合,给人深刻印象。"①

2. 从艺术手法上看:"心理刻画细致精当,结构庞大复杂却条理清晰",还有人写道:"作品的情节环环相扣,真实地再现了当时社会的主流,对人物形象刻画逼真,栩栩如生。"

3. "作品感情浓烈,热情奔放","文章中有积极向上的力量,充满着作者的崇高理想和志向。"

在"你不喜欢的巴金作品"一栏中,填写者寥寥,其中有一人写"《灭亡》、《新生》啰嗦",对《爱情三部曲》,有3人觉得"有些做作感,不很真实","人物个个都挺没劲的像假的似的。"

在70份有效答卷中,"你喜欢的巴金笔下人物"一栏中,觉慧,26人,占37%,觉民,9人,12%,琴,3人,瑞珏,3人,觉新,2人,淑华,2人,还有梅、鸣凤等。

你讨厌的巴金笔下的人物:觉新,21人,占30%,高老太爷、冯乐山等封建家长,12人,占21%,周如水,10人,占11%,其他的还有汪文宣等。

很显然,觉慧、觉民、琴、淑华等人是作为具有反抗精神、富有朝气的青年而被当代青年人喜爱,相应地觉新、周如水等人被讨厌率如此之高,恰是因性格懦弱,不敢反抗,不敢追求自己的幸福。而高老太爷、冯乐山等,则是被当作封建势利的代表而怒斥。被调查者一致认为"觉慧勇敢,大胆,敢于与封建家庭抗争与决裂","充满了青春活力","敢爱,敢恨","身上有很多当今年轻人没有的特点,如:勇敢、坦诚等"。而对觉新的态度被调查者则未免有些刻薄,他们一致认为:"觉新他是一个懦夫,是封建社会的孝子与宠儿,逆来顺受的'窝囊废'"。

"觉新,如果我是他,我宁愿去死,我觉得他活得真别扭。"在这么多被调查者中,仅有一位说觉新是封建家庭的"牺牲品"而表同情,

---

① 周立民:《我心中的明灯——巴金》,《中学生》1992年第3期。

这也看出，在当代，反抗封建礼教，追求个性解放，已成为天经地义的事，觉新的忍受与懦弱显然不为他们所理解，当今远离那个时代的读者，很少能设身处地地去理解这个人物。两名喜爱觉新的读者，也是以觉新身上体现了传统的道德观念而论的，说觉新"温、良、恭、俭、让"，"关心别人"，瑞珏、梅被人喜爱也是因为她们有"温柔贤惠"的传统美德，而不喜欢他们的那些读者则认为："她们不能为自己争取自由幸福"，相反她们喜欢鸣凤"为了真正的爱情甘愿牺牲一切"。这些细节的分歧和差异，其实也反映了当代青年价值观的不同。

这项调查的最后一个题目是："你从巴金的其人其作中寻求什么，得到了什么，他对你产生过怎样的影响？"从中能看出巴金对九十年代读者产生的影响是什么。归纳答卷，主要表现为以下几方面：

1. 通过作品，对那个遥远的年代，对当代人少有体察的大家庭生活有了透彻的了解。有人说："知道了自己所不能了解的社会生活状况。"有人说："了解巴金笔下人物所处的时代"，"寻找那个时代的一点痕迹"。"巴金作品真实地再现了时代生活，一幅幅生动的图景，对许多不曾经历过的后代青年，保持着极大的吸引力"，"使我们懂得腐朽必然灭亡，光明定会冲破黑暗。"

2. 从巴金的作品中寻求生活态度，探求人生价值。"巴金的作品启发我深思怎样做人"；"人的一生应是奋斗的一生"；"人如果要成功，必须自立自强，靠自己的双手去创造，不要躺在祖宗的功劳簿上坐吃山空"；"要执著地去进行自己要做的事"；"人活着的意义在于不断地追求人类美好的理想"，"要有勇于去追求光明、真理的向上精神"。在这个价值观发生变化的年代，那些站在忍受的十字路口需要做出选择的青年，希望能有外在的力量给以鼓舞，巴金的著作给他们提供了机会，这些都是他们从中得到的启示。

3. 从作品中获得了艺术熏陶。"寻求的是他的写作精神和了解写作技巧。""心理表现酣畅淋漓，使我获益匪浅。""读他的作品，使我认识写出好作品也可以用质朴的语言，在平淡之中找出突破口。"巴金作品的艺术魅力在无形地感染着读者，给他们留下久久难忘的印象。

4. 在新时期，随着巴金在国内外声誉的日渐提高，巴金本人作为一种伟大的社会存在，他那探索奉献的一生，宽广博大的胸襟，高洁的品性和伟大的人格，也影响了他的读者们，如果说在第二代读者中，这种影响还不明显的话，在当代青年中，这种影响便十分鲜明。1992年，在《中学生》杂志举行的"心中的偶像"征文时，一位高中生就谈到巴金讲真话、倡议创立文学馆等崇高言行对他的影响。在调查中，我也发现了这方面的影响："从做人的角度来说，巴金使我找到了做人的榜样。""巴金先生是一位了不起的文人和爱国者。""记得巴金说过要讲真话……我比较欣赏这一点，我想作为自己追求的一个目标。""我对巴金的人品挺佩服的，也时常为其感动，我想人最珍贵的还是真与善。"在这里人格的力量超出了作品本身的影响。

七十多年来，巴金和他的青年读者风雨同舟，行驶在二十世纪的历史航道上。去年，当他九十华诞来临时，围绕着老人光辉的一生，文艺界又发起关于作家责任感的讨论，而巴金则充满激情地说："我的一生是靠读者养活的，只要读者不抛弃我，我还要活下去。""我明白一个道理，生命的意义在于奉献而不在索取。"他把自己的爱奉献给读者，读者也把爱奉献给他，两股爱流汇成一股洪流，载负着巴金那些不朽的著作，将流过二十世纪的漫长历史，驶向二十一世纪的未来。

1994年3月18日于白山路

后记（一）

在新世纪的第一天，与人们谈论巴金，真有隔世之感。其实随着沈从文、曹禺、萧乾、冰心、柯灵、卞之琳，乃至吴朗西、卫惠林、吴克刚等巴金同时代人的一个个远去，巴金这一辈人已经开始渐渐退出人们关注的视野。但是这并不等于他们可以隐退到历史的屏风之后，享受着难得的平静时光了，恰恰相反，哪怕是躺在病床上，巴金的名字仍然频繁出现在新闻媒体中，出现在网上论坛里，出现在一些仿佛担负着民族大义的仁人志士们的声讨言辞中。他被当作"文化恐龙"，甚至差点荣膺了他的前辈鲁迅先生"封建余孽"的光荣称号。对于这种所谓"一针见血"的痛快，我的这些文字太平和、太浅拙，自然是不配与它们为伍的，我也无法做到从母亲的身上吸干了乳汁，就一把推开她无情无义地说她"一文不值"。尽管这个时代崇尚这种独立、反叛，但我想既然我们仍然在现代汉语的语境中思考和写作，事实上我们就无法剥离出巴金和他的同时代人带给我们的影响，客观的存在虽然不如激愤的言词那么咋咋呼呼招人耳目，但它却真实得让我们哑口无言，因此，我宁愿被时代的脚步落下，而甘当"另一个"。当然，我也不愿意将巴金当作神像供奉在天上，把一个活生生的灵魂当作一个干瘪的空壳，这种做法未免有些愚蠢。因此，对于那些连巴金的一个咳嗽都认为是举世无双的人来说，我也同样是"另一个"。与此同时，我对公众领域所塑造的巴金形象产生了怀疑，我从他的手稿本，从译文，从书信，从日记这些相对于文学作品来说的另一个文本中寻找并看到了巴金的另外一面，在这个过程中，我试图靠近巴金丰富的内心，试图与他做一次精神对话。所有这些构成了这本书之所以称作《另一个巴金》的缘由。

在现代作家中，巴金是一个非常喜欢"自剖"，喜欢通过各种方式与读者交流的一个作家。巴金的自剖与鲁迅那种理性的自审并不一样，巴金更多的是心迹表白，情感宣泄。他不是封闭式地写作，他的写作是一种双向交流，从巴金的《最后的话》中，我们不难感受到这种情感和信息的交流对于他一生的重要性："我写了一本又一本的书，一次又一次地送到年轻的读者的手中，我感觉到我们之间的友谊的加深，但是二十年后，五十年代到八十年代的青年不再理解我了。我感到寂寞、孤独，因为我老了，我的书也老了，无论怎样修饰、加工，也不能给它们增加多少生命。"他与读者不同步了，所以产生了空虚和孤寂的感觉。其实，我觉得巴金的自剖是一种反弹，是对于人们对他的各种误解的辩白和答复，他不断地自剖，恰恰是从现实世界中获得了这种被误读的刺激，而在文字的世界中面对他所虚拟的读者所进行的表白。当然，有时他也会忍受不住这种误读，因而时常我们能从他的文字中看到那种焦灼不安的心绪。早在三十年代，巴金就曾发过这样的牢骚：

批评一篇文学作品，不去理解它，不去分析它，不去拿一个尺度衡量它，单凭自己的政治立场，甚至单凭自己的一时的印象，绝不是批评，这只是个人的读后感。事实上也许这个人根本就不懂得文学和艺术,也许这个人根本就不曾体验过生活。

……一个批评家应该理解艺术的基本原理,也应该丰富地体验生活,同时还应该充分地了解他所批评的作品的内容。然而在中国似乎就少有这种人。我们看那大部分的批评文章不是浅薄得令人发笑吗?然而那些批评家还闭着眼睛得意地说这篇浅薄,那篇空虚,这篇不好,那篇不坏,这种主人公不会存在,那篇作者不懂得革命……①

由此,我产生了这样的疑问:为什么巴金一再被误读?为什么巴金会强烈地感觉到别人并不理解他?这种误解是不是恰恰是我们不能忽略的巴金的独特之处?据此而来的另一个问题是随着时间的推移,在我们与二十世纪的隔膜越来越大的时候,在当下人们兴致勃勃地谈论网络、WTO 和追逐中产阶级生活方式的时候,真正地理解巴金究竟有没有可能?许多现象足以证明我的担心并非多余。

关于巴金,我们对他的信仰,对他的生存处境和表达的环境,了解得太少了,我们经常是以另外的价值标准来框定他的思想和言论。而很多九十年代的论者连完整地读一点他的作品的这种最起码的耐心都没有。但这似乎并不妨碍他们以历史大法官的面目来发言,比如说,有很多人在说巴金的作品艺术价值不高,难存久远。是否久远,谁说了也不算,但艺术价值却是一个可以讨论的问题。评价一个几十年来读者众多、至今作品畅销不衰的作家的作品艺术价值的大与小,你总得拿出证据来吧?可是我至今没有见到一篇仔细分析一下巴金的作品为什么文学价值不高和哪些地方不高的有分量的文章。所听到的无非是句子欧化,感情不节制,缺乏对艺术的虔敬之类,这些话巴金自己就说过多少遍,而且都是有背景的,比如句子欧化,"五四"以后现代白话文创作普遍存在这个问题,巴金也因此对自己早期著作不断修改,而其后期作品更是早已脱离了这些毛病;比如感情不加节制,说

---

① 巴金:《批评家》(1934 年),《巴金全集》第 18 卷第 343 页。

是毛病，其实这也是巴金个人很自负之处，他不就曾说过自己写文章就是感情的宣泄吗？缺乏对艺术的虔敬，那是因为巴金早年矢志于革命政治理想，而不是文学艺术，是行而不是言，但这并不能就成了判断一个人作品艺术价值的依据，司马迁的个人意图是写史，但同样并不影响《史记》成为伟大的文学作品。说这些并非要证明巴金的什么，而只是感觉弥漫在我们周围的其实有许多非学术的空气，否则就不会随随便便讲一些不负责任的话，在这种空气中，对巴金的塑造和解读会是什么样子，真是难以预料。

作为一个年轻人，我最初接触巴金的作品还是在十五年前，当时我刚刚上初中，与不少人不同的是我首先读到的不是他的小说，而是他的《随想录》，我还清楚地记得，每天中午放学我急匆匆地跑回家吃完饭，就为了读上一段《随想录》的情景。一个成长中的少年，对于《随想录》所表达的历史内容和它的思想内涵未免有些陌生，但是巴金的人格勇气、理想精神，却深深地打动了我。也是他这部作品给了我打开他作品宝库的钥匙，在以后的日子里，我一部部读完了他所有的作品。对于巴金作品的热爱让我心中充满着温暖的记忆，特别是离家在外边读高中时，恶劣的食宿条件、强大的学习压力和孤独的生活中，巴金始终像一盏灯火照亮了我的前程，他的精神理想也融入到我的血液中，化作了一个少年成长的底色。

更为有幸的是由于对巴金的热爱，让我结识了李辉和陈思和两位老师，从而使我的人生发生了根本的改变。十年来，我们不断通信，他们不断地给我寄来他们写的、编的书，所有这些都让我认识到了什么是真正的人文传统。我学习和成长的九十年代，是一个十分浮躁和喧嚣的时代，是他们的言和行在不断启示着我应当追求什么和远离什么，应当坚定地坚持什么，为此，我要郑重地感谢他们。借此机会，我也要感谢我的亲人们，他们可能永远弄不懂我到底在做什么，但他们却总是以宽厚和仁爱给我最大的支持，让我能在自己喜欢的事情中获得更大的欢乐。

周立民

2001年1月1日中午于大连泡崖

后记（二）

整理旧作，常常不由得怅惘万千。

想多少年前，正是在春暖花开的季节读《红楼梦》，全书最美的那个章节和窗外怒放的梨花、樱桃花让我陶醉其中：

这里林黛玉见宝玉去了，又听见众姊妹也不在房，自己闷闷的。正欲回房，刚走到梨香院墙角上，只听墙内笛韵悠扬，歌声婉转。林黛玉便知是那十二个女孩子演习戏文呢。只是林黛玉素习不大喜看戏文，便不留心，只管往前走。偶然两句吹到耳内，明明白白，一字不落，唱道是："原来姹紫嫣红开遍，似这般都付与断井颓垣。"林黛玉听了，倒也十分感慨缠绵，便止住步侧耳细听，又听唱道是："良辰美景奈何天，赏心乐事谁家院。"听了这两句，不觉点头自叹，心下自思道："原来戏上也有好文章。可惜世人只知看戏，未必能领略这其中的趣味。"想毕，又后悔不该胡想，耽误了听曲子。又侧耳时，只听唱道："则为你如花美眷，似水流年……"林黛玉听了这两句，不觉心动神摇。又听道：

"你在幽闺自怜"等句，亦发如醉如痴，站立不住，便一蹲身坐在一块山子石上，细嚼"如花美眷，似水流年"八个字的滋味。忽又想起前日见古人诗中有"水流花谢两无情"之句，再又有词中有"流水落花春去也，天上人间"之句，又兼方才所见《西厢记》中"花落水流红，闲愁万种"之句，都一时想起来，凑聚在一处。仔细忖度，不觉心痛神痴，眼中落泪。

    人生怕是如此：不见如花美眷，早已似水流年。《红楼梦》中的文字让我感叹：落英缤纷，岁月不再。浏览昔日文字，也常想起当年读书作文的种种情景。

    收在本书中的文字，最早写于九十年代我读大学时，止于这一两年。其中有一部分曾收入大象出版社2002年3月版的《另一个巴金》，本书《后记（一）》便为该书当年的后记。那是我至今仍然怀念的日子，在那个海滨城市中，虽然只有三五师友可以聊聊，不免有些寂寞，但是没有约稿、不是工作任务，爱读什么就读什么，爱写什么就写什么，倒也自由自在。尽管今天再看那些文字不免汗颜，也曾几度想抽点时间将它们好好拾掇拾掇，一来总是莫名其妙地瞎忙，仿佛再也没有看庭前花开花落的悠闲，二来总觉得无处下笔，而要全部重新写过，我似乎也没有这份力量。此时，我明白了留在地上的脚迹不仅抹不掉，而且无法把它修改、描画得更好看，更何况时光不再、心境已改，想把它们修整得哪怕看上去"顺眼"些也成枉然，只好：罢了，罢了，放它们去吧。

    ——这未尝不是一种人生的教训，年少时总觉得世界是我们的，有很多时光和精力去攻克、完成什么，实际上做过了就算做过了，有时连回过头重新翻检它们的机会都不多。为此，应当感谢推动本书出版的陈武兄，他逼着我再次面对这些文字。比如，收在书中的《巴金与二十世纪青年读者》一文，那是我为参加1994年在北京召开的巴金国际学术研讨会而准备的论文，不像今天老着脸皮对开会麻木不仁，当时我还是大二学生，异常兴奋，除了百分之二百地认真听会之外，会下还马不停蹄精力无穷地找人交流，今天想一想都觉得不可思议。那次会上，前辈云集，萧乾、张兆和、梅志、陈荒煤、贾植芳、王仰晨等人都来了，冰心、曹禺、柯灵等人还为会议题词。今天，这些老人一个都不在了，想一想，又怎能不怅惘万千？

原书中《读＜随想录＞手稿札记》一篇（该文已收入作者《巴金＜随想录＞论稿》一书中，复旦大学出版社 2011 年版），当年曾以《＜随想录＞的另一个文本》发表在《当代作家评论》上。当时我在一个机关工作，每天应付完什么报告、请示、讲话之类的东西以后，就摊开《＜随想录＞手稿本》，将《随想录》的定稿与手稿逐一校勘。那时，我还没有成家，住在单位，晚饭后送走女友，又回到不再喧闹的办公室一字一句地比对，没有杂事干扰，心很静，那么厚的书，不过一两个月就对了个遍。《＜随想录＞手稿本》是李辉老师送我的，前一年冬天，我帮他整理过一批采访录音，他要付费用给我，我当然拒绝，他提出买部书送我，我高兴地答应了，就是这部书，拿到了，就用上了。陈思和老师得知我做了校勘，让我写篇文章放在他为《当代作家评论》所主持的专栏"无名论坛"中。那个时期的很多书刊，现在都存放在我的老家，我尝试着找了一下，这本 1999 年第 4 期《当代作家评论》居然被我带到了上海，陈老师在《主持人的话》中是这么写的："去年我在巴金先生的支持和几个朋友的帮助下，策划出版了《＜随想录＞手稿本》。希望的就是唤起青年人对《随想录》所贯注着的精神凝聚力的注意。反响很快就出现了，周立民先生从手稿本中读出了已经消逝了的历史的信息，处处让人感受到这部手稿所浸透的历史的汁液。现在说起八十年代来真有点恍如隔世……"陈老师在感叹八十年代，而我现在说起九十年代也有隔世之感。在九十年代最后的一个夏天，我在大连见到了林建法老师，《＜随想录＞的另一个文本》即将在他主编的杂志上刊出，这位编辑狂人正沉浸在发现了我这个"新人"的兴奋中。我还清楚地记得，澳门回归的那天晚上,半夜我被宗仁发老师打电话揪起来,他和林老师,还有一位朋友在酒店喝酒,要从不喝酒的我去作陪,宗老师说:必须来,你的文章获奖了,是和余华得了同一个奖……大概,宗老师那时已有些醉意,不过,我诚恐诚惶地过去了。是《当代作家评论》年度评论奖,余华那一年有篇什么,我有幸同榜。我深深地感谢这些老师的偏爱,但似乎也从未当面向他们表示一下感谢,生怕太肉麻玷污了彼此的关系……今天回首那段岁月,上面提到的这些名字,都是在求学的道路上给我极大帮助和影响的人,是他们在似水流年的冷酷岁月中给我留下很多温暖的回忆。

老版的《另一个巴金》用了一张我的照片,它大概是摄于2001年9月20日,或者以后几天。因为迎着太阳,我眼睛眯着,表情也不大自然。当初出书需要照片,我从影集中随便抽出了这张,今天重翻开书,我却不禁眼含热泪。这张照片应该是爷爷为我照的,地点在大连泡崖新区离我家很近的那个公园,那一年,爷爷奶奶来我的新家住了几天。在农村住惯了,他们很不适应城市的喧闹,特别是在爷爷的概念中,城里出门就得花钱,怕为我添麻烦,所以找尽各种理由不肯来。那时,他们身体都还好,在我的力劝下,总算出门一趟。去年8月3日,爷爷离世,我久久不敢翻开这些记忆,但是,深夜里坐在书房写字,爷爷的面貌和声音常常会浮现在我面前,年迈的他从未到过我上海的家,但我想记忆和情感不难跨越千山万水。

多少年前,是爷爷用借来的小学课本教我认字,如今又一个清明节要到了,我不能回去为他扫墓,那么,请允许我将这本书敬献给他吧,祝愿他在天国里过得快乐、自如。

周立民
2013年3月24日于上海竹笑居